1. Nachtrag

zu

Grundstücksmiete

Von

Dr. Fritz Kiefersauer

Erster Bürgermeister in Mindelheim.

4. Auflage

1932

München, Berlin und Leipzig

J. Schweitzer Verlag (Arthur Sellier)

Druck von Dr. F. P. Datterer & Cie., Freising-München.

Inhaltsverzeichnis.

Einleitung.

Die Veränderungen des Wohnungsrechts, auf die im Vorwort zum Hauptband[1]) hingewiesen wurde, sind rascher als erwartet werden konnte, in das Gesetzesrecht übergegangen. Reichs- und Landesrecht haben durch den Zweiten Teil „Wohnungswirtschaft" der Vierten Verordnung des Reichspräsidenten zur Sicherung von Wirtschaft und Finanzen und zum Schutze des inneren Friedens[2]) vom 8. Dezember 1931 RGBl. I S. 699, 706 eine nicht unerhebliche Änderung erfahren. Dem Abbau und der Beendigung der Wohnungszwangswirtschaft ist weiterhin ein eigenes Kapitel gewidmet.

Die Grundlagen des Wohnungsrechts sind geblieben. Die Neuregelung der Vierten VO. knüpft ausdrücklich an die Notgesetze, insbesondere an das Reichsmietengesetz und dessen Geltungsbereich an und verschiedene Begriffe der Notgesetze z. B. der Begriff der Friedensmiete und der gesetzlichen Miete, die Unterscheidung der Altbauten und der Neubauten u. a. können nur aus dem allgemeinen Notrecht entnommen werden. Ohne Kenntnis der bisherigen Rechtsentwicklung ist auch das Recht der Wohnungszwangswirtschaft der Vierten VO. nicht zu verstehen. Man muß sogar befürchten, daß aus Anlaß der „Mietsenkung" — Kapitel II — und vielleicht auch bei der Durchführung der „Außerordentlichen Kündigung von Mietverträgen" — Kapitel III — die Begriffe des alten Notrechts in viel größerem Maße als bisher Gegenstand prozessualer Auseinandersetzungen werden. Auch ist zu beachten, daß teilweise — Kapitel III § 3 — auch Pachtverhältnisse in die Zwangsregelung einbezogen sind und damit eine bisher unbekannte Ausdehnung der Notgesetze durchgeführt ist.

Loslösung der Mietverhältnisse vom Zwang des Notrechts und gleichzeitig neue Bindungen — Mietsenkung —, Stärkung der Rechte des Vermieters und gleichzeitig Schwächung seiner Rechtsstellung — Kündigungsbefugnis des Mieters — hat die Neuregelung in einem Zuge gebracht. Die Schwierigkeiten der Rechtsfindung sind nicht vermindert, sondern wesentlich erhöht worden. Dazu

---

[1]) Das Wort Hauptband bedeutet „Grundstücksmiete, 4. Auflage 1932" und wird in diesem Nachtrag mit H abgekürzt.

[2]) Im Nachtrag als „Vierte VO." bezeichnet.

kommt, daß die zuständigen Reichsressorts ermächtigt sind, „Rechtsverordnungen und allgemeine Verwaltungsvorschriften" zu erlassen; das bedeutet unter Umständen Änderung und Ergänzung des Reichsnotrechts der Vierten VO. durch Verwaltungsverordnungen.

Die wesentlichen Richtlinien der Neuregelung:

A. Die Abänderung der Notgesetze.

I. Das Gesetz über Mieterschutz und Mieteinigungsämter wird eingeschränkt:

1. Der Geltungsbereich dieses Gesetzes — H S. 153 — wird ab 1. April 1932 reichsrechtlich beschränkt auf kleinere Wohnungen; Geschäftsräume sind nur in Verbindung mit Wohnungen unter bestimmten Voraussetzungen dem MSchG. unterworfen. Die §§ 49a u. 52e MSchG. bleiben auch für die gelockerten Mietverhältnisse in Geltung — Kapitel IV Artikel I, VII —;
2. Einzelheiten der Neuregelung:
   a) Sofortregelung: bereits ab 1. Januar 1932 entfällt das Schiedsverfahren nach § 52a u. die Nachprüfung der Aufrechnungsbefugnis des Mieters im Rahmen des § 28. Die Beschwerdesumme in § 13 Abs. 4 wird von 30 auf 50 RM. erhöht. Die Amtsgerichte und Mieteinigungsämter entscheiden ohne Beisitzer — Kapitel IV Artikel II Nr. 1, 4, 5 und 6; Artikel VII —;
   b) Ab 1. April 1932 werden die Vorschriften der §§ 1—36 für Untermietverhältnisse u. ähnliche Rechtsverhältnisse (§ 24 Abs. 2), die Bestimmungen des § 29 über die Ersetzung der Erlaubnis des Vermieters zur Weiterüberlassung der Mieträume, sowie die landesrechtlich gemäß § 33 Abs. 3 zulässige Befreiung von Zuschußneubauten — für Bayern vgl. H S. 30, 53 — außer Kraft gesetzt. Bei Räumen, die durch Teilung einer Wohnung oder durch Ausbau von Gewerberäumen gemäß §§ 33a, 33b gewonnen sind, erstreckt sich die Freistellung nicht nur wie bisher auf die neue Wohnung, sondern auch auf die verbleibenden Räume; sämtliche Räume sind nunmehr von den Vorschriften der §§ 1—36 und von der Beschlagnahme durch die Gemeindebehörde befreit — Kapitel IV Artikel II Nr. 2, 3; Artikel VII —.

II. Das Reichswohnungsmangelgesetz ist ab 1. Januar 1932 geändert — Kapitel IV Artikel IV, VII —

1. durch Streichung des § 2 — Verbot des Abbruchs von Gebäuden, der Vereinigung mehrerer Wohnungen u. der Umwandlung von

Wohnräumen in Geschäftsräume — und des § 15 — beschränkte Beschlagnahme von Werkwohnungen —; diese letztere Vorschrift ist zum Teil in die neu gefaßte Vorschrift des § 13 übergegangen;

2. durch Einschränkung der landesrechtlichen Anordnungsbefugnis auf kleinere Wohnungen nach Maßgabe des neuen Abs. 2 in § 1;

3. durch Ausdehnung der Befreiungsvorschrift des § 12 auf sämtliche Räume, die bei Teilung einer Wohnung oder bei Ausbau von Gewerberäumen gemäß §§ 33a, 33b MSchG. gewonnen werden;

4. durch das Verbot der Inanspruchnahme von Räumen in Betriebsgebäuden u. in Gebäuden, die gemeinnützigen Wohnungsunternehmen gehören, nach Maßgabe des neuen § 13.

III. Das Reichsmietengesetz wird eingeschränkt:

1. Der Geltungsbereich dieses Gesetzes — H S. 452, 164 — wird ab 1. April 1932 reichsrechtlich beschränkt auf kleinere Wohnungen; Geschäftsräume sind nur in Verbindung von Wohnungen unter bestimmten Voraussetzungen dem RMG. unterworfen — Kapitel IV Artikel I, VII —;

2. Einzelheiten: Die Befreiungsvorschrift des § 16 ist durch Ausdehnung auf alle Räume, die bei Teilung einer Wohnung oder bei Ausbau von Gewerberäumen gewonnen werden, geändert worden — Kapitel IV Artikel III, VII —.

B. Die Änderung und Erweiterung früherer Notverordnungen.

I. Die VO. des Reichspräsidenten vom 1. Dezember 1930 RGBl. I S. 517, 598 — Kapitel IV: Abbau u. Beendigung der Wohnungszwangswirtschaft, H S. 440 —:

1. Das Wohnungsmangelgesetz tritt bereits am 1. April 1933 außer Kraft; dementsprechend wird auch Artikel II Abs. 3 geändert;

2. Das Reichsmietengesetz u. das Mieterschutzgesetz treten bereits am 1. April 1933 — bisher 1936 — unter der Voraussetzung der sozialen Ausgestaltung des Mietrechts des BGB. außer Kraft — Zweiter Teil Kapitel IV Artikel VIII —.

II. Die VO. des Reichspräsidenten vom 6. Oktober 1931 RGBl. I S. 537, 551 — Kapitel II: Geldentwertungsausgleich bei bebauten Grundstücken, H S. 445 —:

1. Neben die generelle Senkung der Hauszinssteuer (Gebäudeentschuldungsteuer) um 20 v. H. ab 1. April 1932 — H S. 445

— treten weitere Steuersenkungen: Die Steuer wird vom 1. April 1935 an um 25%, vom 1. April 1937 um weitere 25% gesenkt und vom 1. April 1940 ab überhaupt nicht mehr erhoben § 1.

2. Der Gebäudeeigentümer ist befugt, die Gebäudeentschuldungsteuer für die Zeit vom 1. April 1932 durch Zahlung eines bestimmten Betrages abzulösen. Zu diesem Zweck kann er ein Darlehen mit hypothekarischem Rang vor allen anderen Rechten am Grundstück aufnehmen.

3. Das Gesetz über den Geldentwertungsausgleich bei bebauten Grundstücken tritt am 31. März 1940 außer Kraft § 7 — Zweiter Teil Kapitel I —.

C. Neues Zwangsrecht.

I. Die Mietsenkung — Zweiter Teil Kapitel II.

1. Die Mietsenkung umfaßt Mietverhältnisse aller Art über Gebäude und Gebäudeteile — Räume; ausgenommen sind Untermietverhältnisse. Raumüberlassung auf Grund anderen Rechtstitels — Pacht, Leihe, Dienstvertrag usw. — gehört ebenso wenig hieher wie die Miete von Hausflächen, Lagerplätzen, Räumen in Schiffen u. dgl. — H S. 163, 160 —. Zu welchem Zweck im übrigen die Räume vermietet sind, ist unerheblich; Geschäftsräume d. h. gewerblich oder geschäftlich benutzte Räume sind der Mietsenkung ebenso unterworfen wie reine Wohnräume.

2. Die Mietsenkung tritt am 1. Januar 1932 kraft Gesetzes ein. Es bedarf keiner Erklärung eines Vertragsteiles, auch keines Spruchs einer Behörde; der Mietzins — einschließlich der gesetzlichen Miete — „ermäßigt sich" vom 1. Januar 1932 ab um einen bestimmten Betrag, zu dessen Ermittlung die Beteiligten zusammenzuwirken haben. Im Interesse der Rechtssicherheit verpflichtet Art. 1 der DurchfVO. den Vermieter zur Berechnung u. Mitteilung des Senkungsbetrages innerhalb bestimmter Frist.

3. Das Ausmaß der Mietsenkung ist verschieden, je nachdem es sich um einen Altbau oder einen Neubau handelt. Der Begriff der Neubauten ist dem Mietnotrecht — H S. 300, 498 — zu entnehmen; Neubauten sind sowohl Gebäude oder Gebäudeteile, die neu erstellt und nach dem 1. Juli 1918 bezugsfertig geworden sind als auch Räume, die nach diesem Zeitpunkt durch Um- oder Einbauten neu gewonnen wurden.

a) Bei Neubauten ermäßigt sich der Mietzins nur anteilig um den Betrag, um den die laufende Belastung des Grundstücks nach den Vorschriften der Vierten VO. — Erster Teil Kapitel

III, Erste Durchführungs- und ErgänzungsVO. vom 23. Dez. 1931 RGBl. I S. 793 — gesenkt wird. Soweit hiernach eine Zinssenkung, sei es mangels einer Belastung des Gebäudes, sei es weil die Rechtslage eine Zinsherabsetzung nicht vorsieht, für das Gebäude nicht in Frage kommt, entfällt eine Mietsenkung. Die gesetzliche Regelung wirkt sich dahin aus, daß der Mieter eines stark belasteten Hauses eine unter Umständen erhebliche Mietsenkung für sich in Anspruch nehmen kann, während der Mieter eines finanziell besser gestellten Hausherrn, der keine Hypothekenlast zu tragen hat, aus der Mietsenkungsregelung keinen Nutzen ziehen kann. Umgekehrt ist der erste Vermieter trotz seiner finanziellen Bedrängnis zur Mietsenkung verpflichtet, während der leistungsfähige zweite Vermieter seine bisherige Mietzinsforderung unangetastet behält. Auf die Vermögenslage der Vertragsteile nimmt die Mietsenkung keine Rücksicht.

Die Höhe des Mietzinses spielt grundsätzlich keine Rolle. Der ersparte Zinsbetrag ist anteilig auf alle Mieter des Hauses und unter Berücksichtigung der etwa vom Vermieter selbst benutzten Räume nach Maßgabe der Mietzinse umzulegen, die für die am 1. Januar 1931 beginnende Mietzeit zu entrichten waren. Auch nicht vermietete Räume sind mit zu berücksichtigen. Wegen der Anrechnung früherer Mietzinsermäßigung vgl. unten Ziffer 4.

b) Bei Altbauten beträgt die Mietsenkung ausnahmslos 10 v. H. der Friedensmiete. Neben Altbauten, auf welche die Vorschriften des Reichsmietengesetzes Anwendung finden — H S. 300 —, kommen auch Altbauten in Betracht, die entweder überhaupt niemals dem RMG. unterstellt oder später im Wege reichs- oder landesrechtlicher Lockerung von seinen Zwangsvorschriften befreit worden waren. Für den ersteren Fall ist unerheblich, ob am 1. Januar 1932 oder früher die gesetzliche Miete oder die Vertragsmiete unter den Vertragsteilen Geltung hat oder hatte. In allen Fällen ist bei Altbauten von der Friedensmiete auszugehen, d. h. von dem Mietzins, der nach Landesrecht der Berechnung der gesetzlichen Miete zugrundezulegen ist oder wäre; auch bei der Vertragsmiete richtet sich die Senkung nach der FM. In den Fällen, in denen die FM. nicht feststeht, ist sie zu ermitteln u. zwar durch Feststellung oder Festsetzung — H S. 471. Die Vermögenslage der Vertragsteile bleibt auch hier unberücksichtigt.

4. Die Mietzinssenkung hat von dem Mietzins auszugehen, der für die mit dem 1. Januar 1931 beginnende Mietzeit gilt. Ist der am 1. Januar 1932 maßgebende Mietzins niedriger, so darf der Unterschied auf die Ermäßigung angerechnet werden, es sei denn, daß der Unterschied auf einer Änderung der FM. gemäß § 2 RMG. oder auf der Einführung der gesetzlichen Miete durch den Mieter oder auf einer Senkung mit Rücksicht auf § 49a MSchG. (Mietwucher) beruht.

II. Die außerordentliche Kündigung von Mietverträgen — Zweiter Teil Kapitel III.[3])

1. Das Kündigungsrecht des Mieters umfaßt grundsätzlich Mietverhältnisse aller Art über Gebäude und Gebäudeteile, einschließlich der Untermietverhältnisse. Es gilt auch für Pachtverhältnisse über gewerbliche Räume. Im übrigen kommen Raummietverhältnisse in Altbauten, in Neubauten, über Wohn- und Geschäftsräume in Betracht.
2. Das Kündigungsrecht steht dem Mieter zu und zwar grundsätzlich — bestimmte Mietzinsermäßigungen ausgenommen Ziffer 4 Buchst. b — ohne Rücksicht auf die Höhe des Mietzinses. Die wirtschaftlichen Verhältnisse der Vertragsteile bleiben hier wie bei der Mietsenkung völlig außer Betracht. Es kann deshalb der leistungsfähige Mieter eines leistungsschwachen Vermieters grundsätzlich das Recht der außerordentlichen Kündigung für sich in Anspruch nehmen. Die Reichsregierung ist sich der Tragweite der Regelung wohl bewußt gewesen Brandis JW. 1931, 3628 u. 1932, 21.
3. Von der Auflösung durch die außerordentliche Kündigung sind alle Mietverträge ausgeschlossen, die nach dem 14. Juli 1931 abgeschlossen worden sind. Wer nach den Bankzusammenbrüchen im Juli 1931 noch langfristige Mietverträge eingegangen hat, soll an diese gebunden bleiben. Maßgebend ist nicht der Beginn des Mietverhältnisses oder der Tag, an dem die Räume tatsächlich bezogen worden sind, sondern der Tag des Vertragsabschlusses.

4. Die Kündigung ist ausgeschlossen

   a) wenn der Mieter seit dem 15. Juli 1931 von einem ihm gesetzlich oder vertraglich zustehenden Kündigungsrecht keinen Ge-

---

[3]) Die durch die VO. über die außerordentliche Kündigung vom 23. Dez. 1931 RGBl. I S. 796 (=MietkündVO.) eingeführten weiteren Tatbestände bleiben hier außer Betracht.

brauch gemacht hat. Auf den Rechtsgrund der Kündigung — Vertrag, Gesetz §§ 569, 570 BGB. — kommt es nicht an; auch die Länge der Kündigungsfrist als solche ist unerheblich. Maßgebend ist die Tatsache, daß in der Zeit vom 15. Juli 1931 ein Kündigungsrecht des Mieters nach Gesetz oder Vertrag bestanden hat, das durch die Nichtausübung verfallen ist Brandis JW. 1932, 22;

b) wenn der Vermieter dem zur Kündigung berechtigten Mieter durch Vereinbarung im Laufe des Jahres 1931 eine Ermäßigung von wenigstens 20% des Mietzinses ab 1. April 1932 gewährt hat;

c) wenn der Vermieter auf besonderen Wunsch des Mieters in den Mieträumen besondere, mit einem außergewöhnlichen Kostenaufwand verbundene bauliche Arbeiten vorgenommen hat.

5. Die Kündigung des Mieters muß schriftlich erfolgen; strengere Formen des Vertrages für die allgemeine Kündigung z. B. durch eingeschriebenen Brief bleiben unbeachtlich. Die Kündigung muß spätestens am 5. Januar 1932 erklärt sein, andernfalls sie unwirksam ist.

6. Zugunsten des Vermieters werden in § 4 die Rechtsfolgen ausgeschlossen, die aus der Verhinderung der rechtzeitigen Erfüllung einer auf dem Grundstück ruhenden Verpflichtung für die Zeit vom 1. April bis 15. Juli 1932 nach Gesetz oder Vertrag entstehen würden, sofern die Verhinderung ohne Verschulden des Vermieters lediglich auf die Kündigung des Mieters zurückzuführen ist.

Teil I:

Bayerisches Landesrecht.

A. Mieterschutzrecht.

1. Verordnung über Mieterschutz in Bayern.

Vom 23. Dez. 1931 StAnz. Nr. 299, GVBl. S. 425.

Die Vierte VO. vom 8. Dez. 1931 hat das MSchG. in verschiedener Richtung abgeändert; vgl. Einleitung oben S. 2. Wesentlich ist insbes. die Bestimmung, daß die Amtsgerichte u. Mieteinigungsämter ab 1. Jan. 1932 ohne Beisitzer entscheiden (Art. II Nr. 1), ferner daß die landesrechtliche Ermächtigung des § 33 Abs. 3 MSchG. — H. S. 299 —, wonach für Zuschußneubauten die Vorschriften der §§ 1—36 MSchG. für anwendbar erklärt werden konnten, ab 1. April 1932 in Wegfall kommt (Art. II Nr. 2, Art. VII).

Demgemäß mußten in der VO. vom 5. Aug. 1927 u. a. die Vorschriften der §§ 14—26 über die Bestellung der Beisitzer — H S. 25 — sowie §§ 1, 4 — Beisitzer des Amtsgerichts u. des MEA. — gestrichen werden. Das gleiche gilt von § 28 — H S. 30; Zuschußneubauten sind in Bayern bereits seit 1. Oktober 1931 gemäß § 9 der V. LockV. — H S. 53 — von den Vorschriften der §§ 1—36 MSchG. befreit.

Neu eingefügt in die VO. wurde ohne sachliche Änderung die bisher selbständige VO. vom 16. März 1931 — H S. 131 —, nun § 14. Die neue VO. umfaßt

I. Behördenorganisation §§ 1—5.
II. Verfahren §§ 6—11.
III. Zahlung der gesetzlichen Miete § 12.
IV. Vom Mieterschutz ausgenommene Räume § 13.
V. Zubilligung von Ersatzraum § 14.
VI. Aufhebung von Vorschriften § 15.

Die Verordnung über Mieterschutz in Bayern vom 5. August 1927 (GVBl. S. 273, StAnz. Nr. 180) gilt vom 1. Januar 1932 an in folgender Fassung:

I. Behördeneinrichtung.

§ 1.

I. Die Mieteinigungsämter werden von den Gemeinden errichtet (gemeindliche Mieteinigungsämter); auch die Bezirke können Mieteinigungsämter, für den ganzen Bezirk oder für Teile davon, errichten (Bezirksmieteinigungsämter).

II. Gemeinden mit mehr als 25000 Einwohnern sind verpflichtet, Mieteinigungsämter, die dem § 38 MSchG. entsprechen, zu errichten; sie können auf ihren Antrag durch gemeinsame Entschließung der Staatsministerien der Justiz und für Landwirtschaft und Arbeit von dieser Verpflichtung befreit werden. Kleinere Gemeinden, in welchen sich infolge besonders starken Mangels an Mieträumen außergewöhnliche Mißstände geltend machen, können von den Regierungen, Kammern des Innern, zur Errichtung von Mieteinigungsämtern angehalten werden. Die Einwohnerzahl bemißt sich nach den Ergebnissen der Volkszählung vom 16. Juni 1925; hierbei ist die Zahl der Wohnbevölkerung maßgebend.

Bisher § 2. In Abs. 2 S. 1 ist neu eingefügt, daß die Gemeinden von der Verpflichtung zur Errichtung von MEA. auf Antrag befreit werden können. Im übrigen wird auf die Erläuterungen H S. 22 verwiesen.

§ 2.

I. Über Errichtung und Aufhebung eines gemeindlichen Mieteinigungsamtes beschließt der Gemeinderat, über Errichtung und Aufhebung eines Bezirksmieteinigungsamtes der Bezirkstag.

II. Errichtung und Aufhebung eines Mieteinigungsamtes sind den Staatsministerien der Justiz und für Landwirtschaft und Arbeit (Abteilung Arbeit), der Regierung, dem Amtsgericht und der Beschwerdestelle anzuzeigen.

Bisher § 3; H S. 22.

§ 3.

In Gemeinden ohne Mieteinigungsamt (§§ 1, 2) werden die Aufgaben, die nach dem Reichsmieterschutzgesetze, dem Reichsmietengesetze und den Ausführungsvorschriften hierzu den Mieteinigungsämtern obliegen, von den Amtsgerichten wahrgenommen.

Bisher § 5; Abs. 2 — Beisitzer des Amtsgerichts — ist gestrichen; vgl. H S. 23.

§ 4.

I. Die Beschwerdestellen (§ 42 MSchG.) werden bei den Landgerichten errichtet.

II. Die Beschwerdestelle entscheidet in der Besetzung mit drei Richtern mit Einschluß des Vorsitzenden.

III. Den Vorsitzenden und die Beisitzer sowie deren Stellvertreter ernennt der Landgerichtspräsident aus der Zahl der Richter des Landgerichts und des Amtsgerichts am Sitze der Beschwerdestelle; beim Landgerichte München II können im Benehmen mit dem Präsidenten des Landgerichts München I ausnahmsweise Richter des Amtsgerichts München herangezogen werden.

IV. Die Schreib-, Beurkundungs- und Rechnungsgeschäfte der Beschwerdestelle werden von der Geschäftsstelle des Landgerichts besorgt; ihre Sachbedürfnisse werden aus den Mitteln des Landgerichts für Sachbedarf bestritten.

V. Die Dienstaufsicht über die Beschwerdestellen führt die Justizverwaltung.

§ 5.

I. Will eine landgerichtliche Beschwerdestelle (§ 4) bei der Entscheidung über eine Rechtsfrage von der ihr bekannten Entscheidung einer anderen bayerischen Beschwerdestelle oder, falls über die Rechtsfrage bereits eine Entscheidung des Obersten Landesgerichts ergangen ist, von dieser abweichen, so hat sie die Sache dem Obersten Landesgericht unter begründeter Darlegung der eigenen Rechtsansicht zur Vorabentscheidung der Rechtsfrage vorzulegen. Das gleiche kann geschehen, wenn es sich um eine vom Obersten Landesgerichte noch nicht entschiedene Rechtsfrage von grundsätzlicher Bedeutung handelt. Der Rechtsentscheid des Obersten Landesgerichts ist in der Sache bindend.

II. Die Entscheidungen der landgerichtlichen Beschwerdestellen von grundsätzlicher Bedeutung und die Entscheidungen des Obersten Landesgerichts sind in einer Ausfertigung dem Staatsministerium der Justiz vorzulegen. Dieses wird ihre Veröffentlichung veranlassen.

Unverändert; bisher §§ 6, 7; H S. 23, 24, 335, 384. Bestimmte Formulierung der Rechtsfrage ist erforderlich BayObLG. VII 2/31.

II. Verfahren.

§ 6.

Für das Verfahren vor den Amtsgerichten als Mieteinigungsämtern gelten die für das Verfahren vor den Mieteinigungsämtern maßgebenden Vorschriften.

§ 7.

Beim Amtsgerichte kann der Vorsitzende den Urkundsbeamten der Geschäftsstelle damit betrauen, Vorverhandlungen abzuhalten, insbesondere einen Augenschein einzunehmen.

Die bisher notwendige Bestimmung des alten § 9, daß der Vorsitzende Vorverhandlungen abhalten kann, ist mit dem Wegfall der Beisitzer überflüssig geworden.

§ 8.

Aus Vergleichen, die in einem vor dem Urkundsbeamten der Geschäftsstelle stattfindenden Verfahren (§ 7) abgeschlossen sind, findet die gerichtliche Zwangsvollstreckung statt.

Vergleich vor Beisitzern — bisher § 10 — entfällt künftig.

§ 9.

I. Die Höhe der Gebühren für das Verfahren vor dem Mieteinigungsamte, dem Amtsgericht als Mieteinigungsamt und der Beschwerdestelle wird im Rahmen des § 46 MSchG. nach dem Maße der Inanspruchnahme der Behörde und nach der Bedeutung der Sache für die Beteiligten festgesetzt.

II. Bei der Festsetzung der Gebühren ist der Jahresbetrag der gesetzlichen Miete auf Grund des Monatsbetrags der gesetzlichen Miete zu ermitteln, der für den der Entscheidung des Mieteinigungsamts vorhergehenden Monat galt.

§ 10.

Übt das Amtsgericht die Aufgaben des Mieteinigungsamtes aus, so kann die Feststellung über die Sicherung eines Ersatzraumes (§§ 6, 16 MSchG.) schon im Streitverfahren über die Aufhebung des Mietverhältnisses getroffen werden.

§ 11.

Die unter das Reichsmieterschutzgesetz fallenden Rechtsstreitigkeiten und die sonstigen Rechtsstreitigkeiten aus dem

Mietverhältnisse sind bei den Amtsgerichten zu einer oder, wo ihr Umfang dies nicht gestattet, zu mehreren besonderen Geschäftsaufgaben zusammenzufassen. Bei den Landgerichten empfiehlt es sich, sie einer Kammer zuzuweisen.

Unverändert — ausgenommen §§ 7, 8 — wie die bisherigen §§ 8—13; H S. 24, 25.

III. Zahlung der gesetzlichen Miete.

§ 12.

In den Fällen, in denen die gesetzliche Miete gilt, kann der Vermieter wie der Mieter verlangen, daß der Mietzins wöchentlich oder monatlich gezahlt wird.

Bisher § 27; unverändert; H S. 29.

IV. Vom Mieterschutz ausgenommene Räume.

§ 13.

Für Mietverhältnisse, welche durch Anordnungen nach § 52 Abs. 1 Satz 1 MSchG. von den Vorschriften des ersten Abschnittes des Mieterschutzgesetzes ausgenommen worden sind oder künftig hievon ausgenommen werden, gelten folgende Vorschriften:

1. Der Vermieter wie der Mieter kann verlangen, daß der Mietzins wöchentlich oder monatlich gezahlt wird.
2. Eine dem Mieter nach § 721 ZPO. für Wohnräume oder nach § 52e Abs. 1 Nr. 1 MSchG. für sonstige Räume gewährte Räumungsfrist kann auf seinen Antrag vom Gerichte gemäß § 5 Abs. 4 MSchG. verlängert werden.

Erl. H S. 34.

V. Zubilligung von Ersatzraum.

§ 14.

Auf Grund des Art. VI des Kap. IV des Siebenten Teiles der Verordnung des Reichspräsidenten zur Sicherung von Wirtschaft und Finanzen vom 1. Dezember 1930 (RGBl. I S. 517, 598) wird bestimmt, daß Räume in wohnungsmangelfreien Gemeinden (§ 40a WMVO.) einer Inanspruchnahme auf Grund des Wohnungsmangelgesetzes im Sinne des Art. IV Nr. 4c (§ 6 Abs. 6 MSchG.) und des Art. V des Kap. IV des Siebenten Teiles der Verordnung nicht unterliegen.

Bisher selbständige VO. zur Ausführung der VO. des Reichspräsidenten zur Sicherung von Wirtschaft und Finanzen am 1. Dez. 1930: vom 16. März 1931 GVBl. S. 62; erläutert H S. 131. Vgl. § 15 Buchst. f.

VI. Aufhebung von Vorschriften.

§ 15.

Vom 1. Januar 1932 an sind aufgehoben:

a) die Verordnung über Mieterschutz in Bayern vom 29. März 1928 (GVBl. S. 179, StAnz. Nr. 75),

b) die Verordnung zur Abänderung der Verordnung über Mieterschutz in Bayern vom 5. August 1927 vom 30. Dezember 1929 (GVBl. S. 175, StAnz. 1930 Nr. 1),

c) die Verordnung zur Abänderung der Verordnung über Mieterschutz in Bayern vom 5. August 1927 vom 27. März 1931 (GVBl. S. 65, StAnz. Nr. 73),

d) die Verordnung über die Amtsdauer der Beisitzer nach dem Mieterschutzgesetz vom 24. Oktober 1931 (GVBl. S. 307, StAnz. Nr. 248),

e) die Bekanntmachung über ein Schiedsverfahren[1] vor dem Mieteinigungsamt vom 21. Juni 1927 (GVBl. S. 226, StAnz. Nr. 140) mit den Änderungen der Bekanntmachungen vom 14. April 1928 (GVBl. S. 202, StAnz. Nr. 89) und vom 31. März 1930 (GVBl. S. 108, StAnz. Nr. 78),

f) die Verordnung[2] zur Ausführung der Verordnung des Reichspräsidenten zur Sicherung von Wirtschaft und Finanzen (7. Tl., Kap. IV) vom 1. Dezember 1930 vom 16. März 1931 (GVBl. S. 62, StAnz. Nr. 65).

1. Infolge Beseitigung des Schiedsverfahrens nach § 52a MSchG. durch Art. II Nr. 5 Zweiter Teil Kapitel IV der VO. vom 8. Dez. 1931 RGBl. I 699, 708 ab 1. Januar 1932 ist die Aufhebung der H S. 34 erläuterten Bekm. erforderlich geworden.
2. Vgl. § 14.

2. Sechste Verordnung zur Lockerung des Mieterschutzes und der gesetzlichen Mietzinsbildung in Bayern.

Vom 24. Dez. 1931 StAnz. Nr. 301, GVBl. S. 430.

1. Die Sechste LockVO. ist am 1. Jan. 1932 in Kraft getreten. Nach früherem Recht gelockerte Rechtsverhältnisse bleiben gemäß § 7 Abs. 2 aufrechterhalten.

2. Gegenüber dem bisherigen Rechtszustand — Fünfte LockVO. H S. 41 ff. — neu ist die Bestimmung in § 6 Abs. 2, daß die Erlaubnis des Vermieters zur Weiterüberlassung von Räumen durch das MEA. nicht mehr gemäß § 29 MSchG. ersetzt werden kann. Wegen der teilweisen Änderung der §§ 2, 3 vgl. die Erl. daselbst.

Zuschußneubauten sind bereits seit 1. Oktober 1931 gemäß § 9 der V. LockV. — H S. 53 — außerhalb des MSchG. gestellt; § 28 der VO. über die Mietzinsbildung — H S. 30 — ist gestrichen, oben S. 8.

3. Die VI. LockVO. stellt eine für die Zeit vom 1. Jan. bis 1. April 1932 geltende Übergangsregelung dar. Sie berücksichtigt die Rückwirkungen, die sich aus dem neuen Wohnungsmangelrecht für das Mieterschutz- u. Mietzinsbildungsrecht in Bayern ergeben u. bahnt die Überleitung zu der vom 1. April 1932 ab — grundsätzlich — geltenden reichsrechtlichen Regelung für Wohn- u. Geschäftsräume an. Eine weitergehende landesrechtliche Lockerung ist auch nach dem 1. April 1932 rechtlich möglich.

Auf Grund des Art. II Abs. 2 des Kap. IV des Siebenten Teiles der Verordnung des Reichspräsidenten zur Sicherung von Wirtschaft und Finanzen vom 1. Dezember 1930 (RGBl. I S. 517, 598), des § 52 Abs. 1 Satz 1 und 4 des Reichsgesetzes über Mieterschutz und Mieteinigungsämter und des § 22 Satz 3 des Reichsmietengesetzes wird nach Anhörung und soweit erforderlich mit Zustimmung des Reichsarbeitsministers verordnet, daß für die weitere Lockerung des Mieterschutzes und der gesetzlichen Mietzinsbildung in Bayern — abweichend von Art. II Abs. 1 des Kap. IV des Siebenten Teiles der Verordnung vom 1. Dezember 1930 — folgende Vorschriften gelten:

§ 1.

I. Die Vorschriften des ersten Abschnittes des Gesetzes über Mieterschutz und Mieteinigungsämter sowie jene des Reichsmietengesetzes finden mit den hierzu ergangenen Ausführungsbestimmungen keine Anwendung auf Mietverhältnisse über Wohnungen, deren Jahresfriedensmiete

a) in München . . . . 2580 ℳ,
b) in Nürnberg, Fürth und Ludwigshafen a. Rh. 2100 ℳ,
c) in Orten der Ortsklasse A mit mehr als 15000 Einwohnern . . . . 1500 ℳ,
d) in den übrigen Orten der Ortsklasse A und in Orten der Ortsklasse B mit mehr als 15000 Einwohnern . . . . 1200 ℳ,
e) in den übrigen Orten der Ortsklasse B und in den Orten der Ortsklasse C . . . . 780 ℳ,
f) in Orten der Ortsklasse D. . . . . 540 ℳ

und mehr beträgt.

II. In den Fällen des Abs. I ist die Zubilligung von Ersatzraum nach § 52 Abs. 1 S. 2 des Gesetzes über Mieterschutz und Mieteinigungsämter nicht zulässig.

Unverändert; vgl. die Erl. zu § 1 der V. LockVO. — H S. 43.

§ 2.

Die Vorschriften des ersten Abschnitts des Gesetzes über Mieterschutz und Mieteinigungsämter sowie jene des Reichsmietengesetzes finden mit den hierzu ergangenen Ausführungsbestimmungen keine Anwendung

1. auf Mietverhältnisse über Wohnungen, die nach dem 31. Dezember 1931 neubegründet werden, falls deren Jahresfriedensmiete

a) in München und Ludwigshafen a. Rh. 1400 ℳ und mehr,
b) in den Orten der Ortsklasse A . . . 1200 ℳ und mehr,
c) in den Orten der Ortsklasse B . . . 900 ℳ und mehr,
d) in den Orten der Ortsklasse C . . . 600 ℳ und mehr,
e) in den Orten der Ortsklasse D . . . 450 ℳ und mehr

beträgt.[1]

Als Neubegründung des Mietverhältnisses gilt nicht der Tausch, wenn die Mieter in die beiderseitigen Mietverträge eintreten;

2. auf Mietverhältnisse, die nach dem 31. Dezember 1931 bei Teilung einer Wohnung und bei Ausbau von Gewerbe-

räumen (§§ 33a, 33b des Gesetzes über Mieterschutz und Mieteinigungsämter) neubegründet werden;[2]

3. auf Mietverhältnisse, die nach dem 31. März 1931 über Räume in wohnungsmangelfreien Gemeinden (§ 40a WMVO.) begründet worden sind oder künftig neubegründet werden, soferne nicht die Räume vor Abschluß des Mietvertrages in zulässiger Weise beschlagnahmt worden sind.[3]

1. Gegenüber § 2 Ziff. 1 der V. LockV. — H S. 45 — sind geändert die Ortsklasseneinteilung u. die Jahresmietbeträge der FM., die im allgemeinen eine Senkung, in Ortsklasse D im Anschluß an die reichsrechtliche Regelung — Vierte VO. Zweiter Teil Kapitel IV Artikel I — aber eine Erhöhung von 420 auf 450 ℳ erfahren hat. Für die Ortsklasse D ist daher die Lockerung vor dem 1. Januar 1932 eine vorübergehende gewesen, bisherige Bestimmungen bleiben nach § 7 Abs. 2 aufrechterhalten. Die Unterscheidung innerhalb der Ortsklassen A u. B nach der Einwohnerzahl über u. unter 15000 E. ist in Wegfall gekommen. Nur Mietverhältnisse, die nach dem 31. Dez. 1931 neu begründet worden sind, zählen hieher.

2. Änderung infolge der reichsrechtlichen Neuregelung ab 1. Jan. 1932 — Vierte VO. Zweiter Teil Kapitel IV Artikel II Nr. 2 Satz 2 — u. der Aufhebung der §§ 25 c—g WMVO. — H S. 98. Nunmehr sind sämtliche gemäß §§ 33 a, 33 b MSchG. aufgeteilte Räume, gleichviel ob neue oder alte Räume, Wohn- oder Geschäftsräume in Frage stehen, befreit, soweit das Mietverhältnis nach dem 31. Dez. 1931 neu begründet wurde.

3. Ziffer 3 der V. LockV. ist infolge Streichung des § 2 WMVO. — H S. 58 — in Wegfall gekommen. Die neue Ziffer 3 entspricht der Ziffer 4 der V. LockV. Die Lockerung greift auch in den Fällen Platz, in denen die Aufhebung der Bestimmungen der WMVO. erst nach dem 31. März 1931 erfolgt ist; auch in diesen Fällen werden alle Mietverhältnisse gemäß Ziff. 3 gelockert, die nach dem 31. März 1931 abgeschlossen wurden ohne Rücksicht auf den Zeitpunkt der Wirksamkeit der Aufhebung der WMVO., z. B. die Aufhebung der WMVO. erfolgte ab 1. Aug. 1931, der Mietvertrag wurde am 1. Juni 1931 abgeschlossen, die Wohnung ist gemäß Ziff. 3 vom MSchG. u. RMG. frei.

§ 3.

Ist in den Fällen der §§ 20, 21 des Gesetzes über Mieterschutz und Mieteinigungsämter das Dienst- oder Arbeitsverhältnis auf die Besorgung von Angelegenheiten des Hauses gerichtet, in dem sich die Wohnung befindet, so finden die Vorschriften der §§ 1 bis 23a dieses Gesetzes sowie jene des Reichsmietengesetzes mit den hierzu ergangenen Ausführungsbestimmungen keine Anwendung.

Unverändert; H S. 46.

§ 4.

I. Die Vorschriften des ersten Abschnitts des Gesetzes über Mieterschutz und Mieteinigungsämter sowie jene des Reichsmietengesetzes finden mit den hierzu ergangenen Ausführungsbestimmungen keine Anwendung[1]

1. auf Mietverhältnisse über gewerblich oder geschäftlich benützte Räume, falls deren Jahresfriedensmiete

a) in München . . . . 1400 ℳ,
b) in Nürnberg, Fürth und Ludwigshafen a. Rh. 1200 ℳ,
c) in Orten der Ortsklasse A. . . . . 960 ℳ,
d) in Orten der Ortsklasse B. . . . . 720 ℳ,
e) in Orten der Ortsklasse C. . . . . 480 ℳ,
f) in Orten der Ortsklasse D. . . . . 360 ℳ

übersteigt;

2. auf Mietverhältnisse über gewerblich oder geschäftlich benützte Räume, die nach dem 31. März 1931 begründet worden sind oder künftig neubegründet werden, ohne Rücksicht auf die Höhe der Jahresfriedensmiete.

II. Die Vorschriften des Gesetzes über Mieterschutz und Mieteinigungsämter sowie jene des Reichsmietengesetzes bleiben mit den hierzu ergangenen Ausführungsbestimmungen bis zum 1. April 1932 bestehen[2]

1. bei den vor dem 1. April 1931 begründeten Mietverhältnissen über gewerblich oder geschäftlich benützte Räume, deren Jahresfriedensmiete die in Abs. I Ziff. 1 angegebenen Sätze nicht übersteigt;

2. bei den vor dem 1. April 1931 begründeten Mietverhältnissen über Räume, die ausschließlich gemeinnützigen, religiösen, mildtätigen, schulischen oder erzieherischen Zwecken dienen. Ob diese Voraussetzungen im Einzelfalle vorliegen, entscheidet im Streitfalle das Staatsministerium, zu dessen Geschäftsbereich die in den Räumen betriebene Tätigkeit gehört;

3. bei den nach dem 31. Dezember 1931 neubegründeten Mietverhältnissen über Geschäftsräume, die Teile einer Wohnung bilden oder wegen ihres wirtschaftlichen Zusammenhanges mit Wohnräumen zugleich mit solchen vermietet

sind, wenn die Jahresfriedensmiete für die Wohn- und Geschäftsräume zusammen hinter den in § 2 Ziff. 1 bezeichneten Grenzen zurückbleibt.

III. Gewerblich oder geschäftlich benützte Räume (Geschäftsräume) sind alle Räume, die nicht Wohnraum sind.

1. Ziffer 1 u. 2 des Abs. 1 entsprechen genau dem Abs. 1 der V. LockV. — H S. 49. Wie bisher sind grundsätzlich befreit: nur die größeren Geschäftsräume bei bestehenden Mietverhältnissen (Ziff. 1), alle Geschäftsräume, deren Mietverhältnis nach dem 31. März 1931 neu begründet wird (Ziff. 2). Diese Regelung galt bisher — § 4 Abs. 3 der V. LockV. — u. gilt — dem Sinne der Regelung in §§ 1, 2 u. 4 entsprechend — auch nach dem 1. Jan. 1932 auch für Geschäftsräume, die wegen ihres wirtschaftlichen Zusammenhanges mit Wohnräumen zugleich mit solchen vermietet sind; im Falle des Abs. 1 Ziffer 1 war aber Voraussetzung für die Befreiung, daß die Geschäftsraummiete allein die Mietgrenzen dieser Ziffer übersteigen mußte. Die Höhe der Geschäftsraummiete allein ist auch maßgebend, wenn es sich um Teile einer Wohnung handelt. Soweit jedoch die Wohn- u. Geschäftsräume nicht zusammen die Mietgrenzen des § 1 nicht überschreiten, verbleibt es bei dem Schutze aus § 1.

Wegen der Übergangsregelung bis 1. April 1932 vgl. Anm. 2.

2. Trotz des Vorliegens des Tatbestandes des Abs. 1 wird für die Zeit vom 1. Jan. bis 31. März 1932 ausnahmsweise MSchG. u. RMG. auch für Geschäftsräume aufrechterhalten. Abs. 2 unterscheidet zwei Gruppen: die Gruppe I umfaßt in Ziffer 1 u. 2 wie bisher Mietverhältnisse über Geschäftsräume, die bereits vor dem 1. April 1931 begründet worden sind; Erl. H S. 50.

Neu ist die Gruppe II — Ziffer 3 —: hier kommen nur neubegründete Mietverhältnisse u. zwar solche in Betracht, die nach dem 31. Dez. 1931 über bestimmte Mischräume abgeschlossen worden sind. Wegen der bestehenden Mietverhältnisse über solche Räume vgl. Abs. 1 u. Anm. 1. Die übergangsweise Aufrechterhaltung der Schutzvorschriften gilt für diese Art von Räumen nur dann, wenn die Jahresfriedensmiete für Wohn- u. Geschäftsräume zusammen die in § 2 Ziffer 1 bezeichneten Grenzen nicht erreicht. Diese Jahresfriedensmieten sind hinsichtlich der Einreihung der Städte Nürnberg-Fürth u. Ludwigshafen u. hinsichtlich der Höhe der Mietgrenzen der Ortsklassen A mit D von der Regelung in Abs. 1 Ziffer 1 — § 2 Anm. 1 — verschieden.

Mit dem 31. März 1932 entfällt die Übergangsregelung des Abs. 2, so daß vom 1. April 1932 nur mehr die Norm des Abs. 1 für alle Geschäftsräume gilt. Im Hinblick auf die mit dem 1. April 1932 in Kraft tretende reichsrechtliche Regelung, die eine völlige Befreiung aller Geschäftsräume vorsieht, ausgenommen die kleineren — maßgebend ist die Jahresfriedensmiete des § 2 Ziff. 1 für Wohn- u. Geschäftsräume zusammen — Geschäftsräume, soweit sie Teile einer Wohnung bilden oder wegen ihres wirtschaftlichen Zusammenhanges mit Wohnräumen zugleich mit solchen vermietet sind H S. 51 —, bedarf es einer Aufhebung auch des § 4 Abs. 1 der VI. LockVO. ab 1. April 1932; vgl. Vorbem. Ziff. 3, oben S. 14.

§ 5.

I. Mietverhältnisse über Räume, die nach § 4 vom Mieterschutz und von der gesetzlichen Mietzinsbildung befreit sind, bleiben hiervon auch befreit, wenn die Räume später zu Wohnzwecken verwendet werden.

II. Mietverhältnisse über Räume, die nach § 2 Ziff. 3 vom Mieterschutz und von der gesetzlichen Mietzinsbildung befreit sind, bleiben hiervon auch dann befreit, wenn die Wohnungsmangelfreiheit (§ 40a WMVO.) der Gemeinde später aufgehoben wird.

Entspricht dem § 6 der V. LockV.; H S. 52.

§ 6.

I. Die Vorschriften des ersten Abschnitts des Gesetzes über Mieterschutz und Mieteinigungsämter sowie jene des Reichsmietengesetzes finden mit den hierzu ergangenen Ausführungsbestimmungen auf Untermietverhältnisse keine Anwendung. § 24 Abs. 2 MSchG. gilt entsprechend.

II. Die Erlaubnis des Vermieters zur Weiterüberlassung der Mieträume kann durch das Mieteinigungsamt nicht ersetzt werden.

Abs. 1 entspricht dem § 7 der V. LockV.; H S. 53. Abs. 2 ist neu eingefügt; hier ist die Bestimmung in der Vierten VO. Zweiter Teil Kapitel IV Artikel II Nr. 3 wiederholt. Bemerkenswert ist, daß diese Bestimmung reichsrechtlich erst am 1. April 1932, zufolge § 7 Abs. 1 aber landesrechtlich bereits am 1. Jan. 1932 in Kraft gesetzt ist.

§ 7.

I. Die Vorschriften der Verordnung treten am 1. Januar 1932 in Kraft. Die Fünfte Verordnung zur Lockerung des Mieterschutzes und der gesetzlichen Mietzinsbildung in Bayern vom 16. März 1931 (GVBl. S. 59, StAnz. Nr. 63) tritt am 1. Januar 1932 außer Kraft.

II. Mietverhältnisse, die auf Grund der vorausgegangenen Lockerungsverordnungen vom Mieterschutz und der gesetzlichen Mietzinsbildung ausgenommen sind, bleiben auch weiterhin befreit.

III. Für die Berechnung der Jahresfriedensmiete gilt § 40c Abs. II WMVO., für die Ortsklasseneinteilung § 40c Abs. III WMVO. und für die Bemessung der Einwohnerzahl der Gemeinden § 40a Abs. VII WMVO., jeweils in der Fassung vom 24. Dezember 1931 (StAnz. Nr. 301 vom 30. Dez. 1931).[1]

1. Neufassung durch Bekm. vom 11. Jan. 1932 StAnz. Nr. 10, s. unten S. 23. Wegen des Begriffes der Jahresfriedensmiete vgl. Anm. 2 zu § 40b WMVO., unten S. 37. Für die Ermittlung der FM. im Wege der Feststellung oder Festsetzung ist gemäß § 2 RMG. das MEA. auch dann zuständig, wenn nach den Behauptungen einer Partei über die Höhe der FM. die Nichtanwendung des MSchG. und RMG. in Frage steht; denn die Entscheidung des MEA. bildet eine Voraussetzung für die eindeutige Anwendung des Lockerungsrechts u. das MEA. darf die Festsetzung oder Feststellung der FM. nicht ablehnen — H S. 472.

B. Wohnungsmangelrecht.

Verordnung über Maßnahmen gegen Wohnungsmangel in Bayern.

In der Fassung der Bekanntmachung vom 11. Jan. 1932 StAnz. Nr. 10, GVBl. S. 21.

1. Mit Wirkung vom 1. Jan. 1932 wurde die VO. vom 16. März 1931 — H S. 55ff. — auf Grund der §§ 1, 6, 9, 10 u. 16 des Wohnungsmangelgesetzes vom 26. Juli 1923 RGBl. I S. 754 sowie auf Grund der Vierten VO. des Reichspräsidenten zur Sicherung von Wirtschaft und Finanzen vom 8. Dez. 1931 RGBl. I S. 699, 708 in wesentlichen Punkten abgeändert — Artikel I u. II der VO. vom 24. Dez. 1931 StAnz. Nr. 301, GVBl. S. 427, im folgenden kurz AbändVO. genannt.

2. Die Änderungen sind im wesentlichen folgende:

I. Beseitigt ist das Verbot des Abbruchs von Wohngebäuden, der Vereinigung mehrerer Wohnungen, der Verwendung von Wohnräumen für Nichtwohnzwecke — §§ 1, 2; H S. 56, 58; Ziffer 1—4 Abänd.-VO. Die Anzeigepflicht des § 3 bleibt auch für diese Art der Verwendung aufrechterhalten, wie durch den neuen Abs. 2 des § 3 ausdrücklich festgestellt wird.

II. Die Befugnis der Ortspolizeibehörde zur Durchführung baulicher Veränderungen in den beschlagnahmten Räumen — §§ 13, 38; H S. 75, 121 — kommt in Wegfall Ziffer 5, 6, 17 AbändVO.

III. Die Vorschriften über die Führung der Vormerkungslisten u über die Zuweisung von Wohnungen außer der Reihe sind erleichtert Ziffer 7, 8 AbändVO.

IV. Wohnungen in Gebäuden gemeinnütziger Wohnungsunternehmen u. Betriebswohnungen sind entsprechend §§ 13, 15 WMG. dem Zugriffsrecht der Ortspolizeibehörde — H S. 89, 90 — entzogen Ziffer 9, 10 AbändVO.

V. Die Beschwerdestellen — § 34; H S. 114 — entscheiden ohne Beisitzer Ziff. 15, 16 AbändVO.

VI. Weitere Einschränkung des Geltungsbereiches der WMVO. entsprechend der reichsrechtlichen Regelung — Vierte VO. Zweiter Teil Kapitel IV Artikel IV —:

1. Allgemein findet die WMVO. auf teuere Wohnungen keine Anwendung. Die Unterscheidung — H S. 5 — zwischen teuersten — H S. 129 —, hochwertigen — H S. 128 — u. teueren Wohnungen — H S. 95 — entfällt künftig. Als teuere Wohnungen in diesem Sinne gelten gemäß § 40b — Ziffer 20 AbändVO. — Wohnungen, deren Jahresfriedensmiete
   in München und Ludwigshafen . . . 800 ℳ und mehr,
   „ Orten der Ortsklasse A . . . . . 600 ℳ „ „
   „ „ „ „ B . . . . . 500 ℳ „ „
   „ „ „ „ C u. D . . 300 ℳ „ „ beträgt.
   Die Mietgrenzen, deren Höhe gegenüber dem bisherigen Recht erheblich gesenkt sind, entsprechen den Bestimmungen des § 1 Abs. 2 WMG. Für die teueren Wohnungen finden die Bestimmungen des WMG. u. der WMVO. nach keiner Richtung, also auch nicht hinsichtlich des Tauschrechts, Anwendung. Auch eine nur beschränkte Anwendung der WMVO. — die bisherige Norm des § 40b, H S. 127 — kommt künftig in Wegfall.
2. Eine örtliche Lockerung ist ähnlich wie bisher nach zweifacher Richtung möglich:
   a) Der Gemeinderat läßt mit Zustimmung der Aufsichtsbehörde gemäß § 25a Abs. 1 — AbändVO. Ziffer 11 — die freie Vermietung der billigen Wohnungen, d. h. der Wohnungen, deren Jahresfriedensmiete hinter den Anfangsbeträgen des § 40b zurückbleibt, innerhalb bestimmter Frist zu. Diese Regelung kann allgemein getroffen werden oder nur für Wohnungen mit bestimmter Jahresfriedensmiete; die Mietgrenzen müssen im letzteren Falle hinter den Anfangsbeträgen des § 40b zurückbleiben.
   b) Der Gemeinderat — jetzt zulässig in allen Gemeinden unter 25000 Einwohnern — beschließt mit Genehmigung der Aufsichtsbehörde die beschränkte Aufhebung der Vorschriften der WMVO. gemäß § 40a — Ziffer 19 AbändVO.; vgl. H S. 124. Durch die Streichung der §§ 1, 2 WMVO. — oben Ziff. I — entfällt die bisherige Aufrechterhaltung dieser Normen auch in wohnungsmangelfreien Gemeinden.
3. Außerhalb des WMG. u. der WMVO. sind — außer Neubauten, durch Um- oder Einbau neugewonnenen Räumen — gestellt: alle Räume, die bei Teilung einer Wohnung und bei Ausbau von Gewerberäumen gemäß §§ 33a, 33b MSchG. — H S. 305 — sich ergeben, und alle Räume im Untermietverhältnis § 40; Ziffer 13, 18 AbändVO.

VII. Zusammenfassung der Begriffsbestimmungen über Wohnungen, Friedensmiete u. Ortsklasse im neuen § 40c — Ziff. 11 Abs. 3, 20 AbändVO.

3. Durch Bekm. vom 11. Jan. 1932 StAnz. Nr. 10 hat das Staatsministerium für Landwirtschaft u. Arbeit (Abt. Arbeit) auf Grund der AbändVO. die WMVO. in der vom 1. Jan. 1932 an geltenden Fassung bekanntgegeben.

Der Text wird nur insoweit abgedruckt, als eine Änderung einer Vorschrift vorliegt. Unveränderte Paragraphen werden nicht wiederholt, es wird vielmehr jeweils auf den Hauptband hinsichtlich Text und Erläuterungen verwiesen.

Auf Grund der §§ 1, 6, 9, 10 und 16 des Wohnungsmangelgesetzes vom 26. Juli 1923 (RGBl. I S. 754ff.) wird — soweit erforderlich — mit Zustimmung des Reichsarbeitsministers folgendes verordnet:

§§ 1 und 2.

(Fortgefallen).

§ 3.

I. Der Hauseigentümer oder sein Stellvertreter hat der Ortspolizeibehörde binnen 48 Stunden Anzeige zu erstatten, sobald in dem Anwesen Wohnungen unbenutzt sind (§ 5), oder sobald feststeht, daß in dem Anwesen Wohnungen zu bestimmter Zeit frei werden.

II. Anzeige ist auch zu erstatten, wenn der Hauseigentümer beabsichtigt, die Wohnung für geschäftliche Zwecke zu verwenden, unterzuteilen oder abzubrechen.

Wegen der Ergänzung des § 3 vgl. Vorbem. 2, I.

§ 4.

Unverändert; H S. 60.

§ 5.

I. Unbenutzt sind Wohnungen und Räume, die völlig leer stehen.

II. Als unbenutzt gelten Wohnungen und Räume:

1. die nur zur Aufbewahrung von Sachen dienen, sofern dem Besitzer eine andere Aufbewahrung ohne erhebliche Härte zugemutet werden kann;

2. deren Verfügungsberechtigter seinen Wohnsitz oder Aufenthalt dauernd oder für längere Zeit ins Ausland verlegt hat, sofern die Wohnung auch nicht mehr vom Ehegatten oder volljährigen Verwandten bis zum zweiten Grade benutzt wird, die bis zur Ausreise mit dem Wohnungsinhaber in häuslicher Gemeinschaft gelebt haben;

3. die der Verfügungsberechtigte unter Aufgabe der Eigenbewohnung anderen überlassen hat;

4. die ohne die nach § 25 erforderliche behördliche Genehmigung bezogen wurden.

III. Wohnungen, deren Inhaber sich aus beruflichen oder wirtschaftlichen Gründen in einer anderen inländischen Gemeinde aufhalten müssen und denen dort nachweislich noch keine angemessene Wohnung zugewiesen werden konnte, die ihnen die Führung eines eigenen Haushalts ermöglicht, gelten nicht als unbenutzt; sie gelten jedoch dann als unbenutzt, wenn der Inhaber die Möbel ganz oder in der Hauptsache aus der Wohnung entfernt hat.

In Abs. II wurde die Ziff. 5 — Bezugnahme auf den weggefallenen § 2 — gestrichen; im übrigen unverändert; H S. 61.

§ 6.

Unverändert; H S. 63.

§ 7.

Unverändert; H S. 64.

§ 8.

I. Die Inanspruchnahme von Gebäuden oder Räumen, die im Eigentum oder in der Verwaltung des Reiches oder eines Landes oder im Eigentum oder Verwaltung einer Körperschaft des öffentlichen Rechts stehen und öffentlichen Zwecken oder zur Unterbringung von Angehörigen der Verwaltung des Reiches, des Landes oder der Körperschaft zu dienen bestimmt sind, ist nur zulässig, wenn von der zuständigen Reichs- oder Landesbehörde kein Einspruch erhoben wird. Diese Behörden entscheiden auch, ob die im Satz 1 erwähnten Voraussetzungen im Einzelfalle vorliegen. Ist Einspruch erhoben, so entscheidet bei Gebäuden oder Räumen, die zur Verfügung des Reiches stehen, die Reichsregierung; im übrigen das Staatsministerium, zu dessen Geschäftsbereich das Gebäude oder die Räume gehören.

II. Die Bestimmungen des Abs. I finden auf Gebäude und Räume, die im Eigentum oder in der Verwaltung gemeinnütziger Anstalten und Stiftungen sowie gemeinnütziger, nicht auf Erwerb gerichteter Organisationen stehen, oder die religiösen oder anerkannt gemeinnützigen oder mildtätigen Zwecken dienen, Anwendung, soferne die Gebäude oder

Räume ihren Zwecken dienen oder zur Unterbringung von Angehörigen ihrer Verwaltung zu dienen bestimmt sind.

III. Die Bestimmungen der Abs. I und II gelten auch für andere Anordnungen und Maßnahmen, die auf Grund dieser Verordnung getroffen sind.

IV. Verträge der in den Abs. I und II genannten Stellen über die Ermietung von Gebäuden und Gebäudeteilen bedürfen nicht der Genehmigung der Ortspolizeibehörden, soweit die Ermietung zur Erfüllung der Zwecke der genannten Stellen erfolgt.

In Abs. III ist die Bezugnahme auf den gestrichenen § 2 weggefallen; im übrigen unverändert; H S. 67.

§ 9.

Unverändert.

§ 10.

Unverändert; H S. 70.

§ 11.

Unverändert; H S. 71.

§ 12.

Unverändert; H S. 73.

§ 13.

(Fortgefallen).

Die Ortspolizeibehörde ist daher seit 1. Jan. 1932 zur Vornahme baulicher Veränderungen in beschlagnahmten Räumen — H S. 75 — nicht mehr befugt.

§ 14.

I. Wird die Beschlagnahme von Räumen aufgehoben oder wird die Beschlagnahme aus sonstigen Gründen gegenstandslos, so hat die Gemeinde die Räume dem Verfügungsberechtigten in angemessener Frist zurückzugewähren. Dies gilt auch hinsichtlich auf Grund früherer Wohnungsmangelbestimmungen erfolgter Beschlagnahmen.

II. Sind auf Anordnung der Ortspolizeibehörde auf Grund von Bestimmungen früherer Wohnungsmangelverordnungen (zuletzt des § 13 der WMVO. vom 16. März 1931, GVBl. S. 43; StAnz. Nr. 65) in beschlagnahmten Räumen bauliche Änderungen oder sonstige Arbeiten vorgenommen worden, so hat im Falle des Abs. I die Ortspolizeibehörde auf Verlangen des Hauseigentümers oder des Verfügungsberechtigten den der früheren Zweckbestimmung und Ausstattung entsprechenden Zustand der Räume wieder herzustellen, es sei denn, daß ein schriftliches Einvernehmen über die vorgenommenen Änderungen erzielt war.

III. Verlangt der Hauseigentümer im Falle des Abs. I, daß der durch die baulichen Änderungen und die sonstigen Arbeiten (Abs. II) geschaffene Zustand erhalten bleiben soll, so hat er der Gemeinde die von ihr für die Änderungen und die Arbeiten gemachten Aufwendungen insoweit zu ersetzen, als der Ertragswert des Anwesens durch diese Arbeiten zur Zeit der Rückgewährung (Abs. I) erhöht ist.

Die Abs. II und III haben eine formelle Änderung erfahren, die durch die Streichung des § 13 veranlaßt war. Sachlich unverändert; H S. 76.

§ 15.

I. Die Ortspolizeibehörde hat über die für Zuweisung einer Familienwohnung (selbständigen Wohnung mit Kochgelegenheit) vorgemerkten Personen Listen (Vormerkungslisten) zu führen. Soweit nicht in den nachfolgenden Vorschriften die Gewährung eines Vorzugsrechtes begründet ist, sind die wohnungsuchenden Personen nach der Zeit der Anmeldung ihres Wohnungsanspruches in die Vormerkungsliste einzutragen. Das Nähere über die Einrichtung der Vormerkungslisten regelt die Ortspolizeibehörde; sie kann besondere Vormerkungslisten für vordringliche, dringliche und nicht dringliche Wohnungszuweisungen führen und anordnen, daß zunächst nur Wohnungsuchende, die in der Vormerkungsliste für vordringliche Wohnungszuweisungen stehen, eine Wohnung zugewiesen erhalten.

II. Die Vormerkung begründet keinen Rechtsanspruch auf Zuweisung einer Wohnung.

III. Anspruch auf Eintragung in die Vormerkungsliste haben ortsansässige Personen, die wohnungslos sind oder aus dringenden beruflichen oder wirtschaftlichen Gründen aus einer fremden Gemeinde zugezogen sind oder zuziehen müssen.

IV. Die Eintragung in die Vormerkungsliste ist, sofern nicht die Aufsichtsbehörde eine Ausnahme zuläßt, zu versagen:

1. Personen, deren Einkommens- oder Vermögensverhältnisse derart sind, daß ihnen die Beschaffung einer beschlagnahmefreien Wohnung billigerweise zugemutet werden kann,
2. minderjährigen Personen.

V. Weiterhin kann die Eintragung in die Vormerkungsliste und die Zuweisung einer Wohnung versagt werden Angestellten und Arbeitern, die infolge Neugründung oder Erweiterung eines Betriebes oder infolge vorübergehender Betriebsvornahmen durch einen privaten Unternehmer zum Zuzug in einer Gemeinde veranlaßt wurden.

VI. Wohnungsuchenden, die vor Zuweisung einer Wohnung auf Grund ihrer Beschäftigung im öffentlichen Dienste aus einer Gemeinde wegziehen müssen und in dieser Gemeinde noch keine Wohnung innehatten, die ihnen die Führung eines eigenen Haushalts ermöglichte, ist in der neuen Aufenthaltsgemeinde die Vormerkungszeit anzurechnen, deren Zurücklegung die Ortspolizeibehörde des bisherigen Aufenthaltsortes bestätigt.

VII. Wohnungsuchenden, die vor Zuweisung einer Wohnung aus dringenden wirtschaftlichen oder beruflichen Gründen aus einer Gemeinde wegziehen müssen und in dieser Gemeinde noch keine Wohnung innehatten, die ihnen die Führung eines eigenen Haushalts ermöglichte, ist in der neuen Aufenthaltsgemeinde die Vormerkungszeit angemessen anzurechnen, deren Zurücklegung die Ortspolizeibehörde des bisherigen Aufenthaltsortes bestätigt.

Die Absätze III u. IV haben eine sachliche Änderung erfahren: zum Zweck des Wohnungswechsels kann eine Vormerkung nicht mehr stattfinden. Im übrigen unverändert; H S. 79.

§ 16.

I. Die Ortspolizeibehörde hat sich bei Vergebung der freiwerdenden Familienwohnungen an die Reihenfolge der Vormerkung zu halten. Außer der Reihe dürfen Wohnungen nur aus dringenden sozialen oder wirtschaftlichen Gründen oder auf besondere Anordnung der Aufsichtsbehörde oder dann zugewiesen werden, wenn eine Neubauwohnung zur Verfügung gestellt wird.

II. Die Zuweisung außer der Reihe darf nicht im Büroweg, sondern nur durch Sitzungsbeschluß nach näherer Regelung des Stadt- oder Gemeinderates erfolgen.

III. Zuweisungen außer der Reihe können im Bürowege erfolgen

1. bei Laden- und Pächterwohnungen,
2. bei Zuweisungen, die wegen Vornahme baulicher Maßnahmen in der bisherigen Wohnung erfolgen müssen,
3. bei Zuweisungen auf Grund übertragbarer Tuberkulose,
4. bei Zuweisungen an die in § 26 Abs. I genannten Personenkreise,
5. bei Zuweisungen auf Grund des § 36 MSchG. und auf Grund von Räumungsurteilen.

Die Aufsichtsbehörde kann auch für andere als die vorgenannten Fälle gestatten, daß Wohnungen außer der Reihe im Bürowege zugewiesen werden.

IV. Wohnungen, welche in unmittelbarem räumlichen Zusammenhange mit Geschäftsräumen stehen (Ladenwohnungen), sind auf Antrag dem Inhaber des Ladens zuzuweisen, falls dieser am Orte eine Familienwohnung freimacht oder der bisherige Inhaber des Ladens und der Ladenwohnung auf die Zuweisung einer Familienwohnung in einer inländischen Gemeinde verzichtet und der Hauseigentümer mit der Anmietung des Ladens und der Wohnung einverstanden ist. Außerdem sind Ladenwohnungen in der Regel solchen Inhabern des Ladens zuzuweisen, welche am Orte für eine Familienwohnung vorgemerkt sind. Bei Zuweisungen von Pächterwohnungen ist in gleicher Weise zu verfahren.

V. Die Zuweisung einer Wohnung außer der Reihe gegen Zahlung eines Geldbetrages ist unzulässig.

VI. Die Stadt- oder Gemeinderäte können durch Satzung mit Genehmigung der Regierung, Kammer des Innern, die Vergebung von Wohnungen mittels Mietberechtigungskarte (Wohnungsuchkarte) in widerruflicher Weise einführen, die Regierungen, Kammern des Innern, können die Einführung der Mietberechtigungskarte im Bedarfsfalle auch von Aufsichts wegen anordnen. Die Mietberechtigungskarte ist eine von der Ortspolizeibehörde (Wohnungsamt) ausgestellte Bestätigung darüber, daß die in der Karte näher bezeichnete Person berechtigt ist, wegen Anmietung einer Familienwohnung der in der Mietberechtigungskarte näher bezeichneten Art und Größe mit dem jeweiligen Vermieter in Verbindung zu treten und einen vorläufigen Mietvertrag abzuschließen, der jedoch erst nach erfolgter schriftlicher Genehmigung durch die Ortspolizeibehörde rechtswirksam wird und zum Einzug berechtigt. Die Mietberechtigungskarten dürfen nur an eine begrenzte Anzahl der am längsten vorgemerkten oder sonst besonders berücksichtigenswerten Wohnungsuchenden (Abs. I und VII) ausgegeben werden; der Vermieter hat keinen Rechtsanspruch auf Vermietung an einen Inhaber einer Mietberechtigungskarte; die Vergebung von Wohnungen kann auch weiterhin durch Zuweisung erfolgen.

VII. Wohnungsinhabern, die ihre Wohnung freiwillig aufgeben, ohne zur Zeit eine andere Wohnung am gleichen Orte oder an einem anderen Orte zu beanspruchen, kann durch die Ortspolizeibehörde ein Wohnungsgutschein ausgestellt werden; auf späteres Verlangen ist den Inhabern solcher nicht übertragbarer Wohnungsgutscheine sofort außer der Reihe eine möglichst gleichwertige Wohnung zuzuweisen bzw. eine Mietberechtigungskarte auf eine solche Wohnung auszustellen.

Neu eingefügt ist in Abs. III ein Satz 2: dadurch ist die Möglichkeit gegeben, Zuweisungen außer der Reihe auch über die Fälle des Abs. III Satz 1 hinaus im Bürowege zuzuweisen; im übrigen unverändert; H S. 80.

§ 17.

Unverändert; H S. 83.

§ 18.

Unverändert; H S. 84.

§ 19.

Unverändert; H S. 86.

§ 20.

I. Wohnungen, in denen Arbeiter oder versicherungspflichtige oder versicherungsberechtigte Angestellte oder diesen sozial gleichgestellte Beamte des Kohlenbergbaues wohnen, dürfen nur zur Unterbringung von Personen der gleichen Berufsklassen in Anspruch genommen werden.

II. Auf Räume, die zur Zeit des Inkrafttretens dieser Verordnung mit Rücksicht auf ein zwischen den Vertragsteilen bestehendes Dienst- oder Arbeitsverhältnis, das auf die Besorgung von Angelegenheiten des Hauses gerichtet ist, in dem sich die Wohnung befindet (Hausmeister, Hausverwalter, Pförtner usw.), vermietet oder überlassen sind, finden auf die Dauer dieser Zweckverwendung die Vorschriften dieser Verordnung mit Ausnahme der §§ 3 und 41 keine Anwendung. Das gleiche gilt für Räume, die nach dem Inkrafttreten dieser Verordnung mit Zustimmung der Ortspolizeibehörde als Hausmeister-, Hausverwalterwohnungen usw. erklärt und als solche vermietet oder überlassen werden.

Die bisherige Regelung des Zugriffsrechts der Ortspolizeibehörden — § 20 Abs. I u. II; H S. 89 — hat durch die Aufhebung des § 15 WMG. eine grundsätzliche Änderung erfahren; das Recht der Betriebswohnungen ist nunmehr zusammen mit den Genossenschaftswohnungen in § 21 geregelt. Die bisherigen Absätze III u. IV sind in den neuen § 20 als Abs. I u. II unverändert übergegangen; H S. 89.

§ 21.

Räume in Gebäuden, die gemeinnützigen Wohnungsunternehmen gehören, sowie Räume, die zur Unterbringung von Angehörigen eines Betriebs von dem Inhaber des Betriebs errichtet oder vor dem 1. Juli 1918 zu Eigentum erworben oder gemietet sind, dürfen von der Gemeindebehörde zur Unterbringung von Wohnungsuchenden nicht in Anspruch genommen werden.

Die Neuregelung entspricht der Änderung des § 13 WMG.; darüber unten S. 78.

§ 22.

Unverändert.

§ 23.

Unverändert; H S. 91.

§ 24.

Unverändert; H S. 92.

§ 25.

Unverändert; H S. 92.

§ 25a.

I. Die Stadt- und Gemeinderäte können mit Zustimmung der Aufsichtsbehörde gestatten, daß Wohnungen, deren Jahresfriedensmiete hinter den Anfangsbeträgen des §40b zurückbleibt, allgemein oder von einer bestimmten (sich unterhalb der genannten Anfangssätze haltenden) Mietgrenze ab im Falle des Freiwerdens innerhalb einer Frist von zwei Monaten, vom Tage der Anmeldung (§ 3) an gerechnet, an Wohnungsuchende, die am Orte für eine Familienwohnung vorgemerkt sind oder am Orte eine Familienwohnung freimachen oder zur Verfügung stellen, nach Maßgabe des Abs. II vermietet werden, soweit nicht bei Beamtenwohnungen den zuständigen Behörden ein Verfügungsrecht gemäß § 27 zusteht. Das Erfordernis der Vormerkung entfällt bei Beamten, bei Beamten im Ruhestand, bei Beamtenhinterbliebenen sowie bei den in § 26 Abs. I aufgeführten Personen; die Ortspolizeibehörden können in einzelnen Fällen von dem Erfordernis der Vormerkung auf eine Familienwohnung Befreiung erteilen.

II. Der Vermieter hat den Mietvertrag über Wohnungen nach Abs. I der Ortspolizeibehörde zur Prüfung der Frage vorzulegen, ob die Voraussetzungen des Abs. I gegeben sind. Die Ortspolizeibehörde hat binnen 14 Tagen nach Vorlage des Mietvertrages dem Vermieter eine schriftliche Bestätigung darüber zu erteilen, daß gegen die Vermietung keine Erinnerung besteht. Wird innerhalb dieser Frist die Bestätigung nicht erteilt, so steht dem Vermieter die Beschwerde nach § 34 zu. Der Mietvertrag wird erst mit der Erteilung der Bestätigung der Ortspolizeibehörde oder der Beschwerdestelle wirksam. Vor Erteilung der Bestätigung darf die Wohnung bei Meidung polizeilicher Räumung nicht bezogen werden. Die Ortspolizeibehörde kann die Frist des Abs. I allgemein oder für einzelne Fälle verlängern.

Abs. I Satz 1 ist mit Rücksicht auf die grundsätzliche Freistellung der teueren Wohnungen in § 40b — neu — geändert worden; vgl. Vorbem. 2, oben S. 22. Der Kreis der erleichtert vermietbaren Wohnungen war bisher in § 25a Abs. I verordnungsmäßig für das ganze Land festgelegt. Diese zwangsläufige Regelung der erleichterten Vermietung bestimmter Wohnungen ist gefallen; die Regelung ist nunmehr vollständig der örtlichen

Anordnung des Gemeinderates überlassen. Die bisherigen Bestimmungen der Abs. III u. IV — H S. 95 — sind in den neuen § 40c übergegangen.

§ 25b.

Wohnungen können ohne vorherige schriftliche Zustimmung der Ortspolizeibehörde (§ 25 Abs. I) an Wohnungsuchende vermietet werden, wenn die Ortspolizeibehörden — bei Beamtenwohnungen außerdem die nach § 27 zuständige Behörde — schriftlich bestätigen, daß sie diese Wohnung für einen Wohnungsuchenden nicht benötigen. Diese Bestätigung muß auf Antrag, der erst nach dem Freiwerden der Wohnung gestellt werden kann, erteilt werden, wenn innerhalb einer Frist von drei Wochen, vom Einlauf des Antrages bei der Ortspolizeibehörde — für Beamtenwohnungen bei der nach § 27 zuständigen Behörde — an gerechnet, für die Wohnung kein Wohnungsuchender zugewiesen wird. Mit Erteilung dieser Bestätigung erlischt bei Beamtenwohnungen das Verfügungsrecht der zuständigen Behörde nach § 27. Wird die Zuweisung gegenstandslos oder die Wohnung später wiederum frei, so ist das Verfahren nach Satz 1 entsprechend zu wiederholen.

Die Frist in Satz 2 ist von sechs auf drei Wochen gekürzt worden. Durch den neuen Satz 3 ist eine erwünschte Klärung des Verhältnisses des § 25b zu § 27 geschaffen; sachlich bedingt ist die Änderung der Fristbestimmung in Satz 2, da nunmehr die Frist nach § 25b vor der Frist des § 27 abläuft.

§ 25c.

Der Vermietung eines Wohnraumes im Sinne dieser Verordnung steht die nicht mietweise Überlassung eines Wohnraumes und die Ingebrauchnahme eines Wohnraumes durch den Verfügungsberechtigten gleich.

Bisher § 25h. Die §§ 25c mit g — H S. 90 bis 101 — sind gestrichen.

§ 26.

Unverändert; H S. 101.

§ 27.

Unverändert; H S. 102.

§ 28.

Wollen Personen, die vor dem 1. Januar 1914 in Deutschland ihren Wohnsitz hatten oder Personen, bei denen die in § 14 des Wohnungsmangelgesetzes genannten Voraussetzungen vorliegen, ihre selbständigen benutzten Wohnungen innerhalb des Reichsgebiets miteinander tauschen, so sind sie verpflichtet, die Zustimmung der beteiligten Ortspolizeibehörden unter Beifügung des schriftlich gegebenen Einverständnisses der Vermieter vor Durchführung des Tausches einzuholen. Unter diesen Voraussetzungen ist die Zustimmung der Ortspolizeibehörde innerhalb einer Frist von 14 Tagen zu erteilen; die Frist beginnt in dem Zeitpunkt, in dem die erforderlichen Unterlagen der Ortspolizeibehörde vollzählig vorliegen. Bei Überschreitung dieser Frist gilt die Genehmigung als erteilt. Erfolgt der Tausch innerhalb eines Gemeindebezirkes, so bedarf es der Zustimmung der Ortspolizeibehörde nur dann, wenn dies vom Stadtrat oder Gemeinderat auf Grund besonderer, mit Genehmigung der Aufsichtsbehörde eingeführten Satzung angeordnet ist. Die Ortspolizeibehörde kann anordnen, daß die nach § 3 anzeigepflichtigen Personen auch jeden durch Tausch erfolgten Wechsel des Inhabers einer Wohnung anzuzeigen haben. Wird das Einverständnis durch den Vermieter versagt, so kann die gemäß § 19 zur Festsetzung des Zwangsmietvertrages zuständige Stelle das Einverständnis des Vermieters auf Antrag ersetzen; das Einverständnis kann nicht ersetzt werden, falls hiernach für den Vermieter ein unverhältnismäßiger Nachteil aus der Art des Mieters zu besorgen ist (§ 19 Abs. II), ferner nicht bei Wohnungen, deren Mieter keinen Mieterschutz genießen; das Einverständnis soll dann nicht ersetzt werden, wenn dringender Eigenbedarf des Hauseigentümers feststeht und durch den Wohnungstausch die Befriedigung dieses Eigenbedarfs in absehbarer Zeit vereitelt würde, desgleichen dann nicht, wenn die Tauschwohnung voraussichtlich auch ohne die Durchführung des Wohnungstausches in Bälde frei würde und bei Durchführung des Wohnungstausches der Hauseigentümer in der durch die Lockerungsbestimmungen zugelassenen erleichterten Vermietung der Wohnung gehindert würde.

Sachlich unverändert; H S. 107; der neue Satz 5 bringt lediglich eine durch die Streichung des bisherigen § 40b veranlaßte Änderung des bisherigen zweiten Halbsatzes des Satzes 4.

§ 29.

Unverändert; H S. 109.

§ 30.

Unverändert; H S. 110.

§ 31.

Unverändert; H S. 112.

§ 32.

Unverändert; H S. 113.

§ 33.

In Gemeinden, für deren Bezirk ein Mieteinigungsamt nicht errichtet ist, sind die in dieser Verordnung den Mieteinigungsämtern zugewiesenen Befugnisse von der gemäß § 34 zur Verbescheidung von Beschwerden zuständigen Stelle auszuüben, mit Ausnahme der Festsetzung der Friedensmiete gemäß § 40c Abs. II.

Statt auf § 25a Abs. III wird auf § 40c Abs. II verwiesen; im übrigen unverändert; H S. 113.

§ 34.

I. Gegen die auf Grund dieser Verordnung im Einzelfalle getroffenen Verfügungen der Ortspolizeibehörden können die Beteiligten innerhalb einer Woche nach Eröffnung der Verfügung Beschwerde einlegen. Die Beschwerde ist bei der Stelle einzureichen, welche die Verfügung getroffen hat. Diese kann der Beschwerde abhelfen.

II. Über Beschwerden gegen Verfügungen der Ortspolizeibehörden und Wohnungsämter entscheidet eine Beschwerdestelle. Für jede unmittelbare Stadt ist eine solche zu errichten. Sie ist mit einer rechtskundigen Person zu besetzen. Diese sowie ihr Stellvertreter werden vom Stadtrat bestellt.

III. Die Stadträte der kreisunmittelbaren Gemeinden werden ermächtigt, die den Beschwerdestellen auf Grund dieser Verordnung zukommenden Befugnisse den gemeindlichen Mieteinigungsämtern zu übertragen. Die Mieteinigungsämter gelten in diesem Falle als Beschwerdestellen.

IV. Über Beschwerden gegen Verfügungen der Ortspolizeibehörden und Wohnungsämter mittelbarer Gemeinden entscheiden als Beschwerdestellen die Mieteinigungsämter, soweit solche nicht vorhanden sind, die Bezirksämter.

V. Über Beschwerden gegen Verfügungen, die von den Bezirksämtern an Stelle der Ortspolizeibehörden erlassen werden, entscheiden die Regierungen, Kammern des Innern.

Die Neufassung des Abs. II u. die Streichung des bisherigen III trägt dem Gedanken Rechnung, daß auch die Amtsgerichte, MEA. u. Beschwerdestellen bei ihrer Tätigkeit auf dem Gebiete des MSchG. u. des RMG. nunmehr ohne Beisitzer entscheiden; im übrigen unverändert; H S. 114.

§ 35.

Unverändert; H S. 117.

§ 36.

Unverändert; H S. 120.

§ 37.

Unverändert; H S. 120.

§ 38.

I. Die zur Bekämpfung des Wohnungsmangels getroffenen Verfügungen können im Wege des unmittelbaren polizeilichen Zwanges durchgeführt werden. Insbesondere können Wohnungen, die unter Verletzung der Vorschriften dieser Verordnung bezogen worden sind, im Wege unmittelbaren Zwanges geräumt werden. Das gleiche gilt, wenn im Falle des § 12 Abs. III die Räumung verweigert wird. Unmittelbarer Zwang kann ferner angewendet werden, wenn der Verfügungsberechtigte nach Festsetzung des Zwangsmietvertrages sich weigert, dem Zwangsmieter die zugewiesenen Räume zu überlassen.

II. Die Kosten fallen dem Ungehorsamen zur Last. Sie werden in kreisunmittelbaren Gemeinden wie Gemeindegefälle, im übrigen gemäß Art. 6 des Gesetzes zur Ausführung der Reichszivilprozeßordnung und Konkursordnung beigetrieben.

III. Gegen Reich und Land ist die Anwendung derartiger Zwangsmaßnahmen unzulässig, das gleiche gilt für die Reichsbank und die Deutsche Reichsbahngesellschaft.

In Abs. I Satz 4 ist der letzte Halbsatz — Hinweis auf den weggefallenen § 13 — gestrichen, im übrigen unverändert; H S. 121.

§ 39.

Unverändert; H S. 123.

§ 40.

I. Die Vorschriften des Wohnungsmangelgesetzes und dieser Verordnung finden auf Neubauten oder durch Um- und Einbauten neugeschaffene Räume keine Anwendung, wenn sie nach dem 1. Juli 1918 bezugsfertig geworden sind oder künftig bezugsfertig werden. Sie gelten auch nicht bei Teilung einer Wohnung und bei Ausbau von Gewerberäumen (§§ 33a, 33b des Gesetzes über Mieterschutz und Mieteinigungsämter). Sie gelten weiter nicht für die Untervermietung von Räumen.

II. Die mit Unterstützung des Hilfswerkes Oppau errichteten Räume unterliegen den Vorschriften des Reichswohnungsmangelgesetzes und dieser Verordnung.

Die Nichtanwendung der WMVO. ist in Abs. I Satz 2 entsprechend der reichsrechtlichen Neuregelung — unten S. 78 — ausgedehnt auf die Räume, die bei Teilung einer Wohnung u. bei Ausbau von Gewerberäumen gemäß §§ 33a, 33b MSchG. gewonnen werden. Weiterhin ist die Nichtanwendung der WMVO. für untervermietete Räume — bisher § 25f Abs. II — angeordnet.

Abs. I des bisherigen § 40 — Begriff der Wohnung — ist in § 40c übergegangen.

§ 40a.

Die Vorschrift ist sachlich unverändert — H S. 124 —; das Recht der örtlichen Lockerung ist aber nicht nur wie bisher den Gemeinden unter 10000 Einwohnern eingeräumt, sondern nunmehr allen Gemeinden unter 25000 Einwohnern Abs. I. Diese Gemeinden sind auch in § 1 Abs. 2 der VO. über Mieterschutz in Bayern grundsätzlich zur Errichtung der MEA. verpflichtet.

Die in Abs. VI vorgesehene entsprechende Anwendung der Abs. I mit V gilt demgemäß nunmehr für Gemeinden mit einer Einwohnerzahl von 25000 und darüber.

§ 40b.

Auf Wohnungen, deren Jahresfriedensmiete
a) 800 Mark und mehr in München und Ludwigshafen,
b) 600 „ „ „ „ den Orten der Ortsklasse A,
c) 500 „ „ „ „ „ „ „ „ B,
d) 300 „ „ „ „ „ „ „ „ C und D
beträgt, finden die Bestimmungen dieser Verordnung keine Anwendung.

1. Die Mietgrenzen sind — entsprechend der reichsrechtlichen Vorschrift, unten S. 77 — erheblich herabgesetzt. Entsprechend dem bisherigen § 40c

ist die Befreiung von den Vorschriften eine allumfassende, nicht nur eine beschränkte wie im Falle des bisherigen § 40b — H S. 127.

Die bisherige Unterscheidung zwischen hochwertigen, teuersten u. teueren Wohnungen entfällt künftig. Wohnungen, die die Mietgrenzen des § 40b — neu — überschreiten, sind als „teuere" Wohnungen zu bezeichnen.

2. Als Jahresfriedensmiete im Sinne der WMVO. u. der VI. LockV. — § 7, oben S. 20 — gilt die nach den §§ 3ff. der VO. über die Mietzinsbildung — S. 134 — berechnete reine Jahresfriedensmiete.

§ 40c.

I. Als Wohnungen im Sinne dieser Verordnung gelten auch Wohnräume, in denen eine eigene Wirtschaft oder Haushaltung geführt wird oder geführt werden kann, sowie Wohnräume, die in Hauptmiete vermietet werden und nicht Teile einer Wohnung sind.

II. Als Friedensmiete im Sinne dieser Verordnung gilt der Betrag, der sich nach den §§ 3ff. der Verordnung über Mietzinsbildung in Bayern vom 29. März 1928 (GVBl. S. 175; StAnz. Nr. 75) in der Fassung der Verordnung vom 22. Dezember 1931 (StAnz. Nr. 298) errechnet; erforderlichenfalls ist die Friedensmiete vom Mieteinigungsamte (in Gemeinden ohne gemeindliches Mieteinigungsamt vom Amtsgerichte) auf Antrag der Ortspolizeibehörde oder der Beteiligten festzustellen oder festzusetzen (§ 2 RMG.).

III. Die Ortsklasseneinteilung bestimmt sich nach dem auf Grund des § 12 des Reichsbesoldungsgesetzes aufgestellten Ortsklassenverzeichnis (vgl. die Bekanntmachungen des Staatsministeriums der Finanzen vom 28. Oktober 1924 — StAnz. Nr. 252 —, vom 20. Oktober 1925 — StAnz. Nr. 245 —, vom 8. Mai 1926 — StAnz. Nr. 106 — und vom 1. Februar 1927 — StAnz. Nr. 27 —).

Die neue Vorschrift enthält eine Zusammenfassung von Begriffsbestimmungen, die bisher in § 40 Abs. I — H S. 123 — u. in § 25a Abs. III u. IV — H S. 96 — enthalten waren.

§ 41.

Unverändert.

§ 42.

Unverändert.

§ 43.

Unverändert.

C. Mietzinsbildung.

1. Verordnung über die Mietzinsbildung in Bayern.

Vom 29. März 1928 GVBl. S. 175 und 22. Dez. 1931 StAnz. Nr. 298, GVBl. S. 405.

Die VO. über die Mietzinsbildung in Bayern vom 29. März 1928 — H S. 133 — hat durch die AbändVO. vom 22. Dez. 1931 — veröffentlicht zuerst im StAnz. Nr. 298 vom 24. Dez. 1931 — mit sofortiger Wirkung nicht unwesentliche Änderungen erfahren.

Gestrichen wurden die Vorschriften

1. der §§ 10, 11 u. 12 — H S. 139—141 —. Damit entfällt die Verwendungspflicht des Vermieters hinsichtlich des in der ges. M. steckenden, für die laufenden Instandsetzungsarbeiten bestimmten Mietzinsteiles (§ 10) sowie die Verpflichtung zum Nachweis dieser Verwendung (§ 11). Weiter kommen Zwangsmaßnahmen der in § 12 bezeichneten Art bei Unterlassung der Ausführung notwendiger laufender Instandsetzungsarbeiten oder bei nicht sachgemäßer Verwendung der Gelder nicht mehr in Frage.

   Auch die Zuständigkeit des MEA. bzw. der Bezirkspolizeibehörde über die Frage, ob die Vornahme einer laufenden Instandsetzungsarbeit „erforderlich" im Sinne des § 28 MSchG. ist, entfällt künftig § 12 Abs. 3 VO. über die Mietzinsbildung; Änderung des § 28 MSchG. durch die Vierte VO. Zweiter Teil Kapitel IV Artikel II Nr. 4.
2. des § 16 — H S. 143 —, weil die Vorschriften des RMG. für Untermietverhältnisse u. ähnliche Rechtsverhältnisse im Sinne des § 24 Abs. 2 MSchG. in Bayern — anders nach Reichsrecht, unten S. 89 — seit 1. April 1931 außer Kraft gesetzt sind, H S. 53; oben S. 19.
3. des § 23 Abs. 3 — Aufrechterhaltung außer Kraft befindlicher Vorschriften H S. 146.

Geändert wurden

1. die Vorschriften des § 6 — H S. 136 — über die Festsetzung der Friedensmiete; darnach entfällt künftig die Festsetzung von Teilhundertsätzen bei der ges. M. für Zinsendienst, Instandsetzungsarbeiten usw. Die Zuschläge zur ges. M. für Geschäftsräume bleiben auch künftig möglich. Infolge der Zusammenfassung des § 6 in zwei Absätze muß in § 7 Abs. 1 die Verweisung auf § 6 Abs. III in § 6 Abs. II abgeändert werden.

2. die Begriffsbestimmung in § 20 Abs. 2 entsprechend der Anregung in § 20 Anm. 1 — H S. 144.

Die AbändVO. lautet:

Die Verordnung vom 29. März 1928 (GVBl. S. 175, StAnz. Nr. 75) wird mit sofortiger Wirkung wie folgt geändert:

1. § 6 erhält folgende Fassung:

I. Der Hundertsatz der Friedensmiete wird vom Staatsministerium für Landwirtschaft und Arbeit (Abteilung Arbeit), soweit veranlaßt nach Anhörung von Vertretern der Vermieter und Mieter, festgesetzt und bekanntgegeben.

II. Für gewerblich oder geschäftlich benützte Räume kann vom Staatsministerium für Landwirtschaft und Arbeit (Abteilung Arbeit), soweit veranlaßt nach Anhörung von Vertretern der Vermieter und Mieter, ein Zuschlag zur gesetzlichen Miete — ausgedrückt in einem Hundertsatze der Friedensmiete — festgesetzt werden.

2. Im § 7 Abs. I wird die Verweisung „(§ 6 Abs. III)" durch „(§ 6 Abs. II)" ersetzt.

3. Die §§ 10, 11, 12 und 16 werden aufgehoben.

4. § 20 Abs. II erhält folgende Fassung:

„Gemeindebehörde im Sinne des § 8 Satz 1 RMG. ist die Bezirkspolizeibehörde, in kreisunmittelbaren Gemeinden mit staatlicher Polizeiverwaltung der Stadtrat".

5. § 23 Abs. III wird gestrichen.

2. Verordnung über die gesetzliche Miete im Jahre 1932.

Vom 23. Dez. 1931 StAnz. Nr. 299, GVBl. S. 406; GVBl. 1932 S. 40.

Zu dem allgemeinen Hundertsatz der ges. M. von 110 v. H. der Friedensmiete ab 1. Jan. 1932 treten

1. die gewerblichen Zuschläge in Höhe von 5 bzw. 10% (bisher 10 bzw. 20%) der FM. gemäß Ziff. 3 VO. bei geschäftlich oder gewerblich benutzten Räumen;
2. die Zusatzmiete bei Räumen aller Art gemäß § 13a RMG. — H S. 491 —;

3. die Beträge des Umlegungsverfahrens bei Räumen aller Art nach Ziff. 2 VO.

Wegen der ab 1. Jan. 1932 eintretenden allgemeinen Mietsenkung vgl. unten S. 42.

Auf Grund der §§ 2, 6, 7 der Verordnung über die Mietzinsbildung in Bayern vom 29. März 1928 (GVBl. S. 175, StAnz. Nr. 75) in der Fassung der Verordnung vom 22. Dezember 1931 (StAnz. Nr. 298) sowie auf Grund der Vierten Verordnung des Reichspräsidenten zur Sicherung von Wirtschaft und Finanzen vom 8. Dezember 1931 (2. Teil, Kap. II, § 1 Abs. 1; RGBl. I S. 699, 707) in Verbindung mit der Verordnung zur Durchführung der Mietsenkung vom 15. Dezember 1931 (RGBl. I S. 752) und der Verordnung der Staatsministerien der Justiz und für Landwirtschaft und Arbeit gleichen Betreffs vom 18. Dezember 1931 (StAnz. Nr. 295) wird verordnet, was folgt:

1. Die gesetzliche Miete beträgt im Jahre 1932 bis auf weiteres 110 v. H. der Friedensmiete.

Die Ausscheidung von Teilhundertsätzen für den Zinsendienst, für laufende und große Instandsetzungsarbeiten entfällt; vgl. § 6 der VO. über die Mietzinsbildung, oben S. 38. Der Zinssatz für Aufwertungshypotheken, der ab 1. Jan. 1932 7½% betragen sollte — H S. 147 Anm 3 —, beträgt von diesem Zeitpunkt ab nur mehr 6% Vierte VO. Erster Teil Kapitel III Erster Abschnitt § 3 RGBl. I 703. Die hauptsächlichsten Betriebskosten — H S. 138, 147 — setzen sich unter Berücksichtigung der 20%igen Senkung der Geldentwertungsabgabe durch die VO. vom 17. Dez. 1931 StAnz. Nr. 295, unten S. 85, ab 1. Jan. 1932 wie folgt zusammen:

1. Staatliche Haussteuer	2%
2. Mietzinssteuer (Geldentwertungsausgleich) .	26,4%
3. Wohnungsbauabgabe	17%
4. Gemeinde- (und Bezirks-)umlagen	8%
5. Kreisumlagen	1%

2. Die Vermieter sind berechtigt, Mehraufwendungen, die ihnen durch eine nach dem 1. Januar 1929 erfolgte Einführung neuer gemeindlicher Gebühren und Abgaben, soferne sie als Betriebskosten im Sinne des § 4 des Reichsmietengesetzes anzusehen sind, oder durch eine nach dem gleichen Zeitpunkte vorgenommene Erhöhung bereits bestehender Gebühren oder Abgaben der genannten Art entstehen, auf die Mieter nach dem Verhältnis der Friedensmieten umzulegen.

Der im Hause wohnende Vermieter ist an der Umlegung zu beteiligen. Bei Streit entscheidet das Mieteinigungsamt.

Die Entschließung über die gesetzliche Miete im Jahre 1929 vom 18. Januar 1929 Nr. 1844 n 2 (StAnz. Nr. 19) wird aufrechterhalten.

Unverändert; H S. 148.

3. Bei gewerblich oder geschäftlich benützten Räumen mit einer Jahresfriedensmiete bis zu 600 ℳ einschließlich erhöht sich die nach Ziffer 1 festgesetzte gesetzliche Miete bis auf weiteres um 5 v. H. der Friedensmiete, bei gewerblich oder geschäftlich benützten Räumen mit einer höheren Jahresfriedensmiete um 10 v. H. der Friedensmiete. Wird für gewerblich oder geschäftlich benützte Räume und für Wohnräume eine einheitliche Friedensmiete geschuldet, so wird im Streitfalle der auf den gewerblich oder geschäftlich benützten Raum entfallende Teilbetrag der Friedensmiete vom Mieteinigungsamte festgestellt. Gewerblich oder geschäftlich benützte Räume sind alle Räume, die nicht Wohnraum sind.

Die Zuschläge sind von 10 auf 5 bzw. von 20 auf 10 v. H. der Friedensmiete herabgesetzt; im übrigen sind die Bestimmungen unverändert geblieben H S. 150.

Teil II:

Reichsrecht.

A. Mieterschutzrecht.

1. Mietsenkung.

Im Zweiten Teil Kapitel II der Vierten VO. vom 8. Dez. 1931 ist eine neue Art gesetzlicher Mietzinsbildung angeordnet: ab 1. Jan. 1932 werden sämtliche Mietpreise ohne Rücksicht auf die Geltung des Reichsmietengesetzes, ohne Rücksicht auf Alt- u. Neubauten, ohne Rücksicht auf entgegenstehende Vertragsabreden für Wohn- u. Geschäftsräume zwangsweise gesenkt. Die Norm ergreift indes nur bestehende Mietverhältnisse; nach dem 1. Jan. 1932 neu begründete Mietverhältnisse unterliegen der Zwangssenkung nicht; a. M. Hertel VIII Beilage S. 33. Der Zweck der VO. wird erreicht durch die Senkung der Mieten bei den bestehenden Mietverhältnissen; die neu zu begründenden Rechtsverhältnisse werden in der verschwindenden Minderzahl bleiben. Der Marktpreis wird aber auch auf dem Gebiete des Mietrechts ausschlaggebend sein. Eine Senkung der Preisgrundlage ist durch die VO. durchgeführt. Ein gesetzliches Verbot im Sinne des § 134 BGB. liegt nicht vor. § 49a MSchG. findet Anwendung; für reichsrechtlich gelockerte Mietverhältnisse ist dies in Kapitel IV Artikel I ausdrücklich bestimmt. Soweit noch das Reichsmietengesetz auf die Mieträume Anwendung findet, ist dem Mieter in dem engen Rahmen der §§ 1 Abs. 1 Satz 4, 1a RMG. — H S. 455, 465 — die Berufung auf die gesetzliche Miete — die ab 1. Jan. 1932 110% der FM. beträgt — möglich. Ab 1. April 1932 ist aber auch der Geltungsbereich dieses Gesetzes erheblich eingeschränkt.

Neben der Regelung der Vierten VO. ist zur Durchführung und Ergänzung (§ 5) eine „Verordnung zur Durchführung der Mietsenkung" vom 15. Dez. 1931 RGBl. I S. 752, kurz DV. genannt, erlassen worden. Die notwendigen landesrechtlichen Vollzugsbestimmungen sind in Preußen in der VO. vom 5. Januar 1932 GS. S. 3, in Bayern in der VO. vom 18. Dez. 1931 StAnz. Nr. 295 — kurz VollzV. genannt — enthalten.

Durch Art. 1 DV. ist der Vermieter verpflichtet worden, unverzüglich, d. h. ohne schuldhaftes Zögern (§ 121 BGB.) nach Erscheinen der DV. dem Mieter mitzuteilen, welcher Mietpreis gemäß §§ 1, 2, 4 VO. sich ab 1. Jan. 1932 errechnet. Bei Schwierigkeiten — diese sind nicht nur im Falle § 1 Abs. 2, § 2, sondern auch im Falle des § 1 Abs. 1 möglich, wenn eine Feststellung oder Festsetzung der FM. notwendig wird — ist eine vorläufige

Mitteilung zu machen, die spätestens zum 25. Jan. 1932 in eine endgültige umzuwandeln ist. Die Nichterfüllung beider Verpflichtungen ist für den Vermieter mit Rechtsnachteilen verbunden: wenn der Mieter infolge dieser Säumnis des Vermieters den neuen Mietzins nicht oder nicht rechtzeitig zahlt, so gelten die gesetzlichen oder vertraglichen Rechtsfolgen der Verzugszahlung als nicht eingetreten. Nach dem Vorbild der Regelung in Kapitel III § 4 — unten S. 65 — wird man im Interesse des Vermieters annehmen müssen, daß nur eine schuldhafte Unterlassung — § 276 BGB. — der vorläufigen oder endgültigen Mitteilung die in Art. 1 Abs. 2 Satz 3 DB. bestimmte Wirkung auslöst; auch muß verlangt werden, daß der Zahlungsverzug ausschließlich durch die Säumnis des Vermieters verursacht ist, so daß eine schuldhaftliche Nichterfüllung der Zahlungspflicht den Mieter von den Verzugsfolgen nicht befreit. In allen Fällen ist unter Berücksichtigung der tatsächlichen Verhältnisse u. der geschäftlichen Gewandtheit der Vertragsteile die Schuldfrage nach beiden Seiten zu prüfen. Unterläßt der Vermieter jedwede Mitteilung, so kommt der Mieter nicht in Verzug, auch wenn er überhaupt keine Zahlung leistet; dies gilt nicht, wenn die ges. M. zu zahlen ist, da in diesem Falle — § 1 Abs. 1 — dem Mieter zugemutet werden kann, die Ermäßigung selbst zu berechnen. Zur Frage des Rechtsschutzes bei Fehlen der endgültigen Mietbenachrichtigung wird in DHausbesZ. 1932, 50 eine amtliche Erklärung mitgeteilt, in der es u. a. heißt: „Zwar ist der Mieter nach den DB. . . vor Rechtsnachteilen geschützt, wenn er infolge des Fehlens der endgültigen Benachrichtigung seine Miete nicht oder nicht rechtzeitig zahlt. Dieser Schutz vor Rechtsfolgen bedeutet aber keineswegs, daß der Mieter von der Verpflichtung zur Mietzahlung in diesen Fällen überhaupt befreit ist. Auch dann, wenn eine endgültige Mitteilung über den neuen Mietzins noch nicht geschehen ist, hat der Mieter mindestens den Betrag zu zahlen, der sich voraussichtlich als endgültige Miete ergeben wird. Hat der Mieter von dem Vermieter eine vorläufige Berechnung erhalten, so wird es sich im allgemeinen empfehlen, zunächst den darin angegebenen Betrag unter Vorbehalt der endgültigen Berechnung zu zahlen." Eine Verlängerung der Frist über den 25. Januar 1932 hinaus ist nicht beabsichtigt, Ebel JW. 1932, 308. Wegen der Verlängerung der Frist für die Mitteilung des endgültigen Mietzinses in Bayern für die Fälle des § 2 vgl. § 2 Anm. 3 a. E. u. § 5 Anm. 3.

Für gemeinnützige Wohnungsunternehmen — H S. 437 — ist über die allgemeine Verpflichtung zur Mietsenkung gemäß §§ 1, 2 VO. hinaus in Art. 9 DB. eine Verpflichtung zur Mietangleichung festgelegt. Diese Verbände müssen, soweit ein Bedürfnis hiefür insbes. beim Vorhandensein billiger Altbauwohnungen u. teurer Neubauwohnungen besteht, die gemäß §§ 1, 2 ersparten Beträge zum Ausgleich der Mieten verwenden. Für die Mieter in Altbauten bedeutet diese Vorschrift, daß ihnen unter Umständen die Mietermäßigung des § 1 ganz oder zum Teil vorenthalten bleibt; für die Neubaumieter, daß ihnen ein Mietnachlaß in größerem Umfang oder in Fällen gewährt wird, in denen nach § 2 eine Mietsenkung überhaupt nicht Platz greift. Immerhin entspricht es dem Grundgedanken des Kapitel II, daß auch den Altbaumietern eine, wenn auch geringere als zehnprozentige Mietsenkung zugute kommt. Eine Erhöhung der Altbaumieten zugunsten einer Mietsenkung der Neubaumieten ist rechtlich auf der Grundlage des Art. 9 DB. ausgeschlossen. Der Ausgleich ist im übrigen auch dann möglich u. unter Umständen erforderlich, wenn das Wohnungsunternehmen nur Neubauten besitzt. Zu beachten ist, daß Kapitel II u. damit Art. 9 DB. überhaupt nicht zur Anwendung kommt, wenn, wie dies bisweilen in Genossenschaftswohnungen der Fall ist, nicht ein Mietverhältnis, sondern ein Nutzungsverhältnis anderer Art — H S. 160 — vorliegt. In solchen Fällen steht dem „Mieter" auch nicht das außerordentliche Kündigungsrecht gemäß Kapitel III der Vierten VO. zu, unten S. 57.

§ 1.

(1) Bei Mietverhältnissen,[1] auf die die Vorschriften des Reichsmietengesetzes Anwendung finden,[2] ermäßigt sich[3] für die mit dem 1. Januar 1932 beginnende Mietzeit die gesetzliche Miete[4] um zehn vom Hundert der Friedensmiete.[6]

(2) Von dem gleichen Zeitpunkt an ermäßigt sich[3] der Mietzins[5] bei sonstigen Mietverhältnissen über Gebäude oder Gebäudeteile, die bis zum 1. Juli 1918 bezugsfertig geworden sind, um zehn vom Hundert der Friedensmiete.[6]

1. Nur gültige Mietverhältnisse — H S. 158 — kommen in Betracht; der Untermieter hat nach § 3 keinen Anspruch auf Mietsenkung. Andere Rechtsverhältnisse, insbes. Pacht, Leihe, Genossenschaftsmiete, dingliches Wohnrecht — H S. 159, 452, 496 — werden von der Mietsenkung nicht betroffen. Ob bei den sog. Werk(Betriebs)wohnungen §§ 20ff. MSchG. ein Mietverhältnis vorliegt, entscheidet sich nach Lage des Falles H S. 264. Bei gemischten Verträgen — H S. 159 — entscheidet die Rechtsnatur; liegt in der Hauptsache Miete vor, so findet Kapitel II Anwendung.

Nur Mietverhältnisse über Räume in Gebäuden kommen in Frage; also nicht Räume in Wohnwagen, Schiffen, nicht Lagerplätze, Wandflächen, Standplätze usw. — H S. 163, 164.

Unerheblich ist, ob es sich um Wohnräume oder Geschäftsräume, d. h. gewerblich oder geschäftlich benutzte Räume handelt. Im Gegensatz zu der Regelung in Kapitel III unterscheidet Kapitel II zwischen Altbauten, d. h. Gebäude, die vor dem 1. Juli 1918 errichtet worden sind, u. Neubauten — § 33 MSchG., § 16 RMG., H S. 300, 498. Für Altbauten gilt grundsätzlich § 1, für Neubauten § 2.

2. Der Geltungsbereich des RMG. ist maßgebend, ohne Rücksicht darauf ob ein Vertragsteil von dem Recht auf die gesetzliche Miete Gebrauch gemacht hat oder nicht, also ohne Rücksicht darauf, ob gemäß § 1 RMG. die ges. M. oder aber die Vertragsmiete — H S. 452 — gilt. Etwas ungenau — wenn auch sachlich unschädlich — sagt Art. 2 Abs. 2 DB., daß als sonstige Mietverhältnisse im Sinne des Abs. 2 alle Mietverhältnisse anzusehen seien, bei denen nicht die ges. M. zu zahlen ist. Abs. 2 gilt vielmehr für alle Altbauten, für die das RMG. von Anfang an — H S. 452, 499 — oder

infolge landesrechtlicher Lockerung keine Geltung hat. Altbauten sind auch Räume, die bei Teilung einer Wohnung oder Ausbau von Gewerberäumen gewonnen werden, sofern nicht durch Um- oder Einbau neugeschaffene Räume im Sinne des § 33 MSchG., § 16 RMG. in Frage kommen; vgl. Ziff. 3 Abs. 2 bayVollzV. Das RMG. u. damit § 1 Abs. 1 finden keine Anwendung ferner auf Neubauten, die mit Unterstützung des Hilfswerkes Oppau § 12 Abs. 3 WMG. oder mit Zuschüssen errichtet sind, die aus den für die Wiederherstellung der während des Krieges zerstörten Gebiete bereitgestellten Mitteln stammen § 16 Abs. 2 RMG. — H S. 427, 498. Diese Ausnahme gilt auch für den Fall, daß man mit Art. 2 DV. den § 1 Abs. 1 auf Mietverhältnisse beschränkt, bei denen die gesetzliche Miete tatsächlich bezahlt wird.

3. Die Ermäßigung tritt kraft Gesetzes ein. Einer Mitwirkung der Vertragsteile bedarf es nicht. Bei Streit über den Umfang der Ermäßigung entscheidet — zwischenentscheidlich auch über die Höhe der Friedensmiete H S. 471 — das Mieteinigungsamt § 4 PreußVollzV., Ziffer 1 Abs. 2 BayerVollzV. Die Entscheidung schafft nicht erst Recht, sondern stellt das der VO. entsprechende Ausmaß der Senkung fest. Das MEA. entscheidet insbes. auch darüber, ob die Voraussetzungen des Kapitels II vorliegen, ob also überhaupt eine Mietsenkung Platz greift. Das MEA. hat hiernach weitergehend als sonst auch über Rechtsfragen, z. B. das Vorliegen eines Pachtverhältnisses, eines Neubaues zu entscheiden. Diese Sonderregelung gilt nur für die Entscheidung über die Mietermäßigung Ebel JW. 1932, 308; a. M. DHausbesZ. 1932, 10. Die Zuständigkeit des MEA. erstreckt sich insbes. auch auf die Höhe der Anrechnung nach § 4. Dagegen ist die MEA. nicht befugt, festzustellen, welcher Mietzins nach Gesetz oder Vertrag mit oder ohne Mietsenkung vom Mieter zu entrichten ist. Klagt der Vermieter auf Zahlung des Mietzinses, der ihm vom Mieter unter Berufung auf die Mietsenkung nach § 1 ganz oder zum Teil verweigert wird, so hat das Gericht den Mieter zur Zahlung des Mietbetrages zu verurteilen, der nach Abzug des von MEA. festgesetzten oder festzusetzenden Mietsenkungsbetrages verbleibt. Wegen der Zuständigkeit des MEA. zur Entscheidung von Rechtsfragen im allgemeinen vgl. H S. 313, 454, 462, 493; eine Ausdehnung der Zuständigkeit des MEA. im Wege der Parteivereinbarung ist rechtlich unzulässig — H S. 314.

Die Entscheidung ist endgültig, d. h. mit einem Rechtsmittel, insbes. mit der Rechtsbeschwerde nach § 41 MSchG., nicht mehr anfechtbar vgl. H S. 254, 329. Die innerhalb der Zuständigkeit erlassene Entscheidung des MEA. ist für die Gerichte u. Verwaltungsbehörden bindend — H S. 313 —, was in Art. 4 DV. ausdrücklich festgestellt wird. Wegen der Möglichkeit der Selbstberichtigung des MEA. vgl. H S. 333, 339.

Wird gemäß § 2 RMG. beim MEA. Antrag auf Feststellung oder Festsetzung der FM. gestellt, so dürfte zweckmäßigerweise das Mietsenkungsverfahren bis zur Entscheidung über jenen Antrag auszusetzen sein. Die in diesem Verfahren ergehende Entscheidung des MEA. ist mit der Rechtsbeschwerde nach § 41 RMG. anfechtbar. Die Vertragsteile sind nicht gehindert, ein Verfahren wegen Feststellung oder Festsetzung der FM. einzuleiten, es sei denn, daß eine rechtskräftige Entscheidung des

MEA. vorliegt und neue Tatsachen — § 44 MSchG.; H S. 338 — nicht gegeben sind.

In Preußen ist nach der VollzV. vom 11. Januar 1932 GS. S. 49 vorgeschrieben, daß der Antrag auf Entscheidung über das Ausmaß der Mietsenkung für Altbauten spätestens bis zum 25. Januar 1932 gestellt sein muß. Wird diese Frist versäumt, so verbleibt es bei der vom Vermieter angegebenen Mietermäßigung. Das gleiche hat aber auch zu gelten, wenn der Vermieter die endgültige Miete erst nach dem 25. Januar 1932 mitteilt: auch dann hat der Mieter in Preußen kein Rechtsmittel mehr. In Bayern gilt eine solche Beschränkung nicht; der Antrag kann jederzeit gestellt werden.

4. Richtig ist, daß auch in den Fällen des Abs. 1 die Vertragsmiete, nicht nur die ges. M. sich ermäßigt, weil es auf die Ausübung der Rechte aus dem RMG. nicht ankommt vgl. Anm. 2.

5. Maßgebend ist der Mietzins, der ab 1. Jan. 1932 tatsächlich oder vereinbarungsgemäß bezahlt wurde. Für die Berechnung des endgültigen Senkungsbetrages ist jedoch auszugehen von dem Mietzins, der ab 1. Jan. 1931 zu entrichten war. Ob zu diesem Zeitpunkt der gegenwärtige Mieter bereits die Räume innehatte, ist — im Gegensatz zu der Regelung bei dem Kündigungsrecht in Kapitel III, unten S. 62 — unerheblich. Ermäßigungen des Mietzinses, die seit dem 1. Jan. 1931 eingetreten sind, dürfen nach § 4 auf den Senkungsbetrag angerechnet werden u. zwar ohne Rücksicht darauf, ob die Vereinbarung der Ermäßigung vor oder nach dem 1. Jan. 1931 stattgefunden hat, sofern nur die Ermäßigung zu diesem Zeitpunkt oder später in Kraft getreten ist. Vgl. auch die Erl. zu § 4 u. Art. 3 DV.

6. Bei der gesetzlichen Miete wie bei der Vertragsmiete wird der Ermäßigungsbetrag aus der tatsächlichen Friedensmiete errechnet; gesenkt wird nicht die FM., sondern die geschuldete Miete um 10 v. H. der FM. Als FM. gilt nach Art. 2 DV. der Mietzins, der nach Landesrecht der Berechnung der ges. M. zugrunde zu legen ist. Gemäß § 3 der VO. über Mietzinsbildung in Bayern — H S. 134 — gilt als FM. der Goldmarkbetrag des Mietzinses, der für die mit dem 1. Juli 1914 beginnende Mietzeit vereinbart war oder auf Grund des § 2 Abs. 4 oder 5 RMG. festgesetzt worden ist. Nur die reine FM. ist maßgebend Ehard JW. 1932, 309; a. M. Dahm JW. 1931, 3631. Nebenleistungen oder Sonderleistungen sind also bei der Errechnung der FM. gemäß §§ 4, 5 der VO. über Mietzinsbildung — H S. 134 — zu berücksichtigen Ziff. 1 Abs. 1 BayVollzV. Die Ermäßigung beträgt im Falle des § 1 ausnahmslos 10 v. H. der FM. Die Feststellung oder Festsetzung der FM. — H S. 134, 471 — bildet bei Meinungsverschiedenheiten über die Höhe des Ermäßigungsbetrages den Kernpunkt der Entscheidung. Beträgt z. B. am 1. Jan. 1932 die Vertragsmiete 600 *RM* jährlich bei einer FM. von 500 *RM*, so beträgt die Senkung 10 v. H. aus 500 *RM* = 50 *RM* jährlich; die Miete ab 1. Jan. 1932 beträgt also 550 *RM* jährlich. Unrichtig wäre es, die Miete von 600 *RM* einfach um 10% auf 540 *RM* zu kürzen; ebenso unrichtig wäre es, die FM. von 500 *RM* um 10 v. H. zu senken u. aus 450 *RM* 120% als gesetzliche Miete (= 540 *RM*) zu errechnen. Soweit die gesetzliche Miete gilt, bedeutet die Mietsenkung nichts anderes als die Herabsetzung des Zuschlages von 20 auf 10 v. H. der FM.; die ges. M. beträgt hiernach ab 1. Jan. 1932 nicht mehr 120, sondern 110 v. H. der Friedensmiete vgl. für Bayern die VO. über die ges. Miete im Jahre 1932, oben S. 40. Die Umlegung von Mehraufwendungen für Betriebskosten — Ziff. 2 dieser VO. — unterliegt nicht dem Senkungszwang.

Haben die Parteien einen bestimmten Betrag vereinbart, der als FM. gelten soll — H S. 452 —, so ist trotzdem die Mietsenkung nach der tatsächlichen FM. zu berechnen, gleichviel, ob die Vertragsteile absichtlich oder unabsichtlich einen höheren oder geringeren Betrag als FM. festgesetzt haben. Die für Neubauten in Art. 6 DB. angeordnete Regelung gilt sinngemäß auch für § 1.

Die Ermäßigung erfolgt „für die mit dem 1. Jan. 1932 beginnende Mietzeit"; soweit der Mietzins im voraus zu zahlen ist, tritt die Senkung am 1. Jan. 1932 ein, soweit er nachträglich zu zahlen ist, von dem ersten Fälligkeitstag im Jahre 1932 für die Zeit ab 1. Jan. 1932. Mietzinsvorauszahlungen, die vor dem 1. Jan. 1932 für einen Zeitraum gemacht wurden, der nach diesem Termin liegt, sind bei der nächsten Zinszahlung anteilig zu ermäßigen; der Senkungsbetrag ist vom Vermieter dem Mieter auszuzahlen oder auf die nächste Mietzinszahlung in Anrechnung zu bringen. Bei Staffelmieten — H S. 470 — ist nicht der Durchschnittsbetrag des für die ganze Vertragsdauer vereinbarten Mietzinses — so Dahm JW. 1931, 3631 —, sondern der für den 1. Jan. 1932 zu zahlende Mietzins, umgerechnet auf den Jahresbetrag, zu ermäßigen.

§ 2.

Bei Mietverhältnissen[1] über Gebäude oder Gebäudeteile, die nach dem 1. Juli 1918 bezugsfertig geworden sind,[2] ermäßigt sich[3] vom 1. Januar 1932 ab der Mietzins[4] anteilig[5] um den Betrag, um den die laufende Belastung des Grundstücks nach den Vorschriften über die Zinssenkung (Erster Teil Kapitel III dieser Verordnung) gesenkt wird.

1. Vgl. § 1 Anm. 1.

2. In Betracht kommen nur sog. Neubauten — ausgenommen die in § 1 Anm. 2 erwähnten Neubauten in kriegszerstörten Gebieten u. in Oppau —, ferner durch Um- oder Einbauten neu geschaffene Räume § 33 MSchG., § 16 RMG.; H S. 300, 498. Für die durch Um- oder Einbauten neu geschaffenen Räume hat § 9 der PreußVollzV. nur eine Senkung von 8 v. H. angeordnet, während in Bayern beide Arten von Neubauten gleich behandelt sind Ziff. 3 Abs. 1 bayVollzV. Schwierigkeiten können sich ergeben, wenn Alt-Räume u. neugewonnene Räume zu einem einheitlichen Mietpreis vermietet sind. Soweit möglich muß für die alten Räume die FM. ermittelt u. der anteilige Mietpreis des Gesamtmietpreises nach § 1 um 10% der FM. gesenkt, bei dem übrigen Mietzinsteil — neu gewonnene Räume — gemäß § 2 der ersparte Zins zur Mietsenkung verwendet werden.

Es kann aber auch nach Lage des Falles unter dem Gesichtspunkt des Überwiegens der einen oder anderen Raumkategorie die Unterstellung des ganzen Mietverhältnisses unter § 1 oder § 2 gerechtfertigt sein. Vgl. hieher Ehard JW. 1932, 309.

3. Die Ermäßigung tritt kraft Gesetzes ein vgl. § 1 Anm. 3. Einer Mitwirkung der Vertragsteile bedarf es an sich nicht, doch ist sie zur Ermittlung der tatsächlichen Auswirkung der Zinssenkung praktisch unentbehrlich. Bei Meinungsverschiedenheiten über die Höhe der Auswirkung ist gemäß Art. 8 eine behördliche Nachprüfung gegebenenfalls durch zwei Instanzen vorgesehen, sofern nicht der ordentliche Rechtsweg für zulässig erklärt wird. Die Entscheidung ist endgültig u. bindet die Gerichte u. Verwaltungsbehörden. In Preußen ist der Magistrat bzw. der Landrat für zuständig erklärt § 10 VollzV. Bayern unterscheidet zwischen Zuschußbauten, d. h. solchen, die mit öffentlichen Mitteln — Baudarlehen, Zinszuschüssen H S. 31, 304 — errichtet worden sind und anderen Neubauten. Für die Zuschußbauten sind auf Antrag die Bezirksverwaltungsbehörde bzw. die Regierung, Kammer des Innern, zur Nachprüfung der Mietsenkung berufen, bei den übrigen Neubauten entscheiden im Streitfall die ordentlichen Gerichte nach den Grundsätzen des GVG. u. der ZPO. vgl. Ziffer 2 bayVollzV. Die Stellung des Antrages ist — entgegen der Regelung in Preußen — an keine Frist gebunden. Für die Fälle des § 2 ist in Bayern durch die VO. vom 23. Januar 1932 — unten S. 55 — die Frist für die Mitteilung des endgültigen Mietzinses durch den Vermieter — Art. 1 DV. — bis zum 22. Februar 1932 verlängert worden.

Wegen der Zuständigkeit der Bezirksverwaltungsbehörde zur Entscheidung über die Höhe der FM. im Rahmen des Nachprüfungsverfahrens bei Wohnungsbauten gemeinnütziger Wohnungsunternehmen vgl. Ziffer 4 bayVollzV. u. Ehard JW. 1932, 310.

4. Maßgebend ist der Mietzins, der ab 1. Jan. 1932 tatsächlich oder vereinbarungsgemäß entrichtet wurde. Auszugehen ist jedoch mit Rücksicht auf § 4 von dem Mietzins, der für die Zeit vom 1. Jan. 1931 ab zu bezahlen war vgl. § 1 Anm. 5; § 4 u. Erl. Auch bei der nach Art. 5 DV. durchzuführenden Verteilung sind die am 1. Jan. 1931, nicht 1932 zu zahlenden Mieten zu berücksichtigen. Wegen des Verhältnisses des § 2 zu § 1 gibt Art. 6 eine besondere Weisung, die dem Gedanken Rechnung trägt, daß eine doppelte Mietsenkung nicht beabsichtigt ist; vgl. § 1 Anm. 6.

5. Die Mietzinssenkung ist hier im Gegensatz zu § 1 nicht fest umgrenzt. Es kommt für die Frage, ob und um welchen Betrag die Miete für die Neubauten — vgl. aber Anm. 2 — zu senken ist, lediglich darauf an, ob eine Belastung des Grundstücks durch Hypothek, Grundschuld usw. vorhanden ist u. in welchem Ausmaß die Zinsen dieser Belastung nach Maßgabe des Ersten Teiles Kapitel III der Vierten VO. RGBl. I 702 u. den dazu gemäß § 11 ergangenen Rechtsverordnungen eine Herabsetzung erfahren. Eine „Erste Durchführungs- u. Ergänzungsverordnung über Zinssenkung auf dem Kapitalmarkt" ist am 23. Dez. 1931 RGBl. I 793 ergangen. Nur die hiernach für das einzelne Miethaus ersparten Zinsbeträge sind vom Vermieter zur Senkung der Mietzinsen zu verwenden. Je nach der Auswirkung der ZinssenkungsVO. können Neubaumieter günstig abschneiden oder leer ausgehen. Über die verschiedene Auswirkung der getroffenen Regelung war sich der Gesetzgeber im klaren Brandis JW. 1931, 3628. Vgl. auch die Einl., oben S. 5.

Die Zinssenkung tritt grundsätzlich am 1. Jan. 1932 in Kraft; für die von diesem Zeitpunkt an geschuldeten Zinsen, gleichgültig ob sie bereits im voraus bezahlt sind, ermäßigt sich z. B. ein Zinssatz von 8% auf 6%. Der Aufwertungszinssatz beträgt ab 1. Jan. 1932 nicht — H S. 147 — 7½%, sondern 6% Erster Teil Kapitel III Erster Abschnitt § 3. Einzelheiten der schwierigen Materie der Zinssenkung können hier nicht erörtert werden.

Für die Durchführung der Umlegung der ersparten Zinsen auf die einzelnen Mieter gibt Art. 5 DB. eingehende Weisungen. Daß ein im Hause wohnender Vermieter hinsichtlich der von ihm selbst u. von seinen Angehörigen benutzten Räume bei der Umlegung zu berücksichtigen ist, erscheint selbstverständlich. Bemerkenswert ist, daß der durch die Zinssenkung ersparte Betrag nach den Mietzinsen umzulegen ist, die für die am 1. Jan. 1931 — nicht 1932 Anm. 4 — beginnende Mietzeit zu entrichten waren. Eine im Laufe des Jahres 1931 eingetretene Mietermäßigung bleibt also in diesem Verfahren außer Betracht; ihre Berücksichtigung würde den Vermieter schädigen, weil auf die Mietsenkung nach § 2 ohnehin bisherige Ermäßigungen nach § 4 anzurechnen sind. Waren Räume am 1. Jan. 1931 nicht vermietet, so sind sie mit dem Mietzins zu berücksichtigen, der vor diesem Zeitpunkt zuletzt vereinbart war; gegebenenfalls ist der den sonstigen Räumen entsprechende Mietzins zugrunde zu legen. Nicht vermietet sind auch Räume, die verpachtet sind, so daß der hierauf entfallende Teilbetrag dem Vermieter zugute kommt, weil die Pachtzinsen der Senkung nach Kapitel II nicht unterliegen § 1 Anm. 1.

§ 3.

Die Vorschriften dieses Kapitels finden auf Untermietverhältnisse keine Anwendung.

Den Untermietverhältnissen gleichzustellen sind die in § 24 Abs. 2 MSchG., § 14 Abs. 2 RMG. — H S. 274, 496 — bezeichneten ähnlichen Rechtsverhältnisse. Der Untermieter u. der ihm nach § 24 Abs. 2 MSchG., § 14 Abs. 2 RMG. gleichgestellte Mieter haben also keinen Anspruch auf Mietsenkung, gleichviel ob es sich um untergemietete Wohnräume oder Geschäftsräume handelt, gleichviel ob ein Gebäude als Ganzes untervermietet ist.

§ 4.

Gilt bei Inkrafttreten dieses Kapitels ein Mietzins, der niedriger ist als der Mietzins für die mit dem 1. Januar 1931 beginnende Mietzeit, so darf der Unterschied auf die Ermäßigung nach §§ 1, 2 angerechnet werden.

Die Anrechnung früherer Ermäßigungen der Miete ist in § 4 abschließend geregelt vgl. § 1 Anm. 5, § 2 Anm. 4. Die Vorschrift dient dem Schutze des Vermieters, der bereits früher freiwillig eine Mietsenkung dem Mieter — nicht nur auf Ruf und Widerruf — gewährt hat. Ähnlich wie bei der Ermittlung des Ermäßigungsbetrages in § 2 Nr. 1 Kapitel III, unten S. 61 ist zu prüfen, ob die frühere Mietsenkung als eine freiwillige, als ein Entgegenkommen des Vermieters anzusehen ist. Hatte der Mieter für bestimmte Fälle einen vertraglichen Anspruch auf eine Mieterermäßigung, so steht diese der Mietsenkung nach Kapitel II nicht entgegen.

Für die Fälle des § 1 bestimmt Art. 3, daß die frühere Mietsenkung unbeachtlich ist, wenn eine Änderung der Friedensmiete nach § 2 RMG. stattgefunden hat u. deshalb der Mietzins früher ermäßigt wurde; ferner wenn der Mieter sich auf die ges. M. gemäß § 1 RMG. berufen hat u. deshalb der Mietzins sich minderte; endlich wenn die Ermäßigung vom Vermieter zwar freiwillig, aber nur mit Rücksicht auf § 49a MSchG. — Befürchtung einer Strafanzeige — gewährt wurde. War die Miete wucherisch im Sinne des § 49a MSchG., so ist die Mietzinsabrede, soweit sie den angemessenen Mietzins übersteigt, gemäß § 134 BGB. nichtig — H S. 356 —. Die Feststellung des Wuchers durch das Gericht u. die demgemäß erfolgte Herabsetzung des Mietzinses ist keine Ermäßigung im Sinne des § 4, sie schließt deshalb eine Mietsenkung nach §§ 1, 2 nicht aus. Die freiwillige Ermäßigung im Hinblick auf § 49a MSchG. darf ihren Grund nur in § 49a haben; sind noch andere Gesichtspunkte dabei maßgebend gewesen, so ist die Ermäßigung anrechnungsfähig. Die Anrechnung der Ermäßigung ist weiterhin als ausgeschlossen anzusehen für den Fall, daß die Ermäßigung des Mietzinses auf einen Mangel des Mietraumes gemäß § 537 BGB. zurückzuführen ist.

Für die Fälle des § 2 ist in Art. 7 vorgeschrieben, daß eine Anrechnung nicht stattfinden darf, wenn die Ermäßigung lediglich mit Rücksicht auf § 49a MSchG. gewährt wurde oder wenn sie darauf beruht, daß Beihilfen aus öffentlichen Mitteln — H S. 31, 304 — seit 1. Jan. 1931 gewährt oder erhöht oder sonstige Vergünstigungen gewährt worden sind.

Die Anrechnung früherer Ermäßigungen des Mietzinses ist im übrigen beschränkt auf Mietsenkungen, die mit dem 1. Jan. 1931 in Kraft getreten sind. Ob sie einem früheren Mieter oder dem gegenwärtigen Mieter gewährt sind, ist unerheblich. Vor dem 1. Jan. 1931 wirksame Mietzinssenkungen bleiben, mögen sie noch so bedeutend gewesen sein, unter allen Umständen außer Betracht. Dagegen sind Ermäßigungen, die nur für einige Monate gelten sollen, auf die gesamte vom Zeitpunkt der Ermäßigung ab noch laufende Vertragszeit zu verteilen. Waren die Räume am 1. Jan. 1931 nicht vermietet, z. B. weil sie leer standen oder vom Vermieter selbst benutzt waren, so wird der Mietzins zugrunde zu legen sein, der vorher zuletzt vereinbart war; für Preußen § 2 Abs. 4 VollzV. 21. Dezember 1931 u. 5. Januar 1932 GS. 1932, 3.

§ 5.

(1) Der Reichsarbeitsminister und der Reichsminister der Justiz erlassen zur Durchführung und Ergänzung dieses

Kapitels Rechtsverordnungen und allgemeine Verwaltungsvorschriften; dabei können sie für Fälle bestimmter Art Ausnahmen von den Vorschriften dieses Kapitels zulassen.

(2) Die ihnen hiernach zustehenden Befugnisse können sie ganz oder teilweise auf die obersten Landesbehörden übertragen.

1. Die zur Durchführung der Mietsenkung erlassene Erste und Zweite VO. vom 15. Dez. 1931 RGBl. I 752 und vom 5. Januar 1932 RGBl. I 17 (= DV.) lautet:

Zur Durchführung und Ergänzung der §§ 1—4 Kapitel II des Zweiten Teiles der Vierten Verordnung des Reichspräsidenten zur Sicherung von Wirtschaft und Finanzen und zum Schutze des inneren Friedens vom 8. Dezember 1931 (Reichsgesetzbl. I S. 699/707) — Mietsenkungsverordnung — wird auf Grund von § 5 des genannten Kapitels folgendes verordnet:

Abschnitt I.

Allgemeine Bestimmungen.

Artikel 1.

(1) Der Vermieter hat dem Mieter unverzüglich den Mietzins mitzuteilen, der sich für die mit dem 1. Januar 1932 beginnende Mietzeit ergibt.

(2) Bereitet in den Fällen des § 1 Abs. 2 und § 2 die endgültige Berechnung des Mietzinses Schwierigkeiten, so hat der Vermieter dem Mieter unverzüglich eine vorläufige Mitteilung zu machen; der Mieter ist verpflichtet, den in der vorläufigen Mitteilung angegebenen Mietzins vorbehaltlich der endgültigen Mietberechnung zu zahlen. Den endgültig errechneten Mietzins hat der Vermieter dem Mieter bis zum 25. Januar 1932 mitzuteilen. Kommt der Vermieter diesen Verpflichtungen nicht nach und zahlt infolgedessen der Mieter den Mietzins nicht oder nicht rechtzeitig, so gelten die Rechtsfolgen, die deswegen nach Gesetz oder Vertrag eintreten, als nicht eingetreten.

Abschnitt II.

Altbauten.

Artikel 2.

(1) Friedensmiete im Sinne des § 1 ist der Mietzins, der nach Landesrecht der Berechnung der gesetzlichen Miete zugrunde zu legen ist.

(2) Sonstige Mietverhältnisse im Sinne des § 1 Abs. 2 sind alle Mietverhältnisse, bei denen nicht die gesetzliche Miete zu zahlen ist.

Artikel 3.

Eine Anrechnung nach § 4 findet nicht statt, wenn der Unterschied im Mietzins darauf beruht, daß die Friedensmiete auf Grund des § 2 des Reichsmietengesetzes geändert ist oder der Mieter sich auf die gesetzliche Miete berufen hat oder die Ermäßigung lediglich mit Rücksicht auf § 49a des Mieterschutzgesetzes erfolgt ist.

Artikel 4.

Über die Ermäßigung des Mietzinses entscheidet auf Antrag eines Vertragsteiles das Mieteinigungsamt, soweit nicht die oberste Landesbehörde hierfür eine andere Behörde bestimmt. Der Vermieter hat diesen Stellen die erforderlichen Unterlagen vorzulegen. Die Entscheidung ist endgültig und bindet die Gerichte und Verwaltungsbehörden.

Abschnitt III.

Neubauten.

Artikel 5.

(1) In den Fällen des § 2 ist der Betrag, um den die laufende Belastung des Grundstücks gesenkt wird, auf die einzelnen Mietverhältnisse nach den Mietzinsen umzulegen, die für die mit dem 1. Januar 1931 beginnende Mietzeit zu entrichten waren. Nicht vermietete Räume sind mit zu berücksichtigen.

(2) Bei Räumen, die am 1. Januar 1931 nicht vermietet waren, ist der Mietzins zugrunde zu legen, der vorher zuletzt vereinbart war. Bei Bauten, die nach dem 1. Januar 1931 fertiggestellt sind, gilt die erste vereinbarte Miete. Soweit die Räume noch nicht vermietet waren, ist ein den vermieteten Räumen des Grundstücks entsprechender Mietzins zugrunde zu legen.

(3) Heizungskosten oder sonstige Nebenleistungen bleiben außer Betracht, wenn sie besonders berechnet werden.

Artikel 6.

Richtet sich nach dem Mietvertrage der Mietzins nach der Höhe der gesetzlichen Miete für Altbauten, so kann der Mieter auf Grund der allgemeinen Ermäßigung der gesetzlichen Miete, die nach § 1 erfolgt, eine entsprechende Ermäßigung seines Mietzinses nicht verlangen. § 2 bleibt unberührt.

Artikel 7.

Eine Anrechnung nach § 4 findet nicht statt, wenn der Unterschied im Mietzins darauf beruht, daß seit dem 1. Januar 1931 aus öffentlichen Mitteln Beihilfen gewährt oder erhöht oder sonstige Vergünstigungen bewilligt worden sind oder wenn die Ermäßigung lediglich mit Rücksicht auf § 49a des Mieterschutzgesetzes erfolgt ist.

Artikel 8.

(1) Die obersten Landesbehörden bestimmen Behörden oder Körperschaften des öffentlichen Rechts, die auf Antrag eines Vertragsteiles

die Ermäßigung des Mietzinses nachzuprüfen haben. Gegen die Entscheidung dieser Stellen ist die weitere Anrufung einer Behörde zuzulassen, soweit nicht bereits die erste Entscheidung durch eine staatliche Behörde erfolgt ist. Der Vermieter hat diesen Stellen die erforderlichen Unterlagen vorzulegen. Die endgültige Entscheidung bindet die Gerichte und Verwaltungsbehörden.

(2) Das Nähere über das Verfahren bestimmen die obersten Landesbehörden: sie können auch vorschreiben, daß lediglich der ordentliche Rechtsweg zulässig ist.

Abschnitt IV.

Mietangleichung bei gemeinnützigen Wohnungsunternehmen.

Artikel 9.

(1) Gemeinnützige Wohnungsunternehmen sind berechtigt und verpflichtet, den Betrag, um den die Mietzinsen ihrer gesamten Grundstücke nach den §§ 1 und 2 zu senken wären, derart zur Ermäßigung der einzelnen Mieten zu verwenden, daß unbeschadet des Grundsatzes einer möglichst allgemeinen Mietermäßigung eine weitgehende Angleichung der Mietzinsen vergleichbarer Räume erreicht wird.

(2) Die gemäß Artikel 8 bestimmten Stellen entscheiden auch über die Mietberechnung bei Altbauten gemeinnütziger Wohnungsunternehmen.

(3) Dient ein gemeinnütziges Wohnungsunternehmen ausschließlich dem Zwecke, im öffentlichen Interesse des Reichs einen besonderen Wohnungsbedarf zu befriedigen, so kann der Reichsarbeitsminister bestimmen, daß eine andere als die gemäß Art. 8 bestimmte Stelle über die Ermäßigung des Mietzinses entscheidet. Der Reichsarbeitsminister kann ferner bestimmen, daß bei einem derartigen Wohnungsunternehmen für die Angleichung nach Abs. 1 Grundstücke, die in verschiedenen Gemeinden liegen, zusammengefaßt werden.

Abschnitt V.

Schlußbestimmungen.

Artikel 10.

Zur Durchführung und Ergänzung der Vorschriften der Mietsenkungsverordnung und dieser Verordnung können die obersten Landesbehörden Rechtsverordnungen und allgemeine Verwaltungsvorschriften erlassen und für Fälle bestimmter Art Ausnahmen von den Vorschriften zulassen. Insbesondere kann zur Vermeidung von Unbilligkeiten zugelassen werden, daß die Mieten sich in Fällen bestimmter Art um einen geringeren als den in den §§ 1 und 2 genannten Betrag ermäßigen und daß bei Berechnung der Mietermäßigung die Belastungsverhältnisse mehrerer Grundstücke des gleichen Vermieters zusammengefaßt zugrunde gelegt werden.

2. Die Erste bayer. VO. zur Durchführung der Mietsenkung vom 18. Dez. 1931 StAnz. Nr. 295 hat folgenden Wortlaut:

Auf Grund des Art. 10 der Verordnung des Reichsministers der Justiz und des Reichsarbeitsministers vom 15. 12. 31 wird folgendes bestimmt:

1.

(Zu Artikel 2 und 4).

Als Friedensmiete gilt der Betrag, der sich nach §§ 3ff. der Verordnung über die Mietzinsbildung vom 29. 3. 28 — GVBl. S. 175, StAnz. Nr. 75 — errechnet.

Entsteht Streit über die Höhe der Friedensmiete oder über die Ermäßigung des Mietzinses, so entscheidet auf Antrag eines Vertragsteiles das Mieteinigungsamt. Die Vermieter haben diesem die erforderlichen Unterlagen vorzulegen, die Mieter die benötigten Auskünfte zu erteilen. Für das Verfahren gelten im übrigen die für das Verfahren vor den Mieteinigungsämtern geltenden Vorschriften. Die Entscheidung ist endgültig und bindet die Gerichte und Verwaltungsbehörden.

2.

(Zu Artikel 5—8).

Bei Neubauten, für die Zuwendungen aus öffentlichen Mitteln (Baudarlehen, Zinszuschüsse und dergl.) gegeben worden sind, hat auf Antrag eines Vertragsteiles die Bezirksverwaltungsbehörde die Ermäßigung des Mietzinses nachzuprüfen. Die Entscheidung erfolgt im Bürowege.

Gegen die Entscheidung ist binnen einer Frist von zwei Wochen, vom Tage der Zustellung der Entscheidung an gerechnet, Beschwerde zur Regierung, Kammer des Innern, zulässig. Die Beschwerde kann bei der Bezirksverwaltungsbehörde oder bei der Regierung schriftlich oder zu Protokoll eingelegt werden. Eine weitere Beschwerde findet nicht statt. Die endgültige Entscheidung bindet die Gerichte und Verwaltungsbehörden.

Die Beteiligten sind vor der Entscheidung zu hören, die Vermieter haben der entscheidenden Stelle die erforderlichen Unterlagen vorzulegen, die Mieter die benötigten Auskünfte zu erteilen. Die Entscheidung ist kurz zu begründen und von der Bezirksverwaltungsbehörde mit einer Beschwerdebelehrung zu versehen.

Bei den übrigen Neubauten entscheiden im Streitfall über die Ermäßigung des Mietzinses die ordentlichen Gerichte.

3.

(Zu Artikel 5—8).

Die Bestimmungen der Ziffer 2 gelten auch für die durch Um- oder Einbau nach dem 1. Juli 1918 in solchen Gebäuden neu geschaffenen Räume, die im übrigen vor dem 1. Juli 1918 bezugsfertig geworden waren.

In Fällen, in denen im Sinne des § 16 des Reichsmietengesetzes und § 33 des Mieterschutzgesetzes die baulichen Veränderungen nicht so weit gegangen sind, daß neue Räume geschaffen wurden (Teilung von Wohnungen und dgl.), findet der § 1 der Mietsenkungsverordnung Anwendung und gilt Ziffer 1 dieser Verordnung.

4.)*

(Zu Artikel 2, 5 und 8).

Bei Wohnungsbauten gemeinnütziger Wohnungsunternehmen hat auf Antrag eines Vertragsteiles die Bezirksverwaltungsbehörde die Ermäßigung des Mietzinses nachzuprüfen. Sie ist berechtigt, diese Nachprüfung auch von Amts wegen vorzunehmen, soweit die finanzielle Lage des Wohnungsunternehmens hierzu Veranlassung gibt und es sich um ein Wohnungsunternehmen handelt, dem aus öffentlichen Mitteln Zuwendungen (Baudarlehen, Zinszuschüsse und dgl.) gewährt worden sind.

Soweit erforderlich, hat in den Fällen des Abs. 1 die Bezirksverwaltungsbehörde auch über die Höhe der Friedensmiete zu entscheiden. Im übrigen gelten Abs. 1, 2 und 3 der Ziffer 2.

5.

(Zu Artikel 10).

Soweit die Bezirksverwaltungsbehörde und die Regierung, Kammer des Innern, nach Ziffer 2, 3 und 4 zur Nachprüfung der Ermäßigung des Mietzinses berufen sind, können sie zur Vermeidung von Unbilligkeiten anordnen, daß die Mieten nicht unter 110% der Friedensmieten vergleichbarer Altwohnungen gesenkt werden, und bei Berechnung der Mietermäßigung die Belastungsverhältnisse mehrerer Grundstücke des gleichen Vermieters zusammengefaßt zugrunde legen.

3. Die Zweite bayr. VO. zur Durchführung der Mietsenkung vom 23. Januar 1932 StAnz. Nr. 19 lautet:

Auf Grund des Art. 10 der Verordnung des Reichsministeriums der Justiz und des Reichsarbeitsministeriums vom 15. Dezember 1931 — RGBl. S. 752 — wird folgendes bestimmt:

Für Mietverhältnisse über Gebäude oder Gebäudeteile, die nach dem 1. Juli 1918 bezugsfertig geworden sind, wird die Frist, innerhalb welcher der Vermieter gemäß Art. 1 der Verordnung vom 15. Dezember 1931 dem Mieter den endgültig errechneten Mietzins mitzuteilen hat, bis zum 22. Februar 1932 verlängert.

---

*) Abdruck des Bescheides ist von den Bezirksverwaltungsbehörden dem Staatsministerium für Landwirtschaft u. Arbeit (Abt. Arbeit) u. der Regierung, K. d. J., mit Bericht gemäß MinE. v. 18. Dez. 1931 Nr. 1844 n 203 StAnz. Nr. 295 vorzulegen.

2. Außerordentliche Kündigung von Mietverträgen.

Unter dieser Überschrift wird im Zweiten Teil Kapitel III der Vierten VO. eine neue Zwangsregelung getroffen, die zuungunsten des Vermieters von Räumen u. des Verpächters gewerblicher Räume in erheblichem Umfang in das private Vertragsrecht eingreift und in ihren Auswirkungen dem bisherigen Recht der Zwangswirtschaft sicherlich nicht nachsteht. Dem Mieter (Pächter) wird über die Normen des Vertrages u. der gesetzlichen Regelung hinaus ein außerordentliches Recht der Kündigung des Vertrages zugestanden. Die Ausübung des Kündigungsrechts ist zeitlich beschränkt; Kündigungen, die nach dem 5. Jan. 1932 dem Vermieter zugehen, bleiben unwirksam. Das Kündigungsrecht gilt nur für Mietverträge, die vor dem 15. Juli 1931 abgeschlossen worden sind. Bestimmte Tatbestände rechtlicher und tatsächlicher Natur schließen das Kündigungsrecht aus. Vgl. hieher die Übersicht in der Einleitung oben S. 6.

Die Bestimmungen über die außerordentliche Kündigung sollen insbesondere den Mietern, die langfristige Verträge in Zeiten der Raumknappheit u. der gewerblichen Scheinblüte zu ungünstigen Bedingungen eingegangen sind, die Möglichkeit geben, die Ausgaben für Miete den veränderten wirtschaftlichen Verhältnissen anzupassen, zumal die Herabsetzung überhöhter Mieten weder unter dem Gesichtspunkt des sog. nachfolgenden Mietwuchers — § 49a MSchG., H S. 355; RG. VIII 136/31 JW. 1931, 3656 — noch unter dem Gesichtspunkt der clausula rebus sic stantibus — H S. 499, 500 — in allen Fällen erreicht werden kann. Als richtungweisend mögen hier nachstehende Sätze aus RG. VIII 63/38 EA. 788 vermerkt werden: „Wie sich die Pflicht des Vermieters zur Gebrauchsüberlassung nicht in der Besitzeinräumung erschöpft, sondern, sich täglich erneuernd, bis zum Ablaufe des Mietverhältnisses fortdauert, so erneuert sich auch an jedem Fälligkeitstage die Pflicht des Mieters zur Zahlung einer Mietrate, durch deren Annahme — ihre wucherische Höhe vorausgesetzt — der Vermieter daher ohne Rücksicht auf den Zeitpunkt des Vertragsschlusses u. die damalige Rechtslage jedesmal den Tatbestand des § 49a MSchG. verwirklicht . . . .".

|Die Regelung des Kapitels III erfährt eine wesentliche Ergänzung durch die Verordnung über die außerordentliche Mietkündigung zum 5. Jan. 1932 vom 23. Dez. 1931 RGBl. I S. 796, kurz MietkündVO. genannt, abgedruckt § 5 Anm. 2.

§ 1.

(1) Ein vor dem 15. Juli 1931 über Gebäude oder Gebäudeteile[1] geschlossener[2] Mietvertrag[3] kann[4] von dem Mieter[5] zum 31. März 1932 gekündigt[6] werden, auch wenn eine solche Kündigung nach Gesetz oder Vertrag nicht zulässig wäre. Dies gilt nicht,[7] wenn der Mieter seit dem 15. Juli

1931 von einem ihm gesetzlich oder vertraglich zustehenden Kündigungsrechte keinen Gebrauch gemacht hat.

(2) Die Kündigung[6] muß schriftlich erfolgen und dem Vermieter spätestens am 5. Januar 1932 zugehen.[8]

1. Nur Räume kommen in Frage, nicht Lagerplätze, Wandflächen usw. — H S. 163 —; nur Räume in Gebäuden, also nicht solche in Schiffen, Wohnwagen u. dgl. Über den Begriff des Gebäudes vgl. H S. 164. Die Vorschriften des Kapitels III gelten im übrigen für Wohnungen ebenso wie für geschäftlich oder gewerblich benutzte Räume; lediglich bei Pachtverhältnissen beschränkt § 3 die Anwendung auf gewerbliche Räume. Unerheblich ist — im Gegensatz zu den Notgesetzen — ob es sich um Neubauten — § 33 MSchG., § 16 RMG., H S. 300, 498 — handelt oder um Altbauten, d. s. Gebäude, die vor dem 1. Juli 1918 errichtet worden sind. Gleichgültig ist deshalb auch, ob die Vorschriften des Reichsmietengesetzes auf die Mieträume Anwendung finden oder gefunden haben, ob die gesetzliche Miete oder eine Vertragsmiete für die Mietparteien gilt. Auch die Höhe der Miete ist grundsätzlich ohne Einfluß auf das Kündigungsrecht des Mieters; wegen des Einflusses der Mietermäßigung vgl. § 2 u. Erl.

2. Maßgebend ist der Tag des Abschlusses des Mietvertrages; darauf, von wann ab das Mietverhältnis zu laufen beginnt, wann der Mieter in die Räume einzieht usw., kommt es nicht an. Erneuerung eines bereits abgelaufenen Mietvertrages steht dem Vertragsabschluß gleich. Hat der Mieter nach dem 14. Juli 1931 einen vor Jahren geschlossenen Mietvertrag erneuert oder verlängert, so steht ihm das außerordentliche Kündigungsrecht nicht zu. Das Kündigungsrecht ist ausgeschlossen, wenn der Mietvertrag am 15. Juli 1931 oder nach dem 15. Juli 1931 abgeschlossen oder erneuert worden ist. Vgl. auch Anm. 7.

3. Nur gültige Mietverhältnisse kommen in Betracht — H S. 158. Es muß ein Mietvertrag im Sinne des § 535 BGB. vorliegen — H S. 158; andere Rechtsverhältnisse — H S. 159, 452 — wie Leihe, dingliches Wohnrecht, genossenschaftliche Nutzung usw. werden durch die Regelung des Kapitels III nicht erfaßt. Im Gegensatz zum Recht der Mietsenkung finden aber die Vorschriften über die außerordentliche Kündigung auf Untermietverhältnisse Anwendung, was Art. 7 MietkündVO. ausdrücklich klarstellt. Die in § 24 Abs. 2 MSchG. bezeichneten ähnlichen Rechtsverhältnisse sind regelmäßig als Hauptmietverhältnisse zu erachten — H S. 276.

Erfolgt die Raumüberlassung durch einen sog. gemischten Vertrag, so ist im einzelnen Fall nach dem hauptsächlichen wirtschaftlichen Gepräge festzustellen, welche Rechtsnatur der Vertrag besitzt — H S. 159. Soweit der Vertrag hiernach in seinem Hauptcharakter als Mietvertrag anzusehen ist, greift das Kündigungsrecht des Mieters Platz.

Aber nicht nur Mietverträge, sondern auch Pachtverträge — allerdings beschränkt auf gewerbliche Räume — können gemäß § 3 unter den sonstigen Voraussetzungen des Kapitels außerordentlich gekündigt werden. Die oft so schwierige Abgrenzung von Miet- u. Pachtverhältnissen — H

S. 161 — entfällt hiernach für dieses Rechtsgebiet. Art. 9 Abs. 1 MietKünd.-VO. stellt ausdrücklich fest, daß auch die Vorschriften dieser VO. auf Pachtverhältnisse und Unterpachtverhältnisse über gewerbliche Räume entsprechende Anwendung finden. Wegen weiterer Regelung vgl. § 3 u. Erl.

4. Im Gegensatz zur Regelung der Notgesetze — § 49 MSchG., § 19 RMG.; H S. 345, 505 — ist das Recht des Mieters verzichtbar. Es erlischt durch Nichtausübung innerhalb der Frist des Abs. 2; es kann durch vertraglichen Verzicht nach dem 10. Dez. 1931 beseitigt werden; einem Vergleich, der vor dem Inkrafttreten der Vierten VO. abgeschlossen wurde, kann diese Wirkung auch nicht im Wege der Auslegung beigelegt werden. Wegen des gesetzlichen Ausschlusses des Kündigungsrechts vgl. § 1 Abs. 1 S. 2, § 2 u. Erl. Macht der Mieter von dem Kündigungsrecht — gleichviel aus welchem Grunde — nicht Gebrauch, so kann er nur unter dem Gesichtspunkt des sog. nachfolgenden Mietwuchers — H S. 355 — unter Umständen eine Ermäßigung des Mietzinses durchsetzen; vgl. Vorbem. S. 56.

5. Nur dem Mieter — Pächter § 3 — steht das Recht zur Kündigung zu; der Vermieter (Verpächter) bleibt an den Vertrag gebunden. Die Ausübung des Kündigungsrechts verstößt nicht gegen Treu u. Glauben — §§ 157, 242 BGB. —, auch kann darin keine Schikane § 226 BGB. erblickt werden — H S. 457. Rücksicht auf die unter Umständen schwierige finanzielle Lage des Vermieters (Verpächters) braucht der Mieter nicht zu nehmen; vgl. Einl. oben S. 6. Hat der Vermieter selbst zum 1. April 1932 gekündigt, so entfällt die Kündigung des Mieters. Kündigt der Vermieter wegen Zahlungsverzugs des Mieters nach § 554 BGB., so kann er über den 1. April 1932 hinaus Schadensersatzansprüche nicht geltend machen, wenn dem Mieter das Recht aus § 1 zusteht Dahm JW. 1931, 3632.

6. Die Kündigung kann frühestens zum 31. März 1932 wirksam werden. Eine Kündigung zu einem späteren Zeitpunkt braucht sich der Vermieter (Verpächter) nicht gefallen zu lassen; in der widerspruchslosen Annahme der Kündigung kann aber unter Umständen die Annahme eines auf Vertragsauflösung zu dem späteren Zeitpunkt liegenden Angebotes liegen vgl. H S. 168. Für die Kündigung ist zwingend in Abs. 2 vorgeschrieben, daß sie schriftlich zu erfolgen habe u. daß sie dem Vermieter (Verpächter) spätestens am 5. Jan. 1932 zugegangen sein muß. Verstoß gegen diese Vorschriften macht die Kündigung unwirksam. Wegen der Erfordernisse der Schriftlichkeit vgl. § 126 BGB. u. im einzelnen H S. 459; die einfache Schriftform genügt auch dann, wenn im Vertrag für die Kündigung eine besondere Form, z. B. eingeschriebener Brief, vorgesehen ist. Mehrere Mieter müssen gemeinsam kündigen oder jeder einzelne muß kündigen, dies gilt auch dann, wenn nach dem Vertrag die Kündigung eines einzelnen Mieters das Mietverhältnis auch für die übrigen beendet Brandis JW. 1932, 21. Die Ausübung des Kündigungsrechtes nach § 1 ist seit Inkrafttreten der Vierten VO., d. h. seit dem 10. Dez. 1931, zulässig.

7. Das Kündigungsrecht des Mieters (Pächters) ist ausgeschlossen, wenn er ein eigenes Kündigungsrecht, das ihm in der Zeit nach dem 14. Juli 1931, also am 15. Juli oder nach dem 15. Juli 1931, zugestanden hat, nicht ausgeübt hat, gleichviel, aus welchem Grunde er dies getan hat.

Welcher Art dieses Kündigungsrecht war, ist unerheblich; in Betracht kommen das ordentliche u. das außerordentliche Kündigungsrecht, gleichviel, ob mit oder ohne Einhaltung einer Frist, ob auf Gesetz — z. B. §§ 542, 544, 549, 569, 570 BGB. — oder auf Vertrag beruhend. Kündigungsbefugnis im Sinne des § 1 Abs. 1 Satz 2 ist aber nicht nur das einseitige Recht des Mieters zur Vertragslösung, sondern auch die Erklärung, daß der Abschluß eines bereits in Aussicht genommenen weiteren Vertrages desselben Inhalts wie der bisherige abgelehnt wird — H S. 168; hat der Mieter die „Kündigung" des sich verlängernden Mietvertrages in der Zeit vor dem 15. Juli 1931 versäumt, so verliert er das außerordentliche Kündigungsrecht nach § 1 nicht, wohl aber dann, wenn die Frist nach dem 14. Juli 1931 zu laufen begann u. der Mieter von seinem Recht nicht Gebrauch machte a. M. Dahm JW. 1931, 3631. Wegen der Umwandlung solcher Mietverträge in Verträge auf unbestimmte Zeit vgl. H S. 168; ist durch „Kündigung" der Vertrag in dieser Weise umgewandelt, so greift das gesetzliche Kündigungsrecht des Mieters nach § 565 BGB. Platz, durch dessen Nichtausübung nach dem 14. Juli 1931 der Mieter das außerordentliche Kündigungsrecht nach § 1 verwirkt. Das gleiche gilt, wenn der Mieter sich nach dem 15. Juli 1926 auf die ges. M. berufen hat, § 1 Abs. 1 Satz 3 Halbs. 2 RMG., H S. 458. Ein gesetzliches oder vertragliches Rücktrittsrecht — H S. 140 — ist keine Kündigung im Sinne dieser Vorschrift; die Nichtausübung dieses Rechts schadet daher dem Mieter nicht. Die Nichtausübung des eigenen Rechts — gleichviel, ob auf Gesetz oder Vertrag beruhend — schließt begrifflich den Verlust des Kündigungsrechts in sich; nur ein solches Kündigungsrecht des Mieters kommt in Frage, das verfällt, wenn es nicht seit dem 15. Juli 1931 ausgeübt wird. Wenn also am 1. Jan. 1930 ein 5jähriger Vertrag geschlossen wurde, der sich nach Ablauf der 5 Jahre jedesmal um ein Jahr verlängert, wenn er nicht drei Monate vorher „gekündigt" wird, so braucht der Mieter im Jahre 1931 nicht schon zu „kündigen", um sich vor dem Verlust des außerordentlichen Kündigungsrechts nach § 1 zu schützen Brandis JW. 1932, 22. Im übrigen ist es — wie bereits erwähnt — unerheblich, für welchen Zeitpunkt die eigene Kündigung des Mieters auszusprechen ist, z. B. zum 31. Dez. 1931, zum 1. Febr. oder 1. Juli 1932.

Dem eigenen Kündigungsrecht des Mieters wird durch Art. 5 Abs. 1 MietkündVO. für gewisse Fälle das Recht des früheren Mieters mit der Wirkung gleichgestellt, daß die Nichtausübung des Kündigungsrechts durch den Rechtsvorgänger nach dem 14. Juli 1931 für den Rechtsnachfolger — Erben, Vermögensübernehmer — den Verlust des außerordentlichen Kündigungsrechts nach § 1 zur Folge hat. Dem Mieter im Sinne des § 1 Abs. 1 Satz 2 wird in Art. 5 Abs. 1 MietkündVO. ein früherer Mieter gleichgestellt, in dessen Vertrag der Mieter als Erbe oder im Zusammenhange mit der Übernahme eines Vermögens oder dem Erwerb eines Handelsgeschäftes — § 419 BGB.; dazu OLG. Düsseldorf JW. 1932, 44; § 25 HGB. — eingetreten ist. Es steht also immer eine Gesamtnachfolge in das Vermögen des früheren Mieters in Frage. Dieser Gesamtnachfolge ist gleichzustellen der Fall, daß der jetzige Mieter z. B. beim Wohnungstausch beim Eintritt in den Mietvertrag die Rechte u. Pflichten des früheren Mieters in vollem Umfang übernommen hat u. damit an die Stelle des früheren Mieters getreten ist H S. 418. Diese Gleichstellung gilt für sämtliche Fälle des Art. 5 MietkündVO. Für den Erben besteht allerdings — soweit nicht vertraglich ausgeschlossen oder § 19 Abs. 1 Satz 1 MSchG. zutrifft — die Möglichkeit der Kündigung nach § 569 BGB.

Daß das außerordentliche Kündigungsrecht des Mieters im Wege der Vereinbarung ausgeschlossen werden kann, wurde Anm. 4 bereits erwähnt. Eine Vereinbarung der Fortsetzung des Mietverhältnisses vor dem 15. Juli 1931 schließt indes das Kündigungsrecht des Mieters nach § 1 nicht aus. Wegen weiterer Ausschließungsgründe vgl. § 2 u. Erl.

Zuständig zur Entscheidung über das Vorliegen des Ausschließungsgrundes nach Abs. 1 Satz 2 ist das ordentliche Gericht.

8. Die ordnungsgemäße Kündigung hat die Beendigung des Mietverhältnisses zum 1. April 1932 zur Folge. Der Mieter ist gemäß § 556 BGB. zur Räumung verpflichtet. Will er die Mieträume, weil er passende andere Räume nicht findet, über diesen Termin hinaus beibehalten, so muß er mit dem Vermieter einen neuen Mietvertrag abschließen, wobei der Vermieter — abgesehen von § 49a MSchG. — Beschränkungen hinsichtlich der Mietzinsbildung nicht unterworfen ist vgl. oben S. 42. Räumungsfrist gemäß § 27 MSchG., § 721 ZPO. kann der Mieter beantragen H S. 280, 302, soweit das MSchG. noch Geltung hat oder soweit nach Lockerung des MSchG. das Recht der Übergangszeit — H S. 19, 367 — maßgebend ist. Im übrigen gilt § 721 ZPO.

§ 2.

Die Kündigung ist ausgeschlossen,[1]

1. wenn[2] der Vermieter im Laufe des Jahres 1931 den Mietzins im Wege der Vereinbarung spätestens mit Wirkung vom 1. April 1932 dauernd um mindestens 20 vom Hundert des zur Zeit der Vereinbarung maßgebenden Betrags ermäßigt hat; Heizungskosten und sonstige Nebenleistungen bleiben außer Betracht, wenn die gesetzliche Miete gilt oder wenn solche Kosten neben der Vertragsmiete besonders berechnet werden,
2. wenn[3] der Vermieter auf Wunsch des Mieters in den Mieträumen besondere, mit einem außergewöhnlichen Kostenaufwand verbundene bauliche Arbeiten vorgenommen hat.[4]

1. Ob die Voraussetzungen für den Ausschluß des Kündigungsrechtes aus § 1 nach § 2 vorliegen, hat im Streitfalle das ordentliche Gericht zu entscheiden. Das gleiche gilt für den Ausschließungsgrund des § 1 Abs. 1 Satz 2. Soweit die Tatbestände des § 2 vorliegen, ist eine erfolgte Kündigung rechtsunwirksam.

2. Voraussetzung ist eine Vereinbarung über die Ermäßigung des Mietzinses; eine solche liegt auch bei Vergleich vor. Bloßes Anbieten des Vermieters genügt nicht, der Mieter muß mit der angebotenen Ermäßigung einverstanden sein §§ 145ff. BGB.; a. M. zu Unrecht Herzog DMR. 1262. Die Höhe des Ermäßigungsbetrages ist lediglich nach unten auf 20% begrenzt; eine obere Grenze besteht nicht, weshalb es im Ermessen des Mieters steht die Höhe der Ermäßigung zu bestimmen. Es genügt nicht, daß der Vermieter z. B. eine Ermäßigung von 30% anbietet; ist der Mieter damit nicht einverstanden, so bleibt er zur Kündigung berechtigt, mag auch mit Rücksicht auf die bestehenden Verhältnisse die angebotene Ermäßigung objektiv als ausreichend zu erachten sein.

Die Ermäßigung muß auf einem freien Entschluß des Vermieters beruhen; soweit daher z. B. der Mietzins durch Herabsetzung der Friedensmiete seitens des MEA. oder durch Urteil des Gerichts auf Grund des § 49a MSchG. ermäßigt wurde, kommt diese Minderung — trotz § 15 RMG. — nicht in Frage. Das gleiche gilt bei einer Mietzinsminderung gemäß § 537 BGB. Weitergehend bestimmt Art. 1 Abs. 3 MietkündVO., daß eine Ermäßigung im Sinne des § 2 Nr. 1 auch dann nicht als vorliegend zu erachten ist, wenn sie zwar freiwillig vom Vermieter gewährt, aber nur — vgl. Kapitel II § 4 Erl. — mit Rücksicht auf § 49a MSchG. — Befürchtung einer Strafanzeige — vereinbart ist oder wenn die Ermäßigung darauf beruht, daß dem Vermieter von Neubauräumen seit dem 1. Jan. 1931 aus öffentlichen Mitteln — H S. 31, 304 — Beihilfen gewährt oder erhöht oder sonstige Vergünstigungen, z. B. Zinszuschüsse, Ermäßigung der Anliegerbeiträge, Steuernachlässe bewilligt worden sind. In allen diesen Fällen ist die Freiwilligkeit der Leistung verneint.

Die Ermäßigung muß mindestens 20 v. H. des Mietzinses — nicht nur der Friedensmiete — betragen; maßgebend ist der im Zeitpunkt der Vereinbarung zu zahlende Mietzins. Als Mietzins ist das gesamte Entgelt für die Raumüberlassung anzusehen, also auch die Vergütung für Nebenleistungen jeder Art, wenn sie in die Gesamtmiete miteingerechnet waren. Nur bei Zahlung der gesetzlichen Miete — H S. 450 — oder bei besonderer Berechnung der Nebenkosten neben der Miete bleibt die Vergütung für die Heizstoffe der Sammelheizung oder Warmwasserversorgung sowie für Nebenleistungen — Begriff H S. 135, 470, 489 — bei der Ermittlung des zu ermäßigenden Mietzinses außer Betracht. Für Betriebskosten — H S. 137, 477 — ist eine solche Regelung nicht getroffen. Die Vergütung für Betriebskosten ist grundsätzlich in der Miete enthalten; nur soweit eine Umlegung von Betriebskosten bei der gesetzlichen Miete gestattet ist — für Bayern H S. 148 u. oben S. 40 —, dürfte der umlegungsfähige Teil bei der Ermittlung des zu ermäßigenden Mietzinses außer Betracht zu lassen sein. Die Zusatzmiete nach § 13a RMG. gehört zur eigentlichen Miete, ist daher bei der Ermäßigung zu berücksichtigen. Bei Staffelmieten — H S. 470 — ist in Art. 1 Abs. 1 MietkündVO. ausdrücklich angeordnet, daß die Ermäßigung mindestens 20% des Betrages erreichen muß, der nach den maßgebenden Vertragsbestimmungen vom Eintritt der Ermäßigung ab jeweils zu zahlen war; es muß sich also die 20%ige Ermäßigung auch auf spätere, nach dem 1. April 1932 eintretende Staffelbeträge erstrecken, eine Auffassung, die sich bereits aus der Vorschrift der „dauernden“ Ermäßigung ergibt. Beispiele bei Brandis JW. 1932, 23.

Die Ermäßigung muß im Laufe des Jahres 1931 — vor oder nach dem Inkrafttreten der Vierten VO., d. h. dem 10. Dez. 1931 — vereinbart sein; die Vereinbarung ist aber wirkungslos, wenn sie nach der vom Mieter erklärten Kündigung erfolgt, sofern darin nicht eine Zurücknahme der Kündigung zu erblicken ist vgl. § 1 Anm. 4. Frühere Ermäßigungen, also z. B. eine noch so erhebliche Ermäßigung aus dem Jahre 1930 bleiben außer Betracht; unberücksichtigt bleibt diese Vereinbarung auch dann, wenn sie erst im Jahre 1931 in Kraft getreten ist Brandis JW. 1932, 23. Mehrmalige Ermäßigungen im Jahre 1931 sind nach Art. 1 Abs. 2 — wohl nach dem Vorbild der Beamtengehaltskürzungen — in der Weise zu berücksichtigen, daß der Hundertsatz von dem zur Zeit der ersten Ermäßigung maßgebenden Betrage zu berechnen ist. Die Ermäßigung muß spätestens am 1. April 1932 in Wirksamkeit treten; sie darf nicht auf eine bestimmte Zeit beschränkt oder auf Ruf u. Widerruf bewilligt sein.

Die Ermäßigung muß grundsätzlich mit dem kündigenden Mieter vereinbart sein; Vereinbarungen mit einem früheren Mieter bleiben — im Gegensatz zu der Regelung des § 4 bei der Mietsenkung, oben S. 50 — außer Betracht. In Art. 5 Abs. 1 MietkündVO. ist lediglich für den Erben des Mieters, den Übernehmer eines ganzen Vermögens (§ 419 BGB.) oder eines Handelsgeschäftes (§ 25 HGB.) eine Ausnahmeregelung getroffen: in diesen Fällen muß der Rechtsnachfolger eine Mietzinsermäßigung zugunsten seines Rechtsvorgängers auch gegen sich gelten lassen. Wegen der Berücksichtigung des Wohnungstausches vgl. § 1 Anm. 7.

Die Ermäßigung des Mietzinses muß tatsächlich eine Erleichterung der Verpflichtungen des Mieters aus dem Mietvertrag zur Folge haben, die Vereinbarung darf also nicht für den Mieter mit anderen neuen Verpflichtungen, z. B. Übernahme von Instandsetzungsarbeiten, Sonderleistungen, Nebenleistungen — H S. 509 — u. sonstigen Lasten verbunden sein. Eine nur geringfügige Änderung der Pflichtleistungen, insbes. eine kurze Vertragsverlängerung wird man mit Brandis JW. 1932, 23 als unschädlich erachten dürfen.

3. Die Kündigung ist — im Interesse des Vermieters — weiterhin ausgeschlossen, wenn auf besonderen Wunsch des Mieters vom Vermieter besondere bauliche Arbeiten in den Mieträumen vorgenommen worden sind. Dabei ist unerheblich, daß es sich um Gebäudeteile außerhalb des eigentlichen Mietraumes handelt, sofern diese nur dem gemeinsamen Gebrauch der Mieter dienen, z. B. Kellerräume, Waschräume, Treppenflur usw.; immerhin muß die Arbeit innerhalb des Mietraumes vorgenommen sein. Es muß sich um außergewöhnliche Arbeiten baulicher Natur handeln, die auf Kosten des Vermieters — wenn auch auf Anordnung des Mieters — ausgeführt worden sind. Gewöhnliche Instandsetzungsarbeiten, gleichviel ob große oder laufende Instandsetzungsarbeiten — H S. 139, 478 —, scheiden aus. In Betracht kommt insbes. der Umbau von Räumen für die besonderen Zwecke des Mieters — Geschäftsräume, Laboratorien, Kliniken —, der Einbau der Zentralheizung usw. Vgl. hieher § 13 a RMG.

u. die Erl. H S. 492. Weitere Voraussetzung ist, daß „außergewöhnliche" Kosten entstanden sind; die Kosten müssen so hoch sein, daß sie sich nach wirtschaftlicher Berechnung nur bei längerer Mietdauer zu bestimmtem Mietpreis bezahlt machen. Nicht erforderlich ist, daß die Arbeiten im Jahre 1931 ausgeführt worden sind; in Gegensatz zu Ziffer 1 ist hier eine Zeitbestimmung nicht getroffen.

Nach Art. 2 MietKündVO. ist die Kündigung dem Mieter auch dann verwehrt, wenn der Vermieter auf Wunsch des Mieters das Gebäude oder die Räume errichtet hat oder wenn er — wiederum auf Wunsch des Mieters — die Räume oder auch nur das Mietgrundstück selbst mit außergewöhnlich kostspieligen Einrichtungen — z. B. Einbau einer Stahlkammer für ein Bankunternehmen, einer Kühlanlage für eine Metzgerei — versehen hat. Waren solche Einrichtungen bei Vertragsabschluß bereits vorhanden, so wird das Kündigungsrecht des Mieters nicht ausgeschlossen. Als Mieter im Sinne dieser Bestimmung gilt auch der Erblasser, der Übernehmer eines ganzen Vermögens oder eines Handelsgeschäftes Art. 5 Abs. 1 MietKündVO. Dem Rechtsnachfolger dieser Mieter ist daher die Kündigung nicht gestattet, auch wenn die baulichen Arbeiten und Einrichtungen im Sinne des § 2 Nr. 2 VO. u. des Art. 2 MietKündVO. auf Wunsch des früheren Mieters ausgeführt worden sind. Im übrigen müssen die Arbeiten auf Wunsch des jetzigen Mieters vorgenommen worden sein.

Wegen der Rechtslage, wenn der Mieter auf eigene Kosten bauliche Änderungen vorgenommen hat, vgl. § 5 Anm. 1 Ziffer I.

4. Die Kündigung des Mieters ist endlich gemäß Art. 8 MietKündVO. ausgeschlossen, wenn der Mieter nach den Bestimmungen des Mietvertrages verpflichtet ist, den Gebrauch auszuüben. Das ist bei der Miete — im Gegensatz zur Pacht — die Ausnahme; regelmäßig ist der Mieter wohl berechtigt, aber nicht verpflichtet, die Mietsache in Gebrauch zu nehmen. Wo eine solche Verpflichtung aber dem Mieter vertragsgemäß — wenn auch nur für bestimmte Zeiten z. B. für Messezeiten — auferlegt ist, ist ihm die Kündigung nach § 1 nicht gestattet. Bei der Miete von Messeständen ist überdies zu beachten, daß es sich hier zumeist nicht um Raummiete handelt — H S. 164 —, so daß schon aus diesem Grunde § 1 — Anm. 1 — keine Anwendung findet.

§ 3.

Die Vorschriften dieses Kapitels finden auf einen vor dem 15. Juli 1931 geschlossenen Pachtvertrag über gewerbliche Räume entsprechende Anwendung.

Vgl. § 1 Anm. 2, 3. Während die Regelung dieses Kapitels sich grundsätzlich nur auf Mietverträge über Räume — allerdings Wohn- oder Geschäftsräume — bezieht, werden durch § 3 die Vorschriften dieses Kapitels auch auf Pachtverträge erstreckt; bei diesen jedoch beschränkt auf gewerbliche, d. h. zu gewerblichen Zwecken überlassene Räume. Art. 9 Abs. 1 MietKündVO. trifft die gleiche Bestimmung u. stellt fest, daß auch Unterpachtverhältnisse einbezogen sind. Wird ein Grundstück zum Zwecke der Bebauung mit der Verpflichtung gepachtet, daß das errichtete Gebäude nach Ablauf der Pachtzeit auf den Verpächter übergeht, so ist als Pachtgegenstand das bebaute Grundstück anzusehen; es liegt also Raumpacht vor.

Art. 9 Abs. 2 MietkündVO. bringt eine nicht unerhebliche Einschränkung des § 3 insofern, als ein Pachtvertrag im Sinne des § 3 bei Verpachtung wirtschaftlicher Unternehmungen dann nicht als vorliegend anzusehen ist, wenn sich neben der Raumüberlassung die Überlassung des Unternehmens als die Hauptleistung des Verpächters darstellt. Ergänzend wird hinzugefügt, daß dies im Zweifel dann anzunehmen sei, wenn dem Pächter die Befugnis erteilt ist, die Firma des Verpächters fortzuführen. Die MietkündVO. schließt sich hier der allgemeinen Rechtsauffassung an, daß bei Überlassungsverträgen dem wirtschaftlich wesentlichen Zweck auch für die rechtliche Beurteilung die maßgebende Bedeutung beizumessen ist — H S. 159, 161, In Betracht kommen hier Fälle, in denen ein ganzer Betrieb samt Fuhrpark, Einrichtungsgegenständen, Patenten usw. verpachtet ist.

§ 4.

Wird der Vermieter oder Verpächter infolge einer Kündigung nach § 1 ohne sein Verschulden gehindert, eine in der Zeit vom 1. April bis 15. Juli 1932 fällig werdende Verbindlichkeit aus einer auf dem Grundstück ruhenden Last zu erfüllen, so gelten die Rechtsfolgen, die wegen der Nichtzahlung oder der nicht rechtzeitigen Zahlung nach Gesetz oder Vertrag eintreten, als nicht eingetreten.

In vielen Fällen wird die Ausübung des dem Mieter (Pächter) eingeräumten Kündigungsrechts zum 1. April 1932 zur Folge haben, daß die Räume nicht sofort oder nur zu einem erheblich niedrigeren Miet(Pacht)-zins vermietet (verpachtet) werden können. Dem Vermieter (Verpächter) dürfte es infolge des gänzlichen oder teilweisen Ausfalls in vielen Fällen schwer fallen, die eigenen Verpflichtungen zu erfüllen; bei Darlehensverpflichtungen drohen meist Strafzinsen u. andere Rechtsnachteile. § 4 will diese Härten unter folgenden Voraussetzungen mildern:

1. Die Nichterfüllung oder nicht rechtzeitige Erfüllung der Verpflichtung einer Verbindlichkeit kommt nur insoweit in Frage, als es sich um eine auf dem Grundstück ruhende Last — Hypothek, Grundschuld — handelt; Steuerschulden kommen nur insoweit in Betracht, als sie das Haus als solches treffen — § 4 RMG.; H S. 477 —, nicht aber Personalsteuern, wie Einkommensteuer, Vermögenssteuer usw.;
2. Die Lasten sind nur insoweit vorzugsweise behandelt, als sie in der Zeit vom 1. April bis 15. Juli 1932 fällig werden; frühere u. nach dem 15. Juli entstehende Verbindlichkeiten genießen die Sonderstellung nicht; der Verzug mit den Verbindlichkeiten kann auch über diesen Termin hinaus andauern;
3. Die Nichterfüllung oder nicht rechtzeitige Erfüllung muß ausschließlich durch die außerordentliche Kündigung des Mieters (Pächters) unmittelbar verursacht sein;

4. Der Vermieter (Verpächter) darf nicht schuldhaft gehandelt haben, d. h. er muß sich mit allen Kräften bemühen, die Folgen der Kündigung durch Weitervermietung abzuwehren u. er muß insbes. unter Umständen versuchen, aus eigenen Mitteln oder durch Darlehensaufnahme die Verpflichtungen zu erfüllen.

Die Milderung des § 4 besteht darin, daß die nach Gesetz oder Vertrag an sich entstehenden Verzugsfolgen — Verfallklauseln, Strafzinsen — kraft Gesetzes ausgeschaltet werden. Voraussetzung für die Anwendung des § 4 ist jedoch, daß eine frist- u. formgerechte, daher rechtswirksame Kündigung vorliegt.

§ 5.

Der Reichsminister der Justiz kann zur Durchführung und Ergänzung dieses Kapitels Rechtsverordnungen und allgemeine Verwaltungsvorschriften erlassen.

1. Erlassen ist die MietkündVO. vom 23. Dez. 1931, Deutscher Reichsanzeiger Nr. 301 vom 24. Dez. 1931; RGBl. I S. 796. Die Art. 1, 2, 5—9 dieser VO. sind bei der Erl. der §§ 1—3 bereits berücksichtigt. Besonders hervorzuheben sind noch folgende wichtige Ergänzungen:

I. Die Wiederherstellungspflicht des kündigenden Mieters.

Hat der kündigende Mieter selbst in den Mieträumen bauliche Veränderungen vorgenommen oder das Gebäude oder die Räume mit besonderen Einrichtungen versehen, so hat er im Falle der Kündigung nach § 1 VO. auf Verlangen des Vermieters den früheren Zustand wiederherzustellen. Diese Verpflichtung besteht auch für den Erben u. den Vermögensübernehmer nach § 419 BGB. u. § 25 HGB. hinsichtlich der Änderungen, die ihr Rechtsvorgänger vorgenommen hat Art. 3, 5 Abs. 2 MietkündVO. Die Verpflichtung besteht auch dann, wenn sie im Mietvertrag ausdrücklich ausgeschlossen oder etwas anderes vereinbart ist. Darauf, daß es sich um besonders kostspielige bauliche Veränderungen handelt, kommt es nicht an; bloße Instandsetzungsarbeiten scheiden aber aus, auch wenn sie größeren Umfanges waren.

Mit Rücksicht auf diese reichlich spät erlassene Ergänzungsnorm ist dem Mieter, der ohne Kenntnis dieser Verpflichtung bereits gekündigt hat, die Möglichkeit gegeben, die Kündigung einseitig zu widerrufen. Der Widerruf ist aber nur zulässig, wenn die Kündigung spätestens am 31. Dez. 1931 erklärt worden ist. Der Widerruf muß — wie die Kündigung § 1 Anm. 6 — schriftlich erfolgen und dem Vermieter spätestens am 5. Jan. 1932 zugehen. Der Widerruf hat aber keine Wirkung, wenn die Mieträume in der Zeit zwischen der Kündigung u. dem Widerruf anderweit vermietet worden sind Art. 6 Abs. 1 Satz 1, Abs. 2 MietkündVO. Der Weitervermietung ist wohl auch die ganze oder teilweise Weiterverpachtung gleichzuerachten; auf den Beginn des neuen Vertragsverhältnisses kommt es nicht an. Die Verpflichtung zur Vornahme der Wiederherstellungsarbeiten — Art. 3 — bleibt bei Unwirksamkeit des Widerrufs bestehen.

Im Einverständnis mit dem Vermieter kann die Kündigung des Mieters jederzeit zurückgenommen werden; auch kann in jedem Fall das Ausmaß der Wiederherstellungspflicht im Wege der Vereinbarung zwischen Vermieter u. Mieter geändert bzw. die Verpflichtung aufgehoben werden.

II. Baukostenzuschüsse, Baudarlehen, Mietvorauszahlungen.

In Art. 4 MietkündVO. sind besondere Bestimmungen für den Fall getroffen, daß der Mieter oder sein Erblasser oder ein sonstiger Rechtsvorgänger im Sinne des Art. 5 MietkündVO. dem Vermieter Baukostenzuschüsse, Baudarlehen, Mietvorauszahlungen gegeben und ähnliche Leistungen — z. B. Kautionen — gemacht hat, die dem Vermieter zur freien Verfügung überlassen sind. Entscheidend ist, ob der Mieter bei der Hingabe dieser Gelder deren bare Rückzahlung — gleichviel ob mit oder ohne Terminsfestlegung — vereinbart hat oder ob er auf eine Anrechnung auf den Mietzins sich eingelassen hat. Im letzteren Falle wollte er die Gelder abwohnen. Löst er nun einseitig das Mietverhältnis durch die Kündigung nach § 1 VO., so verzichtet er dadurch auf die Möglichkeit, die Baugelder abzuwohnen. Mit Recht bestimmt deshalb Art. 5 Satz 1 MietkündVO., daß der Mieter in diesem Falle die Beträge nicht zurückfordern kann, auch nicht insoweit, als eine Abwohnung noch nicht erfolgt ist. Auch diese Regelung ist reichlich spät getroffen worden, weshalb wie bei der Wiederherstellungspflicht — oben I — dem Mieter ein nach Form, Inhalt u. Wirkung gleichgeartetes Widerrufsrecht eingeräumt ist Art. 6 Abs. 1 Satz 2, Abs. 2 MietkündVO.

Ist bare Rückzahlung nach bestimmten Terminen vereinbart, so bleibt es bei der Vertragsabrede auch im Falle der außerordentlichen Kündigung des Mieters. Sind bestimmte Rückzahlungstermine nicht vereinbart, so können die Beträge erst für den Zeitpunkt zurückgefordert werden, zu dem das Mietverhältnis nach der Regel des Gesetzes oder des Vertrages — also ohne Rücksicht auf die außerordentliche Kündigung nach § 1 — gekündigt werden könnte oder — bei Verträgen auf bestimmte Zeit — ablaufen würde Art. 4 Satz 2 MietkündVO. Will der Mieter, der diese Beschränkung der Rückzahlungspflicht des Vermieters nicht kannte, diese Rechtsfolgen abwenden, so kann er, sofern die Kündigung vor dem 1. Jan. 1932 ausgesprochen wurde, diese widerrufen Art. 6 Abs. 1 Satz 2, Abs. 2 MietkündVO.

Die Regelung des Art. 4 Satz 1 u. 2 MietkündVO. gilt nur für frei verfügbare Gelder des Vermieters; soweit der Vermieter Kautionen vom Mieter empfangen hat, über die er nicht frei verfügen konnte, muß er sie bei der Beendigung des Mietverhältnisses, die durch die Kündigung des Mieters herbeigeführt wurde, zurückgeben. Dies ist in Art. 4 Satz 3 MietkündVO. ausdrücklich klargestellt.

2. Der Wortlaut der „Verordnung über die außerordentliche Mietkündigung zum 5. Januar 1932":

Zur Durchführung und Ergänzung der Verordnung des Reichspräsidenten zur Sicherung von Wirtschaft und Finanzen und zum Schutze des inneren Friedens vom 8. Dezember 1931 (RGBl. I S. 699), Zweiter Teil Kapitel III, wird auf Grund von § 5 dieses Kapitels folgendes verordnet:

Artikel 1.

(1) War der Mietzins für einzelne Abschnitte der Mietzeit in verschiedener Höhe bestimmt, so muß sich die vereinbarte Ermäßigung (§ 2 Nr. 1 der Verordnung des Reichspräsidenten) auf mindestens 20 v. H. des Betrages belaufen, der nach den zur Zeit der Vereinbarung geltenden Vertragsbestimmungen von dem Eintritt der Ermäßigung ab jeweils zu zahlen war.

(2) Ist im Laufe des Jahres 1931 mehrmals eine Ermäßigung vereinbart, so ist der Hundertsatz von dem zur Zeit der ersten Ermäßigung maßgebenden Betrag zu berechnen.

(3) Eine Ermäßigung im Sinne des § 2 Nr. 1 liegt nicht vor, wenn sie lediglich mit Rücksicht auf § 49a des Mieterschutzgesetzes vereinbart ist oder darauf beruht, daß dem Vermieter von Neubauräumen seit dem 1. Januar 1931 aus öffentlichen Mitteln Beihilfen gewährt oder erhöht oder sonstige Vergünstigungen bewilligt worden sind.

Artikel 2.

Der Vornahme der im § 2 Nr. 2 der Verordnung des Reichspräsidenten bezeichneten Arbeiten steht es gleich, wenn der Vermieter das Gebäude oder die Räume nach den Wünschen des Mieters errichtet oder wenn er die Räume oder das Mietgrundstück auf Wunsch des Mieters mit außergewöhnlich kostspieligen Einrichtungen versehen hat.

Artikel 3.

Hat der Mieter in dem Gebäude oder in den Räumen bauliche Veränderungen vorgenommen oder das Gebäude oder die Räume mit besonderen Einrichtungen versehen, so hat er im Falle der außerordentlichen Kündigung auf Verlangen des Vermieters den früheren Zustand wiederherzustellen.

Artikel 4.

Im Falle der außerordentlichen Kündigung kann der Mieter Baukostenzuschüsse, Baudarlehen, Mietvorauszahlungen und ähnliche Leistungen, die dem Vermieter zur freien Verfügung überlassen sind, nicht zurückfordern, soweit sie vertraglich auf den Mietzins angerechnet werden sollen. Soweit eine Anrechnung nicht vorgesehen ist, können solche Beträge, falls kein bestimmter Rückzahlungstermin vereinbart ist, erst für den Zeitpunkt zurückgefordert werden, zu dem das Mietverhältnis ohne Rücksicht auf die außerordentliche Kündigung nach Gesetz oder Vertrag gekündigt werden könnte oder ablaufen würde. Eine von dem Mieter geleistete Sicherheit, über die der Vermieter nicht frei verfügen konnte, ist bei der Beendigung des Mietverhältnisses zurückzugeben.

Artikel 5.

(1) Im Sinne des § 1 Abs. 1 Satz 2 und des § 2 der Verordnung des Reichspräsidenten steht dem Mieter ein früherer Mieter gleich, in dessen Vertrag der Mieter als Erbe oder im Zusammenhange mit der

Übernahme eines Vermögens oder dem Erwerb eines Handelsgeschäfts eingetreten ist.

(2) Die im Artikel 3 bezeichnete Verpflichtung des Mieters besteht auch dann, wenn die Veränderungen von einem der im Abs. 1 bezeichneten Rechtsvorgänger des Mieters vorgenommen worden sind.

(3) Im Sinne des Artikels 4 stehen den von dem Mieter bewirkten Leistungen solche Leistungen gleich, die von einem der im Abs. 1 bezeichneten Rechtsvorgänger bewirkt worden sind.

Artikel 6.

(1) Der Mieter kann eine bis zum 31. Dezember 1931 erklärte außerordentliche Kündigung widerrufen, wenn der Vermieter von ihm die Vornahme von Wiederherstellungsarbeiten (Artikel 3) fordern kann. Das gleiche gilt, wenn der Mieter nach Artikel 4 die Rückzahlung von Baukostenzuschüssen oder ähnlichen Leistungen nicht oder nicht schon bei der Beendigung des Mietverhältnisses verlangen kann.

(2) Der Widerruf muß schriftlich erfolgen und dem Vermieter spätestens am 5. Januar 1932 zugehen. Er hat keine Wirkung, wenn das Gebäude oder die Räume in der Zeit zwischen der Kündigung und dem Widerruf anderweit vermietet worden sind.

Artikel 7.

Die Vorschriften über die außerordentliche Kündigung finden auf Untermietverhältnisse Anwendung.

Artikel 8.

Die Vorschriften über die außerordentliche Kündigung gelten nicht für Gebäude oder Räume, die mit der Bestimmung vermietet worden sind, daß der Mieter verpflichtet ist, den Gebrauch auszuüben.

Artikel 9.

(1) Die Vorschriften dieser Verordnung finden auf Pachtverhältnisse und Unterpachtverhältnisse über gewerbliche Räume entsprechende Anwendung.

(2) Ist ein wirtschaftliches Unternehmen verpachtet und ist dem Pächter hierbei auch der Gebrauch von Gebäuden oder Gebäudeteilen überlassen, so liegt ein Pachtvertrag über gewerbliche Räume im Sinne des § 3 der Verordnung des Reichspräsidenten nicht vor, wenn sich die Überlassung des Unternehmens als die Hauptleistung des Verpächters darstellt. Dies ist im Zweifel anzunehmen, wenn dem Pächter die Befugnis erteilt ist, die Firma des Verpächters fortzuführen.

Artikel 10.

Diese Verordnung tritt mit ihrer Verkündung in Kraft.

3. Gesetz über Mieterschutz und Mieteinigungsämter.

Die Vierte VO. vom 8. Dez. 1931 — Zweiter Teil Kapitel IV — hat das MSchG. nach mehrfacher Richtung abgeändert. Artikel I bringt einen reichsrechtlichen Abbau des Mieterschutzes für teuere Wohnungen und für Geschäftsräume; Artikel II bestimmt die Einzelregelungen, denen das MSchG. unterworfen wird.

Artikel I.

(1) Die Vorschriften des Reichsmietengesetzes und des Gesetzes über Mieterschutz und Mieteinigungsämter gelten nicht für Mietverhältnisse über Wohnungen, deren Jahresfriedensmiete

a) 1600 Mark und mehr in Berlin,
b) 1400 Mark und mehr in den Orten der Sonderklasse,
c) 1200 Mark und mehr in den Orten der Ortsklasse A,
d) 900 Mark und mehr in den Orten der Ortsklasse B,
e) 600 Mark und mehr in den Orten der Ortsklasse C,
f) 450 Mark und mehr in den Orten der Ortsklasse D

beträgt. Sie gelten auch nicht für Geschäftsräume; doch bleiben Geschäftsräume, die Teile einer Wohnung bilden oder wegen ihres wirtschaftlichen Zusammenhanges mit Wohnräumen zugleich mit solchen vermietet sind, den Vorschriften der genannten Gesetze unterworfen, wenn die Friedensmiete für die Wohn- und Geschäftsräume zusammen hinter den im Satz 1 bezeichneten Grenzen zurückbleibt. Der Reichsarbeitsminister kann mit Zustimmung des Reichsrats die Grenzen herabsetzen.

(2) Der § 49a des Gesetzes über Mieterschutz und Mieteinigungsämter bleibt unberührt. Die Vorschriften des § 52e dieses Gesetzes gelten auch für die im Abs. 1 bezeichneten Mietverhältnisse.

1. Die Vorschrift tritt gemäß Art. VII am 1. April 1932 in Kraft. Es handelt sich um eine reichsrechtliche Abbaumaßnahme, die an die Stelle landesrechtlicher Lockerungsmaßnahmen tritt, *soweit* diese nicht eine *weitergehende* Lockerung vom 1. April 1932 vorsehen. Für Bayern vgl. die Übergangsregelung der §§ 1, 2, 4 der VI. LockVO., oben S. 14.

Art. I erfaßt *bestehende und neu begründete* Mietverhältnisse in gleichem Maße. Für die Bestimmung der Höhe der *Jahresfriedensmiete* ist reichsrechtlich der 1. April 1932 maßgebend; wird nach diesem

Zeitpunkt z. B. im Wege der Feststellung oder Festsetzung durch das MEA. — H S. 471 — eine FM. ermittelt, die unter den Sätzen des Art. I liegt, so ist vom Zeitpunkt der Wirksamkeit dieser Feststellung oder Festsetzung — H S. 497 — die Lockerung als eingetreten anzusehen. Als Geschäftsräume im Sinne des Art. I gelten alle Räume, die am 1. April 1932 nicht Wohnräume sind — H S. 40 —. Die weitergehende landesrechtliche Lockerung, insbes. die Festlegung früherer Stichtage, bleibt unberührt; dies gilt auch dann, wenn ein Geschäftsraum nach Landesrecht bereits vom MSchG. befreit war und in der Zwischenzeit wiederum Wohnzwecken gedient hat: die einmal erfolgte Lockerung des Raumes bleibt aufrecht erhalten, vgl. § 6 der V. LockVO. — H S. 52.

2. Die Lockerung des Art. I beschränkt sich nicht nur auf den ersten Abschnitt, §§ 1—36 MSchG., sondern umfaßt das ganze Gesetz. Aufrechterhalten bleiben für die Lockerungsräume zufolge ausdrücklicher Bestimmung in Abs. 2 auch für Zeit nach dem 1. April 1932

die Bestimmungen über den Mietwucher, § 49a — H S. 347 —; ferner

das Übergangsrecht des § 52e — H S. 365 —, das sonst nur bei landesrechtlicher Lockerung gelten würde.

Für die Übergangszeit zwischen der Bekanntgabe der NotVO. — 9. Dez. 1931 — und dem Inkrafttreten des Art. I — 1. April 1932 — gelten die §§ 52b, 52c entsprechend, Art. VII. Der Vermieter kann also mit dem 9. Dezember 1931 die zufolge Art. I ab 1. April 1932 freiwerdenden Räume zu diesem Termin kündigen; die Kündigung — Mindestfrist ein Vierteljahr — muß spätestens am 5. Januar 1932 erklärt sein, um zum 1. April 1932 wirksam zu werden. Vertragsmäßige längere Kündigungsfristen bleiben unberührt § 52b; H S. 362. Nach § 52b Abs. 1 Satz 2 kann der Vermieter vom 9. Dez. 1931 ab die Räumungsklage erheben; er kann auf Räumung klagen, aber frühestens zu dem Zeitpunkt, zu dem die Kündigung wirksam wird, § 52b. Will er das Mietverhältnis zu einem vor dem 1. April 1932 liegenden Zeitpunkt zur Auflösung bringen, so bedarf es des Kündigungsverfahrens nach §§ 1aff. MSchG. oder der Aufhebungsklage nach § 1p; Kündigung und einfache Räumungsklage genügen nicht. Bei anhängigen Aufhebungsprozessen kann er vom 9. Dez. 1931 an von der Aufhebungs- zur Räumungsklage übergehen, § 52c; ein unmittelbarer Übergang vom formalen Kündigungsverfahren nach §§ 1aff. zur Räumungsklage ist nicht möglich — H S. 363.

Mit dem Inkrafttreten der Lockerung — 1. April 1932 — wird ein anhängiges Kündigungsverfahren gegenstandslos; das Aufhebungsverfahren gilt als in der Hauptsache erledigt § 52c, H S. 363. Dem Vermieter steht nur mehr das gewöhnliche Räumungsverfahren offen; er kann aber im anhängigen Aufhebungsverfahren zur Räumungsklage übergehen § 52c Abs. 2 Satz 3.

3. Die Freistellung der Wohn- und Geschäftsräume nach Art. I bedeutet nicht völlige Rückkehr zum Mietrecht des BGB. Das materielle Mietrecht für die mit dem 1. April 1932 gelockerten Räume wird begrenzt durch § 52e MSchG. — Abs. 2 Satz 2; Anm. 2 — und durch § 22a

RMG., der nach Art. VII Abs. 1 Satz 2 für die Übergangszeit entsprechende Anwendung zu finden hat.

Das materielle Mietrecht der reichsrechtlich gelockerten Räume ist hiernach das gleiche wie das für die landesrechtlich gelockerten Räume maßgebende Recht der Übergangszeit, das H S. 12 zusammenfassend dargestellt ist, vgl. auch H S. 367, 513. Vertragliche Übergangsnormen hinsichtlich des Mietzinses bleiben aufrechterhalten. Das gesetzliche Übergangsrecht umfaßt

1. Bestimmungen über die Höhe des nach dem 1. April 1932 zu zahlenden Mietzinses;
2. das Recht eines jeden Vertragsteiles auf die Vertragsmiete;
3. Vorschriften über die Zahlung des Mietzinses;
4. die Regelung des ordentlichen und die Einschränkung des außerordentlichen Kündigungsrechts des Vermieters;
5. Bestimmungen über die Aufrechnungsbefugnis des Mieters;
6. die Zulassung einer Räumungsfrist auch für Nichtwohnräume.

Im übrigen gelten ab 1. April 1932 die Vorschriften des BGB. und der ZPO. Der Vermieter kann daher das Mietverhältnis durch einseitige Kündigung zur Auflösung bringen, die Räumungsklage vor dem Amtsgericht erheben § 23 Nr. 2 GVG. Einstweilige Verfügung auf Räumung ist zulässig; eine Ersatzraumzubilligung findet nicht statt, vorläufige Vollstreckbarkeit des Urteils ist möglich. Eine landesrechtliche Einschränkung auf Grund des § 52 MSchG. ist nicht zulässig, da § 52 nicht mehr zur Anwendung kommt. Mietwucher bleibt strafbar nach § 49a MSchG., oben Anm. 2. Bei einheitlich vermieteten Räumen — Wohn- und Geschäftsräumen — ist die Teilkündigung auch dann nicht zulässig, wenn ein Teil der Räume zufolge Art. I gelockert ist — H S. 167.

4. Entscheidend für die Freistellung der Wohnräume ist die Höhe der Jahresfriedensmiete; als FM. im Sinne des RMG. und damit auch des Art. I gilt der Mietzins, der für die mit dem 1. Juli 1914 beginnende Mietzeit vereinbart war; als FM. gilt aber auch der als FM. gemäß § 2 Abs. 4 RMG. festgestellte oder festgesetzte ortsübliche Mietzins. Bei der Ermittlung der FM. ist nach dem heute geltenden § 2 Abs. 1 Satz 3 RMG. — H S. 470 — die in diesem Mietzins enthaltene Vergütung für die Heizstoffe für Sammelheizung oder Warmwasserversorgung oder für andere von der obersten Landesbehörde bestimmte Nebenleistungen abzurechnen. Eine solche Bestimmung ist in Preußen in den §§ 2 und 3 der VO. vom 17. April/11. Juni 1924 GS. S. 474, 553, in Bayern in den §§ 4 und 5 der VO. vom 29. März 1928 — H S. 133 — getroffen. Es mag zweifelhaft erscheinen, ob diese reine Friedensmiete als Jahresfriedensmiete im Sinne des Art. I anzusehen oder ob nicht vielmehr die dort angegebenen Mietgrenzen nach der Bruttofriedensmiete zu ermitteln sind. Mangels gegenteiliger Festlegung des Begriffes der Jahresfriedensmiete und aus Zweckmäßigkeitsgründen — die Wirrnisse des Mietnotrechts würden gesteigert werden, wenn der für die ges. M. maßgebende Begriff der reinen FM. (§ 3 des Geldentwertungsgesetzes H S. 517) für die reichsrechtliche Lockerung nicht übernommen werden würde —, muß als Jahresfriedensmiete die reine FM. der Berechnung der Miet-

grenzen zugrunde gelegt werden. Die Mietsenkung auf Grund des Kap. II bleibt hier selbstverständlich außer Betracht; diese Senkung erfaßt nicht die FM., sondern den Mietzins — ges. M. oder Vertragsmiete.

Für die Zugehörigkeit einer Gemeinde zu einer der Ortsklassen ist das gemäß § 12 des Reichsbesoldungsgesetzes aufgestellte Ortsklassenverzeichnis maßgebend Art. V; dazu H S. 96; § 40c WMVO., oben S. 37.

5. Befreit sind nur Wohnräume, deren Jahresfriedensmiete die in Abs. 1 angegebenen Beträge erreicht oder übersteigt. Wohnungen, deren Jahresfriedensmiete darunter liegt, bleiben auch nach dem 1. April 1932 noch dem MSchG. und RMG. unterworfen, soweit nicht landesrechtlich auf Grund des § 52 MSchG. und § 22 RMG. — H S. 359 und 511 — eine weitergehende Lockerung erfolgt.

Die Geschäftsräume — Anm. 1 — sind ohne Rücksicht auf die Höhe der Jahresfriedensmiete grundsätzlich vom RMG. und MSchG. nach dem 1. April 1932 befreit. Die reichsrechtliche Regelung tritt von diesem Zeitpunkt ab an die Stelle der landesrechtlichen Lockerung, auch wenn diese formell nicht aufgehoben sein sollte. Geschäftsräume bleiben ausnahmsweise nach Art. I auch über den 1. April 1932 hinaus dem MSchG. und dem RMG. unterworfen, wenn es sich um Geschäftsräume handelt, die

entweder Teile einer Wohnung bilden — vgl. H S. 50; KG. 16 U 4033/31 DMR. 1238 —

oder wegen ihres wirtschaftlichen Zusammenhanges mit Wohnräumen zugleich mit solchen vermietet sind — vgl. H S. 51.

Voraussetzung für die Aufrechterhaltung des Notrechts ist, daß die Jahresfriedensmiete für die Wohn- und Geschäftsräume zusammen hinter den in Satz 1 bezeichneten Mietgrenzen zurückbleibt. Die Gesamtjahresfriedensmiete entscheidet, nicht etwa wie nach der V. LockVO. — H S. 48 — der auf die Geschäftsräume entfallende Teil der Jahresfriedensmiete, vgl. auch oben S. 18. Werden Wohnräume nach dem 1. April 1932 — mit Genehmigung des Vermieters — zu Geschäftszwecken verwendet, so werden sie von RMG. und MSchG. befreit; die Zweckverwendung ist seit 1. Januar 1932 infolge der Aufhebung des § 2 WMG. unbeschränkt gestattet.

Der Obersten Landesbehörde ist für die Zeit vom 1. April 1932 ab eine abweichende Regelung nicht gestattet; nur eine noch weitergehende Lockerung kann auf Grund des § 52 MSchG. und des § 22 RMG. auch noch nach diesem Zeitpunkt landesrechtlich angeordnet werden.

6. Für Wohn- und Geschäftsräume war schon bisher durch Art. II der VO. vom 1. Dez. 1930 — H S. 440 — reichsrechtlich eine weitgehende Lockerung vorgesehen, die im engsten Zusammenhang mit der fortschreitenden Einengung der Anwendbarkeit des Wohnungsmangelgesetzes steht. Diese Lockerung beschränkt sich auf neu abgeschlossene Mietverhältnisse.

In Bayern gilt diese Regelung nur in den sog. wohnungsmangelfreien Gemeinden § 40a WMVO. — H S. 124 und oben S. 36 —, § 2 Ziff. 3 der VI. LockVO, oben S. 16. Hiernach finden die Vorschriften der §§ 1—36 MSchG. sowie jene des Reichsmietengesetzes keine Anwendung auf Mietverhältnisse, die nach dem 31. März 1931 über Räume in wohnungsmangelfreien Gemeinden begründet worden sind oder künftig neu begründet werden, sofern nicht die Räume vor Abschluß des Mietvertrages in zulässiger Weise beschlagnahmt worden sind, vgl. dazu die Erl. H S. 46.

Die Lockerung ist in Bayern eine landesrechtliche gemäß § 52 MSchG., weshalb die Übergangsbestimmungen der §§ 52bff. MSchG. Anwendung finden. Auch § 49a MSchG. bleibt für die gelockerten Räume in Geltung H S. 441. Die Zubilligung von Ersatzraum ist in wohnungsmangelfreien Gemeinden gemäß § 6 Abs. 6 MSchG. für alle Räume ausgeschlossen H S. 131, 227; oben S. 12.

Die Freistellung nach dem 31. März 1931 neubegründeter Mietverhältnisse in wohnungsmangelfreien Gemeinden erfolgt ohne Rücksicht auf die Höhe der Jahresfriedensmiete; es handelt sich hier um rein örtliche Lockerungsmaßnahmen. Die allgemeine Befreiung der Wohnungen von den Vorschriften der WMVO. — nun § 40b, oben S. 36 —, kommt hier nicht in Betracht; denn die Regelung des Art. II gilt für Bayern nicht unmittelbar, sondern nur nach Maßgabe der nach Art. VI erlassenen landesrechtlichen Lockerungsverordnung — H S. 441 —, d. i. bis zum 31. Dez. 1931 die V. LockVO., nach diesem Tage die VI. LockVO., oben S. 14. Die in § 2 Ziff. 1 der VI. LockVO. bezeichneten, nach dem 31. Dez. 1931 neu begründeten Mietverhältnisse über Wohnungen werden aber erst gelockert bei Jahresfriedensmieten, die wesentlich über den in § 40b WMVO. bezeichneten Mietgrenzen liegen.

7. Weitere Lockerungen vom MSchG. gelten gemäß Art. II für Zuschußneubauten, für Räume, die bei Teilung einer Wohnung oder bei Ausbau von Gewerberäumen entstehen Nr. 2, ferner für Untermietverhältnisse Nr. 3.

Artikel II.

Das Gesetz über Mieterschutz und Mieteinigungsämter ist mit folgenden Maßgaben anzuwenden:

1. Die Amtsgerichte und Mieteinigungsämter entscheiden ohne Beisitzer.
2. Die Vorschriften des ersten Abschnitts gelten für Neubauten oder durch Um- oder Einbauten neugeschaffene Räume (§ 33) auch dann nicht, wenn sie mit Zuschüssen aus öffentlichen Mitteln erstellt sind. Bei Teilung einer Wohnung oder bei Ausbau von Gewerberäumen (§§ 33a, 33b) sind sämtliche Räume von den Vorschriften des ersten Abschnitts und von der Beschlagnahme durch die Gemeindebehörde befreit.
3. Die Vorschriften des ersten Abschnitts gelten nicht für Untermietverhältnisse und ähnliche Rechtsverhältnisse (§ 24 Abs. 2). Die Erlaubnis des Vermieters zur Weiterüber-

lassung der Mieträume kann nicht durch das Mieteinigungsamt ersetzt werden.

4. Eine Prüfung der Aufrechnungsbefugnis des Mieters durch eine besondere Stelle (§ 28) findet nicht mehr statt. Der § 52e Abs. 1 Nr. 2 gilt auch für die noch unter Mieterschutz stehenden Mietverhältnisse.
5. Schiedsverfahren vor dem Mieteinigungsamte nach §52a finden nicht mehr statt.
6. Im Falle des § 13 Abs. 4 beträgt die Beschwerdegrenze 50 *RM.*

Art. II befaßt sich mit der Änderung des MSchG. Die Änderungsvorschrift beschränkt sich auf die Aufzählung von Grundsätzen, nach denen vom 1. Januar bzw. vom 1. April 1932 an das MSchG. zu handhaben ist, ohne im einzelnen formell jede betroffene Vorschrift des Gesetzes zu ändern. Ob und inwieweit das nach Art. VI zuständige Reichsministerium von der Befugnis zur formalen Änderung des MSchG. und der VerfAO. Gebrauch macht, steht derzeit noch nicht fest. Im einzelnen gilt folgendes:

Zu Ziffer 1. Die Mitwirkung der Beisitzer ist, nachdem die NotVO. vom 1. Dez. 1930 sie für die Beschwerdestellen aufgehoben hatte — H S. 335 —, nunmehr auch für die Amtsgerichte und Mieteinigungsämter ab 1. Januar 1932 — Art. VII — beseitigt. Das Mietschöffengericht — H S. 233 — besteht nicht mehr; für die Aufhebungsklage ist das Amtsgericht, d. h. der Einzelrichter allein zuständig. Die §§ 7, 8, 11 und 27 sind insoweit nicht mehr anwendbar, als sie sich mit der Mitwirkung der Beisitzer befassen; § 12 gilt indes nach dem Wortlaut auch vor dem Amtsrichter; unrichtig Dahm JW. 1931, 3633. Das Verfahren ist wesentlich vereinfacht; bei der Verbindung von Aufhebungs- und Räumungsklage — vgl. über deren Zweckmäßigkeit Buchmann JW. 1932, 163 — sind mancherlei Zuständigkeitsschwierigkeiten beseitigt.

Auch das MEA. besteht vom 1. Januar 1932 an nur aus dem Vorsitzenden. Die §§ 38, 39 und 45 finden insoweit keine Anwendung, als darin die Mitwirkung von Beisitzern vorgesehen ist; auch die Sonderregelung für die Entscheidung des Vorsitzenden allein entfällt künftig. Durch die Neuregelung wird insbes. die VerfAO. — H S. 370 — wesentlich beeinflußt; die auf die Beisitzer sich beziehenden Bestimmungen in den §§ 1 Abs. 2, 10 Abs. 2, 12 Abs. 2, 14 Abs. 1, 20 Abs. 1 VerfAO. finden keine Anwendung.

Zu Ziffer 2. Die Vorschrift tritt gemäß Art. VII am 1. April 1932 in Kraft.

Satz 1 beseitigt die in § 33 Abs. 3 der obersten Landesbehörde eingeräumte Befugnis, Zuschußneubauten dem Mieterschutz zu unterstellen — H S. 304. Zuschußneubauten werden damit reichsrechtlich den übrigen Neubauten gleichgestellt. Ein geringfügiger Unterschied besteht: in § 33 Abs. 1 werden lediglich die §§ 1—31 für nicht anwendbar erklärt, während für Zuschußneubauten nach Art. II Nr. 2 Satz 1 die §§ 1—36 — erster Abschnitt — als nicht anwendbar bezeichnet werden.

[In Bayern sind die Zuschußneubauten — § 9 der V. LockV.; H S. 53 — bereits seit 1. Oktober 1931 vom MSchG. freigestellt; § 52e MSchG. gilt nur bis zum 1. April 1931. Nach diesem Tage gelten nach Art. VII nur noch die §§ 52b, 52c MSchG.; auch § 49a MSchG.

Satz 2 bringt eine Ausdehnung der in den §§ 33a, 33b — H S. 305 — nur für die neugewonnene Wohnung angeordneten Lockerung auch auf die aus Anlaß der Teilung einer Wohnung oder des Ausbaues von Gewerberäumen verbleibenden Resträume, gleichviel, ob sie für Wohnzwecke oder als Geschäftsräume Verwendung finden. Über den Rahmen des § 33a Abs. 3, 4 hinaus wird nicht nur die Beschlagnahme der neuen Wohnung, sondern auch der Resträume verboten; die übrigen Bestimmungen des § 33a bleiben aufrechterhalten, insbes. die Notwendigkeit der Genehmigung des Mietvertrages. Die Bestimmung des Abs. 2 ist allerdings dadurch gegenstandslos, daß nach der Neufassung des § 12 WMG. durch Art. IV Nr. 3 die Vorschriften des WMG. auf die sämtlichen Räume keine Anwendung finden. Auch die Bestimmungen des RMG. finden nach Art. III keine Anwendung.

Die Neuregelung des Satzes 2 dürfte nach dem Grundgedanken auch auf bereits vor dem 1. April 1932 erfolgte Teilungen und Ausbauten Anwendung finden; die Sonderstellung gemäß §§ 33a, 33b ist am 1. Juli 1926 in Kraft getreten — H S. 307. Auch nach Lockerung der Räume — 1. April 1932 — gilt zufolge Art. VII das Übergangsrecht der §§ 52b, 52c MSchG. und des § 22a RMG. — H S. 362, 363, 511 —, nicht aber § 52e MSchG., H S. 365. § 49a MSchG. bleibt anwendbar.

In Bayern ist die Befreiung von den Vorschriften der WMVO. nach § 10 n. F. — oben S. 36 — bereits seit 1. Januar 1932 durchgeführt. Für die Befreiung von MSchG. und RMG. gilt § 2 Ziff. 2 der VI. LockVO., oben S. 15; da es sich um eine landesrechtliche Lockerung handelt, so gilt bis zum 1. April 1932 auch die Übergangsregelung des § 52e MSchG.

Zu Ziffer 3. Die Vorschrift tritt gemäß Art. VII am 1. April 1932 in Kraft.

Satz 1 befreit Untermietverhältnisse — ohne Rücksicht auf die Führung eigener Wirtschaft oder Haushaltung — und ähnliche Rechtsverhältnisse im Sinne des § 24 Abs. 2 von den Vorschriften der §§ 1—36. Die Regelung des § 24 und § 29 Abs. 2 — H S. 274 — wird damit reichsrechtlich beseitigt. Als Übergangsrecht gelten die Schutzvorschriften der §§ 52b, 52e — Art. VII —; § 49a bleibt auch über den 1. April 1932 hinaus in Geltung.

In Bayern ist die Lockerung für alle Untermietverhältnisse bereits seit 1. April 1931 in Kraft — H S. 276; § 7 der V. LockVO. H S. 53; § 6 der VI. LockVO., oben S. 19. Bis zum 1. April 1932 gilt Landesrecht, demgemäß auch § 52e MSchG. und § 22a RMG.

Satz 2 beseitigt die nach § 29 — H S. 284 — gegebene Möglichkeit, die Erlaubnis des Vermieters zur Weiterüberlassung der Mieträume durch das MEA. Es gilt nur mehr § 549 BGB.

In Bayern ist zufolge § 6 Abs. 2 der VI. LockVO., oben S. 19, diese Regelung bereits mit dem 1. Januar 1932 in Kraft gesetzt.

Zu Ziffer 4. Die Vorschrift ist gemäß Art. VII am 1. Januar 1932 in Kraft getreten.

Das dem Mieter nach § 538 Abs. 2 BGB., § 28 Satz 1 MSchG. zustehende Aufrechnungsrecht — H S. 283 — konnte nach § 28 Satz 2 in den Fällen, in denen die ges. M. zu zahlen war, nur ausgeübt werden, wenn die Notwendigkeit einer laufenden Instandsetzungsarbeit von der zuständigen Stelle — H S. 141 — festgestellt war. Diese Einschränkung entfällt ab 1. Januar 1932. Dagegen gilt vom gleichen Zeitpunkt an die bisher nur für landesrechtlich gelockerte Räume geltende Bestimmung des § 52e Abs. 1 Nr. 2 Satz 1, daß der Mieter nur dann aufrechnen kann, wenn er die Absicht der Aufrechnung dem Vermieter mindestens einen Monat vor der Fälligkeit des Mietzinses schriftlich angezeigt hat, auch für die noch unter Mieterschutz stehenden Mietverhältnisse. Andererseits erfährt § 28 eine Ausdehnung für alle Mietverhältnisse insofern § 28 auch entsprechende Anwendung findet auf den vertraglichen Ausschluß eines Minderungs- oder Zurückbehaltungsrechtes oder eines Rechts auf Aufrechnung mit einem Schadensersatzanspruch nach § 538 Abs. 1 BGB. — H S. 367.

Das Verwaltungszwangsverfahren wegen der laufenden Instandsetzungsarbeiten — H S. 139ff. — ist in Bayern durch die AbändVO. vom 22. Dez. 1931 — oben S. 38 — außer Kraft gesetzt.

Zu Ziffer 5. Die Vorschrift ist am 1. Januar 1932 in Kraft getreten. Sie beseitigt das Schiedsverfahren, das für die Herausgabe landesrechtlich gelockerter Räume durch § 52a — H S. 360, 34 — vorgesehen war. Für Bayern vgl. § 15 Buchst. e der VO. über Mieterschutz vom 23. Dez. 1931, oben S. 13.

Zu Ziffer 6. Die Vorschrift ist am 1. Januar 1932 in Kraft getreten. Darnach findet eine nach § 13 Abs. 4 zulässige Kostenbeschwerde nur statt, wenn der Wert des Beschwerdegegenstandes den Betrag von 50 *RM* — bisher 30 *RM* — übersteigt.

B. Wohnungsmangelrecht.

1. Reichswohnungsmangelgesetz.

Mit Wirkung vom 1. Januar 1932 hat die Vierte VO. vom 8. Dez. 1931 RGBl. I 708 — Zweiter Teil Kapitel IV Art. IV, V und VII — das RMG. nicht unwesentlich geändert.

1. Der sachliche Geltungsbereich dieses Gesetzes wurde dadurch erheblich eingeschränkt, daß die Ermächtigung der Landesbehörden nach § 1 WMG. — H S. 387 — durch eine neue Bestimmung — § 1 Abs. 2 — beschränkt wurde auf Wohnungen, deren Jahresfriedensmiete eine bestimmte Grenze nicht übersteigt — Ziffer 1.

§ 12 ist ausgedehnt auf Räume, die bei Teilung einer Wohnung oder bei Ausbau von Gewerberäumen gewonnen werden oder als Resträume verbleiben — Ziffer 3.

2. Das Recht der Beschlagnahme der sog. Genossenschaftswohnungen und Betriebswohnungen wird in einem neuen § 13 anderweit geregelt — Ziffer 4.

3. Das Verbot des Gebäudeabbruchs usw. — § 2 — sowie die beschränkte Inanspruchnahme von Betriebswohnungen — § 15 — sind aufgehoben — Ziffer 2 und 5.

4. Die nach Art. V des Notgesetzes vom 24. Februar 1923 — H S. 387 — zulässige Beschlagnahme von Räumen, die zu gesetzwidrigen Zwecken verwendet werden, ist durch Art. VII Abs. 2 NotVO. ab 1. Januar 1932 ausdrücklich verboten.

5. Die Einschränkung des Geltungsbereichs des WMG. hat in Bayern keine unmittelbaren Auswirkungen hinsichtlich der Geltung des MSchG. und RMG.; Art. II Abs. 1 der VO. vom 1. Dez. 1930 gilt in Bayern nicht — H S. 441 und oben S. 73.

Artikel IV.

Das Wohnungsmangelgesetz ist in folgender Fassung anzuwenden:

1. Der § 1 erhält folgenden Absatz 2:

„Die Befugnis der obersten Landesbehörde besteht nicht für Wohnungen, deren Jahresfriedensmiete

a) 800 Mark und mehr in Berlin und den übrigen Orten der Sonderklasse,

b) 600 Mark und mehr in den Orten der Ortsklasse A,

c) 500 Mark und mehr in den Orten der Ortsklasse B,
d) 300 Mark und mehr in den Orten der Ortsklasse C und D

beträgt. Der Reichsarbeitsminister kann mit Zustimmung des Reichsrats die Grenzen herabsetzen."

2. Der § 2 wird gestrichen.
3. Im § 12 Abs. 1 wird folgender zweiter Satz angefügt: „Sie gelten auch nicht bei Teilung einer Wohnung und bei Ausbau von Gewerberäumen (§§ 33a, 33b des Gesetzes über Mieterschutz und Mieteinigungsämter)."
4. Der § 13 erhält folgende Fassung:

„Räume in Gebäuden, die gemeinnützigen Wohnungsunternehmen gehören, sowie Räume, die zur Unterbringung von Angehörigen eines Betriebs von dem Inhaber des Betriebs errichtet oder vor dem 1. Juli 1918 zu Eigentum erworben oder gemietet sind, dürfen von der Gemeindebehörde zur Unterbringung von Wohnungsuchenden nicht in Anspruch genommen werden."

5. Der § 15 wird gestrichen.

Zu Ziffer 1. Die Befugnis der obersten Landesbehörden — § 1 WMG., H S. 387 — zum Erlaß von Anordnungen und Maßnahmen sowie zur Ermächtigung der Gemeindebehörden wird vom 1. Januar 1932 ab — Art. VII — eingeschränkt: auf teuere Wohnungen im Sinne der Ziff. 1 finden die Vorschriften des WMG. keine Anwendung mehr. Diese Wohnungen dürfen frei vermietet, sie können nicht mehr beschlagnahmt werden; Festsetzung des Zwangsmietvertrages nach § 4 ist nicht mehr möglich, die Genehmigung zum Wohnungstausch nach § 8 ist nicht erforderlich. Soweit jedoch beim Wohnungstausch eine Wohnung in Frage kommt, die dem WMG. noch untersteht, ist für diese Wohnung die Genehmigung des zuständigen WA. erforderlich.

Wegen des Begriffs Jahresfriedensmiete vgl. Art. I Anm. 4. Eine Übergangsregelung ist hier nicht getroffen. Die Beschlagnahme, die noch nicht durchgeführt ist, wird daher mit dem 1. Januar 1932 hinfällig, auch wenn sie rechtskräftig ist. Das gilt ebenso von der sog. abstrakten wie von der generellen Beschlagnahme — H S. 398. Die Durchführung der Beschlagnahme durch Verlangen des Abschlusses eines Mietvertrages oder durch Festsetzung des Zwangsmietvertrages — H S. 397, 400 —, ist für die teueren Wohnungen nicht mehr möglich. Bereits bestehende Zwangsmietverträge bleiben von der Aufhebung des WMG. unberührt — H S. 404 —, die Aufhebung erfolgt durch Parteivereinbarung, Aufhebungsurteil oder — soweit das MSchG. keine Geltung mehr hat — auch durch einseitige Kündigung des Vermieters — H S. 401.

Bayern hat durch § 40b WMVO. — oben S. 36 — der veränderten Rechtslage Rechnung getragen.

Zu Ziffer 2. Vgl. H S. 389; für Bayern oben S. 21 und H S. 56, 58. Das Verbot des Abbruchs von Gebäuden und Gebäudeteilen, der Vereinigung mehrerer Wohnungen und ihrer Verwendung zu Nichtwohnzwecken ist ab 1. Januar 1932 für alle Gemeinden aufgehoben. Wegen der Anzeigepflicht § 3 Abs. 2 WMVO., oben S. 21. Übersehen ist die Streichung der auf § 2 bezüglichen Strafvorschrift in § 17 Ziff. 1 — H S. 436.

Zu Ziffer 3. Die Vorschriften des WMG. gelten ab 1. Januar 1932 auch nicht mehr für Räume, die aus Anlaß der Teilung einer Wohnung oder bei Ausbau von Gewerberäumen neugewonnen werden oder verbleiben. Der befristete Ausschluß der Beschlagnahmemöglichkeit in § 33a Abs. 2 MSchG. sowie das Verbot der Beschlagnahme der neuen Wohnung in Abs. 3 ist durch die Neuregelung in Ziff. 3 überholt. Wegen der Aufhebung des MSchG. und des RMG. für diese Räume vgl. Art. II Nr. 2, Art. III und Erl.

Für Bayern vgl. § 40 WMVO., oben S. 36; § 2 Ziff. 2 der VI. LockVO., oben S. 15.

Zu Ziffer 4 und 5. Die Gebäude gemeinnütziger Wohnungsunternehmen sind wie bisher beschlagnahmefrei gemäß § 12, soweit es sich um Neubauten usw. handelt. Bei Altbauten durfte nach der bisherigen Fassung des § 13 — H S. 427 — die Beschlagnahme der Räume erst vorgenommen werden, wenn die Gesellschaft innerhalb der ihr gestellten Frist die Wohnung an ein Mitglied nicht vergeben hat. Nunmehr ist die Beschlagnahme in jedem Falle ausgeschlossen; im übrigen aber gelten die Vorschriften des WMG., insbes. die Anmeldepflicht nach § 3 WMG. auch für die Altbauten dieser Wohnungsunternehmen. Soweit deren Gemeinnützigkeit nicht anerkannt — H S. 438 — ist, verbleibt es bei der Geltung aller Vorschriften des WMG.

Für Betriebswohnungen — H S. 264, 271, 430 — ist über die beschränkte Norm des § 15 hinaus — H S. 430 — ab 1. Januar 1932 die gleiche Regelung getroffen: die Beschlagnahme dieser Werkwohnungen ist verboten; im übrigen gelten die Bestimmungen des WMG. Das Tauschrecht des § 8 gilt für diese Räume nicht — H S. 428.

Für Bayern vgl. § 21 WMVO., oben S. 30. Wegen der sog. Hausmeisterwohnungen vgl. § 20 Abs. 2 WMVO., oben S. 29 und H S. 90; § 3 der VI. LockVO., oben S. 16.

2. Vierte Verordnung des Reichspräsidenten zur Sicherung von Wirtschaft und Finanzen und zum Schutze des inneren Friedens.

Vom 8. Dezember 1931 RGBl. I S. 699.

Kapitel I: Geldentwertungsausgleich bei bebauten Grundstücken.

Über die Entwicklung des Problems der Hauszinssteuer geben die Ausführungen H S. 444, 446 Aufschluß. Hieher ist zu bemerken, daß für die nach § 2 der Dritten VO. vom 6. Oktober 1931 zulässige landesrechtliche Sonderregelung die Zustimmung des Reichsfinanzministers nur gegeben wurde, wenn der Antrag bis zum 31. Dez. 1931 beim Reichsfinanzminister eingegangen war § 1 Erster Teil Kapitel V der sog. Anpassungsverordnung vom 23. Dez. 1931 RGBl. I 779, 781. Bayern hat entgegen der ursprünglichen Auffassung die generelle Senkung der Mietzinssteuer — Abgabe zum Ausgleich der Geldentwertung — durchgeführt und zwar bereits ab 1. Januar 1932.

§ 1.

(1) Die Steuer, die nach dem Gesetz über den Geldentwertungsausgleich bei bebauten Grundstücken in der Fassung der Bekanntmachung vom 1. Juni 1926 (Reichsgesetzbl. I S. 251) in Verbindung mit Kapitel I Vierter Teil der Dritten Verordnung des Reichspräsidenten zur Sicherung von Wirtschaft und Finanzen und zur Bekämpfung politischer Ausschreitungen vom 6. Oktober 1931 (Reichsgesetzbl. I S. 537) in den Ländern und Gemeinden erhoben wird (Gebäudeentschuldungsteuer), wird in allen Steuerstufen um folgende Hundertsätze gesenkt:

vom 1. April 1935 ab um 25 vom Hundert,
vom 1. April 1937 ab um weitere 25 vom Hundert.

Vom 1. April 1940 ab wird die Steuer nicht mehr erhoben.

(2) Der Senkung zugrundezulegen ist der volle Jahresbetrag der Steuer, der für das Rechnungsjahr 1932 Geltung hat, ohne Berücksichtigung der niedergeschlagenen oder erlassenen Beträge.

§ 2.

(1) Der Eigentümer ist berechtigt, die sich nach § 1 für die Zeit vom 1. April 1932 bis zum Ablauf des Rechnungsjahres 1939 ergebende Gebäudeentschuldungsteuer in der Zeit bis zum 31. März 1934 durch Zahlung eines einmaligen Betrages abzulösen.

(2) Macht der Eigentümer von dem ihm nach Abs. 1 zustehenden Rechte Gebrauch, so hat er, soweit der Ablösungsbetrag bis zum 30. September 1932[1]) entrichtet wird, das Dreifache, und soweit der Ablösungsbetrag in der Zeit bis zum 31. März 1934 entrichtet wird, das Dreieinhalbfache des vollen Jahresbetrags der Gebäudeentschuldungsteuer (§ 1 Abs. 2) zu zahlen. Neben dem Ablösungsbetrage sind die bis zur

Entrichtung des Ablösungsbetrags fällig gewordenen Gebäudeentschuldungsteuerbeträge zu zahlen, jedoch[1]) sind auf Ablösungsbeträge, die in der Zeit vom 1. April bis zum 30. September 1932 entrichtet werden, die für die Zeit vom 1. April bis zum 30. September 1932 erhobenen Gebäudeentschuldungsteuerbeträge zur Hälfte anzurechnen.

(3) Die Ablösung kann auch teilweise nach näherer Anordnung der Landesregierung erfolgen. Über die Höhe der gezahlten Ablösung und den etwa verbleibenden Restbetrag hat die Steuerbehörde auf Antrag eine Bescheinigung zu erteilen.

(4) Soweit die Gebäudeentschuldungsteuer nach den Landesbestimmungen mit Rücksicht auf die Hilfsbedürftigkeit der Mieter zu stunden und niederzuschlagen ist, bestimmen die Landesregierungen, in welcher Weise die Auswirkungen der Ablösung für hilfsbedürftige Mieter unter Mitwirkung der Fürsorgeverbände auszugleichen sind. Sie haben hierfür die erforderlichen Mittel zur Verfügung zu stellen.

1. In der Fassung der VO. des Reichspräsidenten zur Änderung der Vorschriften über die Ablösung der Gebäudeentschuldungsteuer vom 6. Februar 1932 RGBl. I, 60; in Kraft seit 10. Dezember 1931.

§ 3.

(1) Will der Eigentümer zum Zwecke der Ablösung der Gebäudeentschuldungsteuer ein hypothekarisch gesichertes Darlehen aufnehmen, so kann die Hypothek auf Antrag des Eigentümers mit dem Range vor allen anderen Rechten an dem Grundstück im Grundbuch eingetragen werden. Auf diese Befugnis kann der Eigentümer nicht verzichten.

(2) Der Eigentümer kann auf Grund des Abs. 1 die Hypothek für das Darlehen mit dem Range vor den eingetragenen Rechten nur bis zur Höhe des dreieinhalbfachen Jahresbetrags der Gebäudeentschuldungsteuer und für Zinsen bis zu 6¾ v. H. einschließlich des Verwaltungskostenbeitrags eintragen lassen, keinesfalls aber zu einem höheren Betrag, als die zu zahlende Ablösungssumme zuzüglich eines Zuschlags von 5 v. H. ausmacht.

(3) Die Eintragung soll mit dem Range vor den eingetragenen Rechten nur erfolgen, wenn durch eine Bescheinigung der zuständigen Steuerbehörde nachgewiesen wird, daß

1. der Betrag der Hypothek die Höhe des Ablösungsbetrags einschließlich des Zuschlags von 5 v. H. nicht übersteigt,
2. Rückstände an Gebäudeentschuldungsteuer, die neben dem Ablösungsbetrage noch zu zahlen wären (§ 2 Abs. 2 Satz 2), nicht vorhanden sind,
3. die unmittelbare Entrichtung des Ablösungsbetrags an die zuständige Steuerbehörde erfolgt oder gesichert ist.

(4) Ist das Grundstück mit einer Hypothek oder Grundschuld belastet, so soll die Eintragung der Ablösungshypothek zugunsten eines anderen als des an erster Stelle eingetragenen Gläubigers nur erfolgen, wenn die zuständige Steuerbehörde bescheinigt, daß der an erster Stelle eingetragene Gläubiger zur Darlehensgewährung nicht bereit ist.

(5) Die Hypothek soll im Grundbuch als Ablösungshypothek gemäß Teil II Kapitel I § 3 der Verordnung des Reichspräsidenten vom 8. Dezember 1931 bezeichnet werden.

Neufassung des § 3 durch die VO. vom 6. Febr. 1932 vgl. § 2 Anm. 1.

§ 3a.

(1) Hinsichtlich der Rechte am Grundstück, deren Rang durch die Eintragung der Ablösungshypothek betroffen wird, finden Bestimmungen, die eine vorzeitige Fälligkeit der Schuld für den Fall der Rangänderung oder der Nichteinhaltung bestimmter Beleihungsgrenzen vorsehen, im Falle der Eintragung der Ablösungshypothek keine Anwendung.

(2) Soweit nach reichs- oder landesrechtlichen Vorschriften oder den Satzungen von öffentlichen oder unter Staatsaufsicht stehenden Anstalten oder Unternehmen, Hypotheken, Grundschulden, Rentenschulden oder Reallasten eine bestimmte Rangstelle einnehmen oder sich innerhalb einer bestimmten Sicherheitsgrenze halten müssen, bleibt die Ablösungshypothek außer Betracht.

(3) Gelangt die Forderung, für welche die Hypothek be-

stellt ist, nicht zur Entstehung, so findet § 1163 Abs. 1 Satz 1 BGB. keine Anwendung.

(4) Wird das Darlehen ganz oder teilweise zurückgezahlt, so erlischt die Hypothek in Höhe des zurückgezahlten Betrags. Die Hypothek erlischt ferner mit Ablauf von 10 Jahren seit der Eintragung; die persönliche Forderung bleibt unberührt. Bei der Eintragung der Hypothek ist der Zeitpunkt des Erlöschens im Grundbuch zu vermerken. Im Zwangsversteigerungsverfahren gilt die Hypothek auch nach Ablauf der 10 Jahre als nicht erloschen, wenn der Antrag auf Einleitung des Zwangsversteigerungsverfahrens vor Ablauf der Frist gestellt ist.

Neu eingefügt durch die VO. vom 6. Febr. 1932 vgl. § 2 Anm. 1.

§ 3b.

Die Vorschriften der §§ 3 und 3a finden insoweit keine Anwendung, als mit anderen Staaten getroffene Vereinbarungen entgegenstehen.

Neu eingefügt durch die VO. vom 6. Febr. 1932 vgl. § 2 Anm. 1.

§ 4.

(1) Das laufende Aufkommen an Gebäudeentschuldungsteuer soll vorbehaltlich des Abs. 2 zur Deckung des allgemeinen Finanzbedarfs der Länder und Gemeinden (Gemeindeverbände) dienen.

(2) Die Landesregierungen können bestimmen, ob und inwieweit aus dem Aufkommen Mittel für den Wohnungsbau (Kleinstwohnungsbau, Erhaltung des Altwohnraums, Teilung von Großwohnungen), Mittel für die Abdeckung der von der Umschuldung gemäß dem Dritten Teil Kapitel II der Dritten Verordnung des Reichspräsidenten zur Sicherung von Wirtschaft und Finanzen und zur Bekämpfung politischer Ausschreitungen vom 6. Oktober 1931 nicht erfaßten kurzfristigen Verpflichtungen aus Vorausverfügungen über die Gebäudeentschuldungsteuer und aus Bürgschafts- oder ähnlichen Verpflichtungen, die zur Förderung des Wohnungsbaues eingegangen sind, ferner Mittel für Zins- oder Mietzuschüsse für Neubauwohnungen bereitzustellen sind. Diese Mittel

dürfen ein Fünftel des tatsächlichen Aufkommens für ein Rechnungsjahr nicht übersteigen.

§ 5.

(1) Das Aufkommen aus der Ablösung (§ 2) ist von den laufenden Gebäudeentschuldungsteuerbeträgen getrennt zu vereinnahmen und zu verwalten.

(2) Unbeschadet der Vorschrift des Abs. 3 sind von dem Aufkommen aus der Ablösung zu den im § 4 bezeichneten Zwecken zu verwenden:

a) je ein Drittel der bis zum 31. März 1932 eingehenden Ablösungsbeträge für die Rechnungsjahre 1932 und 1933,

b) je 30 vom Hundert der im Rechnungsjahre 1932 eingehenden Ablösungsbeträge für die Rechnungsjahre 1932 und 1933,

c) 30 vom Hundert der im Rechnungsjahre 1933 eingehenden Ablösungsbeträge für das Rechnungsjahr 1933.

Die Länder können bestimmen, daß weitere 30 vom Hundert des Gesamtaufkommens aus der Ablösung in gleicher Weise für das Rechnungsjahr 1934 zu verwenden sind. Der verbleibende Teil des Aufkommens ist, soweit er nicht nach Abs. 3 in Anspruch zu nehmen ist, zur Abdeckung der Schulden der Länder und Gemeinden zu verwenden. Die näheren Bestimmungen treffen die Landesregierungen.

(3) Soweit sich das laufende Aufkommen an Gebäudeentschuldungsteuer infolge der Ablösung mindert, haben die Länder aus dem Aufkommen aus der Ablösung so viel zur Verfügung zu stellen, daß die Durchführung der Umschuldung der Gemeinden im Rahmen des Dritten Teils Kapitel II § 4 der Dritten Verordnung des Reichspräsidenten zur Sicherung von Wirtschaft und Finanzen und zur Bekämpfung politischer Ausschreitungen vom 6. Oktober 1931 in der Fassung des Vierten Teils Kapitel VII § 1 Nr. 2a gesichert ist.

§ 6.

Der Reichsminister der Finanzen ist befugt, mit Zustimmung des Reichsrats zur Durchführung dieses Kapitels und für den Übergang, insbesondere zur Erleichterung der Ablösung, Rechtsverordnungen und allgemeine Verwaltungsvorschriften zu erlassen und, soweit erforderlich, allgemeine Vorschriften ergänzenden Inhalts zu treffen.

VO. zur Durchführung der Ablösung der Gebäudeentschuldungsteuer vom 11. Febr. 1932 RGBl. I, 67; die Ablösung ist nur bis zum 31. März 1934 zulässig.

§ 7.

Das Gesetz über den Geldentwertungsausgleich bei bebauten Grundstücken in der Fassung der Bekanntmachung vom 1. Juni 1926 (Reichsgesetzbl. I S. 251), des Abänderungsgesetzes vom 22. März 1930 (Reichsgesetzbl. I S. 91), des Siebenten Teils Kapitel III § 27 der Verordnung des Reichspräsidenten zur Sicherung von Wirtschaft und Finanzen vom 1. Dezember 1930 (Reichsgesetzbl. I S. 517) und des Sechsten Teils Kapitel II der Zweiten Verordnung des Reichspräsidenten zur Sicherung von Wirtschaft und Finanzen vom 5. Juni 1931 (Reichsgesetzbl. I S. 279) sowie die zur Durchführung dieses Gesetzes in den Ländern erlassenen Vorschriften treten unbeschadet der Durchführung bereits entstandener Steueransprüche mit dem Ablauf des Rechnungsjahres 1939 außer Kraft; ausgenommen sind die Vorschriften des § 1 Abs. 7 bis 10.

§ 8.

Soweit den Ländern und Gemeinden (Gemeindeverbänden) durch die Senkung der Gebäudeentschuldungsteuer (§ 1) in den Rechnungsjahren 1935 bis 1940 Ausfälle entstehen, die nicht durch die wirtschaftliche Lage bedingt sind, wird das Reich für eine entsprechende Neuordnung des Finanzausgleichs Sorge tragen. Der Berechnung der Ausfälle ist der Sollbetrag der Gebäudeentschuldungsteuer im Rechnungsjahre 1934 zu grunde zu legen.

1. Die landesrechtliche Regelung in Bayern ist umstritten. Bayern hat im Vollzug des § 31 der Dritten Steuernotverordnung vom 14. Febr. 1924 RGBl. I 74 — Grundstücksmiete 2. Aufl. Teil II S. 123 — eine Abgabe zum Ausgleich der Geldentwertung bei bebauten Grundstücken mit Wirkung vom 1. April 1924 eingeführt. Dies geschah durch die VO. vom 31. März 1924 GVBl. S. 133 — Grundstücksmiete a. a. O. S. 140. In dieser VO. wurden zugleich Änderungen und Ergänzungen der Vorschriften über die Entrichtung der Haussteuer verfügt. Die VO. unterscheidet:

a) die Zweckabgabe „zur Förderung des Wohnungsbaues und für Kulturzwecke" — Buchstabe D — sog. **Wohnungsbauabgabe** und

b) die sog. **Mietzinssteuer** — Buchstabe F —, die an Stelle der in den §§ 26ff. der Dritten SteuernotVO. vorgesehenen Abgabe zum Ausgleich der Geldentwertung bei bebauten Grundstücken erhoben wird. Diese Mietzinssteuer dient zur Deckung der finanziellen Bedürfnisse von Staat und Gemeinden.

Nur diese letztere Abgabe wird um 20 v. H. gesenkt, während die Wohnungsbauabgabe eine Minderung nicht erfährt. Die Vertreter der interessierten Wirtschaftsverbände erklären, daß diese Regelung den Bestimmungen der Dritten NotVO. — H S. 445 — nicht entspreche, vielmehr auch die Wohnungsbauabgabe in die Senkung einbezogen werden müsse. Nach dem Wortlaut der VO. vom 31. März 1924 stellt indes nur die sog. Mietzinssteuer eine Geldentwertungsabgabe oder Gebäudeentschuldungsteuer im Sinne der reichsrechtlichen Regelung dar. Vgl. Ehard JW. 1932, 309.

2. Die Bayerische VO. über die Senkung der Abgabe zum Ausgleich der Geldentwertung bei bebauten Grundstücken vom 17. Dez. 1931 StAnz. Nr. 295, GVBl. S. 387, ist bereits am 1. Jan. 1932 in Kraft getreten, während die Dritte NotVO. vom 6. Okt. 1931 — H S. 445 — die Senkung der Abgabe um 20 v. H. erst zum 1. April 1932 vorsieht.

Die VO. vom 17. Dez. 1931 lautet:

Auf Grund des § 8 des Gesetzes vom 1. Juni 1926 über den Geldentwertungsausgleich bei bebauten Grundstücken (RGBl. I S. 251) und des § 1 des Vierten Teiles Kapitels I der Dritten Verordnung des Reichspräsidenten zur Sicherung von Wirtschaft und Finanzen und zur Bekämpfung politischer Ausschreitungen vom 6. Oktober 1931 (RGBl. I S. 537, insbes. S. 551) wird die Abgabe zum Ausgleich der Geldentwertung bei bebauten Grundstücken für die Zeit ab 1. Januar 1932 auf 1320 v. H. der Haussteuer festgesetzt.

Soweit die Abgabe zum Ausgleich der Geldentwertung bei bebauten Grundstücken 1160 v. H. der Haussteuer übersteigt, sind die im Abschnitt IV Abs. I der Verordnung vom 23. Juni 1926 über die Entrichtung einer Abgabe zum Ausgleich der Geldentwertung bei bebauten Grundstücken (GVBl. S. 329) vorgesehenen Vergünstigungen ausgeschlossen. Hiernach haben als Abgabe zum Ausgleich der Geldentwertung ab 1. Januar 1932 zu entrichten:

Grundstücke, die am 31. Dezember 1918 unbelastet waren, 160 v.H. der Haussteuer.

Hat am 31. Dezember 1918 die dingliche privatrechtliche Belastung nicht mehr als 40 v. H. des Friedenswertes betragen, so beträgt die Abgabe

bei einer Belastung bis zu 20 v. H. des Friedenswertes 480 v. H. der Haussteuer;

bei einer Belastung bis zu 30 v. H. des Friedenswertes 760 v.H. der Haussteuer;

bei einer Belastung bis zu 40 v.H. des Friedenswertes 1160 v.H. der Haussteuer.

Beträgt die Belastung über 40 v. H. des Friedenswertes, so ist die Abgabe im vollen Betrage mit 1320 v. H. der Haussteuer zu entrichten.

Die Senkungen errechnen sich aus dem vollen Jahresbetrage der Abgabe zum Ausgleich der Geldentwertung bei bebauten Grundstücken, der für das Rechnungsjahr 1930 Geltung hatte, ohne Abzug der niedergeschlagenen oder nachgelassenen Beträge.

Im übrigen gelten die Verordnungen vom 23. Juni 1926 über die Entrichtung einer Abgabe zum Ausgleich der Geldentwertung bei bebauten Grundstücken (GVBl. S. 329) sowie vom 4. April 1927 über die Erhebung einer Abgabe zur Förderung des Wohnungsbaues und für Kulturzwecke und über die Entrichtung einer Abgabe zum Ausgleich der Geldentwertung bei bebauten Grundstücken vom 4. April 1927 (GVBl. S. 116).

Die erforderlichen Vollzugsvorschriften erläßt das Staatsministerium der Finanzen im Benehmen mit den beteiligten Staatsministerien.

Die VollzVorschriften sind in der Bek. vom 18. Dez. 1931 StAnz. Nr. 295 enthalten.

Kapitel II: Mietsenkung.

Erläutert oben S. 42.

Kapitel III: Außerordentliche Kündigung von Mietverträgen.

Erläutert oben S. 56.

Kapitel IV: Abbau und Beendigung der Wohnungszwangswirtschaft.

Artikel I

enthält Änderungen des Reichsmietengesetzes und des Mieterschutzgesetzes, erläutert S. 69, 88.

Artikel II

enthält Änderungen des Mieterschutzgesetzes, siehe oben S. 73.

Artikel III

enthält eine Änderung des § 16 RMG., unten S. 90.

Artikel IV

enthält Änderungen des Wohnungsmangelgesetzes, oben S. 77.

Artikel V.

Die Zugehörigkeit einer Gemeinde zu den in den Artikeln I, IV bezeichneten Ortsklassen bestimmt sich nach dem auf Grund des § 12 des Reichsbesoldungsgesetzes aufgestellten Ortsklassenverzeichnis.

Artikel VI.

(1) Der Reichsarbeitsminister und der Reichsminister der Justiz können zur Durchführung der Vorschriften dieses Kapitels Rechtsverordnungen und allgemeine Verwaltungsvorschriften erlassen.

(2) Sie werden ermächtigt, den Wortlaut der in den Artikeln I bis IV bezeichneten Gesetze und der Anordnung für das Verfahren vor dem Mieteinigungsamt und der Beschwerdestelle (Reichsgesetzbl. 1923 I S. 889) mit dieser Verordnung in Einklang zu bringen und ihn ganz oder teilweise im Reichsgesetzblatt neu bekanntzumachen.

Artikel VII.

(1) Die Artikel I, II Nr. 2, 3, III treten am 1. April 1932, die übrigen Vorschriften des Artikels II und die Artikel IV, V treten am 1. Januar 1932 in Kraft. Für die Übergangszeit finden die §§ 52b, 52c des Gesetzes über Mieterschutz und Mieteinigungsämter und der § 22a des Reichsmietengesetzes entsprechende Anwendung.

(2) Der Artikel V des Notgesetzes vom 24. Februar 1923 (Reichsgesetzbl. I S. 147) tritt am 1. Januar 1932 außer Kraft.

Artikel VIII

enthält Änderungen der Ersten VO. des Reichspräsidenten vom 1. Dez. 1930 Art. I und II, oben S. 3 und H S. 440.

Kapitel V: Beamtenheimstätten.

§ 2 des Gesetzes über die Abtretung von Beamtenbezügen zum Heimstättenbau vom 30. Juni 1927 RGBl. I S. 133 wird geändert.

C. Mietzinsbildung.

Reichsmietengesetz.

Artikel I.

(1) Die Vorschriften des Reichsmietengesetzes und des Gesetzes über Mieterschutz und Mieteinigungsämter gelten nicht für Mietverhältnisse über Wohnungen, deren Jahresfriedensmiete

a) 1600 Mark und mehr in Berlin,
b) 1400 Mark und mehr in den Orten der Sonderklasse,
c) 1200 Mark und mehr in den Orten der Ortsklasse A,
d) 900 Mark und mehr in den Orten der Ortsklasse B,
e) 600 Mark und mehr in den Orten der Ortsklasse C,
f) 450 Mark und mehr in den Orten der Ortsklasse D

beträgt. Sie gelten auch nicht für Geschäftsräume; doch bleiben Geschäftsräume, die Teile einer Wohnung bilden oder wegen ihres wirtschaftlichen Zusammenhanges mit Wohnräumen zugleich mit solchen vermietet sind, den Vorschriften der genannten Gesetze unterworfen, wenn die Friedensmiete für die Wohn- und Geschäftsräume zusammen hinter den im Satz 1 bezeichneten Grenzen zurückbleibt. Der Reichsarbeitsminister kann mit Zustimmung des Reichsrats die Grenzen herabsetzen.

(2) Der § 49a des Gesetzes über Mieterschutz und Mieteinigungsämter bleibt unberührt. Die Vorschriften des §52e dieses Gesetzes gelten auch für die im Abs. 1 bezeichneten Mietverhältnisse.

1. Die Bestimmungen des Art. I ändern das Anwendungsgebiet des Reichsmietengesetzes in gleichem Umfang wie das Mieterschutzgesetz — oben S. 69. Die Lockerung tritt am 1. April 1932 in Kraft; § 22a RMG. gilt auch noch nach Lockerung des RMG. Art. VII; wegen des maßgebenden Übergangsrechts vgl. oben S. 71 Anm. 3.

Die Mietzinsbildung ist hiernach für die in Art. I bezeichneten Räume der freien Parteivereinbarung anheimgegeben. Die Vorschrift des §49a MSchG. über Mietwucher gilt aber auch für die gelockerten Räume Abs. 2.

Wegen des Begriffs der Jahresfriedensmiete, der Unterscheidung zwischen Wohn- und Geschäftsräumen vgl. oben S. 69. Bei Streit über die Höhe der FM. entscheidet auch weiterhin das MEA. — H S. 472 —, nicht das Gericht. Die Entscheidung des MEA. ist nach der Regel des § 41 MSchG. mit der Rechtsbeschwerde anfechtbar — H S. 326. Bei Streit über die Geltung des RMG. entscheiden im übrigen die ordentlichen Gerichte. Wegen des Stichtages vgl. oben S. 69.

2. Wegen der Nichtanwendung des Art. II der NotVO. vom 1. Dez. 1930 in Bayern vgl. oben S. 72.

3. Untermietverhältnisse sind vom RMG. nicht ausgenommen; § 14 RMG. — H S. 494 — bleibt reichsrechtlich auch nach dem 1. April 1932 in Geltung. Wegen des Wegfalls des Mieterschutzes vgl. Art. II Nr. 3 und oben S. 75.

Wegen der Aufhebung auch des RMG. für Untermietverhältnisse in Bayern vgl. § 7 der V. LockVO. — H S. 53 —; § 6 Abs. 1 der VI. Lock.-VO., oben S. 19, 38.

Artikel III.

Im Reichsmietengesetz ist der § 16 Abs. 1 Satz 1 in folgender Fassung anzuwenden:

„Die Vorschriften dieses Gesetzes finden auf Neubauten oder durch Um- oder Einbauten neugeschaffene Räume, wenn sie nach dem 1. Juli 1918 bezugsfertig geworden sind oder künftig bezugsfertig werden, keine Anwendung. Sie gelten auch nicht bei Teilung einer Wohnung und bei Ausbau von Gewerberäumen (§§ 33a, 33b des Gesetzes über Mieterschutz und Mieteinigungsämter)."

Art. III beschränkt sich auf eine Änderung des § 16 Abs. 1 Satz 1; die übrigen Bestimmungen des § 16, insbes. auch des Abs. 2 — Neubauten in kriegszerstörten Gebieten — bleiben aufrechterhalten — H S. 498.

Die Einfügung des Satzes 2 dehnt entsprechend der Regelung in Art. II Nr. 2 und Art. IV Nr. 3 die Sonderstellung der neugewonnenen Wohnung auch auf dem Gebiete der RMG. aus auf die Resträume, die bei Teilung einer Wohnung oder bei Ausbau von Gewerberäumen entstehen.

Sachregister.

Die Zahlen verweisen auf die Seiten.

Kolibri 360 GmbH
Ferdinand-Jühlke-Straße 7
99095 Erfurt, Deutschland
produktsicherheit@kolibri360.de

Die Preußischen Besoldungsgesetze

vom 17. Dezember 1920

— ———

Herausgegeben und erläutert von

Dr. Hermann Erythropel

Ministerialrat im Preußischen Finanzministerium,
Geheimen Oberfinanzrat

2. Ergänzungsheft:

Die Gesetze vom 24. November 1921

Berlin 1922

Verlag von H. W. Müller

Druck von Dr. Fr. P. Datterer & Cie., Freising-München.

Vorwort.

Das zweite Ergänzungsheft zur 2. Auflage der „Preußischen Besoldungsgesetze" enthält die Neuerungen, die nach den Gesetzen vom 24. November 1921 für die Dienst- und Versorgungsbezüge der preußischen unmittelbaren Staatsbeamten und Lehrer mit Wirkung vom 1. Oktober 1921 an gelten sollen. Sein Inhalt beschränkt sich auf die Wiedergabe des Textes der genannten Gesetze, dem jedesmal eine kurze Darlegung und Begründung der durch sie eingeführten Änderungen vorausgeschickt ist. Die Aufnahme des Reichssperrgesetzes in den Anhang soll einem vielfach geäußerten Wunsche Rechnung tragen. Die neuen Tafeln aber über Ruhegehalt, Witwengeld und Versorgungszuschlag werden allen denen willkommen sein, deren berufsmäßige Aufgabe es ist, die neuen Dienst- und Versorgungsbezüge rasch und fehlerlos festzusetzen.

Berlin-Schöneberg, im Januar 1922.

Der Herausgeber.

Inhaltsübersicht.

A. Gesetz,

über eine Änderung der Dienst- und Versorgungsbezüge der unmittelbaren Staatsbeamten.

Vom 24. November 1921.
(Gesetzsammlung S. 553.)

Vorbemerkungen.

I Das mit Wirkung vom 1 Oktober 1921 in Kraft getretene Gesetz über eine Änderung der Dienst- und Versorgungsbezüge der unmittelbaren Staatsbeamten vom 24 November 1921 will in engster Übereinstimmung mit dem vom Reichstage am 11 November 1921 angenommenen Gesetz, betreffend eine dritte Ergänzung des Reichsbesoldungsgesetzes vom 30. April 1920 der seit dem Erlaß des Beamten-Diensteinkommensgesetzes (BDEG.) vom 17. Dezember 1920 immer mehr gestiegenen Teuerung aller Lebensbedürfnisse durch eine allgemeine Erhöhung der Grundgehälter, der Ortszuschlagsätze und der Kinderbeihilfe-Beträge Rechnung tragen, wobei gleichzeitig der inzwischen bis zur Grenze des noch eben Erträglichen gesteigerte Ausgleichszuschlagsatz wieder auf ein vernünftiges Maß zurückgeführt wird.

Bei Bemessung der neuen Grundgehaltssätze (Art. I § 1 Ziff VI) wurde neben dem Gesichtspunkt, daß die bisherige Höhe dieser Sätze durch eine weitere Anspannung des Ausgleichszuschlages nicht mehr steigerungsfähig sei, auch der Einfluß berücksichtigt, den die Reichs-Einkommensteuer mit ihren nach oben hin sehr scharf progressiv gesteigerten Abgabebeträgen auf die tatsächlichen Bezüge des Beamten hat Hieraus erklärt sich, daß die Grundgehaltssätze in den höheren Besoldungsgruppen verhältnismäßig mehr gesteigert worden sind, als in den unteren Besoldungsgruppen.

Die Ortszuschlagsätze (Art. I § 1 Ziff. IX sind gegen bisher um durchdurchschnittlich 60 v. H. (Ortsklasse A) bis 31 v. H. (Ortsklasse E) erhöht Aus der Erhöhung der Grundgehaltssätze folgte unmittelbar die Notwendigkeit einer anderen Abgrenzung der Ortszuschlaggruppen, deren Siebenzahl im übrigen beibehalten worden ist. Unmittelbare Folge der Erhöhung der Grundgehaltssätze ist ferner die Änderung der Vorschriften über die Höchstanrechnungsbeträge für Dienstwohnungen (Art. I § 1 Ziff I), welche Höchstanrechnungsbeträge im übrigen durch die Erhöhung der Ortszuschlagsätze automatisch eine Steigerung erfahren, und vor allem die völlige Neugestaltung der „Nachweisung der Dienstbezüge für die nichtplanmäßigen unmittelbaren Staatsbeamten" (Art. I § 1 Ziff X), da die Grundvergütung dieser Beamten in bestimmten Hundertsätzen des Anfangsgrundgehalts ihrer

Eingangsgruppe besteht. Es beruht weiter darauf die Heraufsetzung des Höchstwartegeldes in der Verordnung vom 26. Februar 1919 (Art. I § 1 Ziff. IV) und die Heraufsetzung des Mindest- und Höchstbetrages des Witwengeldes im Hinterbliebenenfürsorgegesetz vom 20. Mai 1882/27. Mai 1907 (Art. I § 1 Ziff. V).

Die Grundbeträge der Kinderbeihilfen sind von bisher 40, 50 und 60 ℳ monatlich auf 150, 200 und 250 ℳ monatlich heraufgesetzt worden (Art. I § 1 Ziff. II Abs. 1).

Der Ausgleichszuschlag ist bis zu einer anderweiten Festsetzung durch den Staatshaushaltsplan bei Grundgehalt, Grundvergütung, Ortszuschlag und Kinderbeihilfen gleichmäßig auf 20 v. H. festgesetzt (Art. I § 1 Ziff. III).

II. Im übrigen ist zu dem Gesetz noch folgendes zu bemerken:

1. Zu Art. I § 1:

Mit Rücksicht darauf, daß durch Art. IV des Reichsgesetzes vom 24. März 1921 zur Änderung des Einkommensteuergesetzes (RGBl. S. 313) der § 16 Abs. 2 des Reichsbesoldungsgesetzes vom 30. April 1920 dahin geändert worden ist, daß mit Wirkung vom 1. April 1920 ab bei der Berechnung der Kinderbeihilfe regelmäßig ein Einkommensbetrag von 1500 ℳ freizubleiben hat und infolgedessen dort in Satz 1 das Wort „einkommensteuerpflichtiges" gestrichen und in Satz 2 die Worte „den steuerfreien Einkommensteil" beide Male durch die Worte „den Betrag von 1500 ℳ" ersetzt sind, hat auch § 17 BDEG. jetzt eine entsprechend sinngemäße Änderung erfahren (Art. I § 1 Ziff. II).

2. Zu Art. I § 2:

Nach Auffassung des Gesetzgebers sind die für die nichtplanmäßigen Beamten und die ihnen gleichgestellten Hilfskräfte neu festgesetzten Grundvergütungen — auch nach Hinzurechnung eines Ausgleichszuschlages von 20 v. H. — zur Zeit noch unzulänglich. In Übereinstimmung mit der gleichen Regelung im Reich sollen diese Personen zu der neuen Grundvergütung und dem ihnen nach § 14 BDEG. nur in Höhe von 80 v. H. zustehenden Ortszuschlag „Notzuschläge" erhalten, die ihnen 95 bis 100 v. H. der neuen Anfangsgrundgehaltssätze ihrer Eingangsgruppe und den vollen Ortszuschlag eintragen.

3. Zu Art. I § 3:

Mit der Neuregelung der Bezüge ist für den einzelnen Beamten eine Änderung seines Besoldungs- oder Anwärter-Dienstalters nicht verbunden. Bei den Beamten, die mit Wirkung vom 1. Oktober 1921 in eine andere Besoldungsgruppe übergetreten sind, soll zur Vermeidung von Härten das Besoldungsdienstalter in der neuen Gruppe noch nach Maßgabe der bisherigen Grundgehaltssätze berechnet werden.

4. Zu Art. II:

Da der Berechnung des Ruhegehalts und des Wartegeldes stets das auf Grund des BDEG. zuletzt bezogene Diensteinkommen zugrunde gelegt wird und Witwen- und Waisengeld wiederum in gewissen Hundertteilen des Ruhegehalts bestehen, so folgt aus der Neuregelung der Diensteinkommensbezüge ohne weiteres auch eine höhere Bemessung der Versorgungsbezüge der Ruhestandsbeamten und Hinterbliebenen.

Entsprechend dem Vorgehen des Reichs werden auch diesmal wieder die Alt-Versorgungsberechtigten d. h. die zum 1. Oktober 1921 oder zu einem früheren Zeitpunkt in den Ruhestand versetzten Beamten sowie die Hinterbliebenen dieser Beamten und der vor dem 1. Oktober 1921 im Amte verstorbenen Beamten den Neu-Versorgungsberechtigten in ihren Bezügen völlig gleichgestellt, indem das Beamten-Altruhegehaltsgesetz vom 17. Dezember 1920 mit der Maßgabe für anwendbar erklärt wird, daß an Stelle des 1. April 1920 der 1. Oktober 1921 tritt.

5. Zu Art. III:

Die dem Art. 5 des Reichsgesetzes nachgebildete Vorschrift, wonach die neuen Sätze der Berechnung der Versorgungsbezüge nur mit der Maßgabe zugrunde gelegt werden sollen, daß sich keine höheren Beträge ergeben, als bei den Reichsbeamten bei gleichem ruhegehaltsfähigen Diensteinkommen und gleicher ruhegehaltsfähiger Dienstzeit, hat für Preußen nur geringe Bedeutung, weil hier schon jetzt den Ruhegehaltsempfängern und Hinterbliebenen die gleichen Sätze gewährt werden, wie im Reich. Nur, soweit das Wartegeld in Frage kommt, das im Reich nicht überall die gleiche Höhe hat, wie in Preußen, wird eine entsprechende Änderung der Wartegeld-Verordnung vom 26. Februar 1919 und der Hofbeamten-Versorgung vom 10. März 1919 notwendig werden. Vgl. hiezu: FinMinErl. vom 20. Dez. 1921 — I D 1. 3462 — Ziff. 5 (Anhang S. 33).

6. Zu Art. IV:

Ausführungsbestimmungen sind vom Finanzminister zum Gesetz vom 24. November 1921 in der Form einer Vorläufigen Ausführungsanweisung vom 7. November 1921 — Bes. 2846 — erlassen worden. Diese Ausführungsanweisung dient im wesentlichen der beschleunigten Auszahlung der neuen Bezüge. Sie enthält u. a. die Bestimmung, daß Art. I § 3 Abs. 2 des Gesetzes vom 24. November 1921 sinngemäß anzuwenden ist, wenn der Übertritt in eine andere Besoldungsgruppe am 1. November 1921 oder in der Zeit zwischen dem 1. Oktober und 1. November erfolgt ist. Ebenso soll bei den Stellenanwärtern verfahren werden. Sehr wichtig ist ferner die Ausführungsanweisung des Finanzministers, betreffend die Bezüge der Ruhegehaltsempfänger, Wartegeldempfänger und Hinterbliebenen nach dem Gesetz vom 24. November 1921 (GS. S. 553), vom 20. Dezember 1921 — I D 1. 3462 — abgedruckt Anhang S. 32 ff.

Bei gewissen Versorgungsberechtigten, insbesondere bei Witwen, deren Mann nur wenig Dienstjahre hatte, können sich in einzelnen Fällen bei der Neuberechnung der Bezüge geringere Beträge ergeben als bisher, was auch durch die bereits nach § 23 Abs. 2 BDEG. zulässige Erhöhung des Versorgungszuschlages nicht überall in ausreichendem Maße ausgeglichen werden kann. Dies beruht auf dem starken bisherigen Anschwellen des Ausgleichszuschlages, der als Versorgungszuschlag bei solchen Witwen einen unverhältnismäßig hohen Teil ihrer Bezüge ausmachte. Der Finanzminister wird daher in Art. IV ermächtigt, zum Ausgleich von Härten auch über die zulässige Grenze des Versorgungszuschlages hinaus Zuschüsse zum Versorgungszuschlag zu gewähren. Vgl. hierzu FinMinErl. v. 20. Dez. 1921 — I D 1. 3462 Ziff. 6 (Anhang S. 34).

Der Landtag hat folgendes Gesetz beschlossen:

Artikel I.

§ 1. Das Gesetz über das Diensteinkommen der unmittelbaren Staatsbeamten (Beamten-Diensteinkommensgesetz) vom 17. Dezember 1920 (Gesetzsamml. 1921 S. 135) in der Fassung der Verordnung vom 8. Februar 1921 (Gesetzsamml. S. 300) wird wie folgt geändert:

I. In § 7 Abs. 1 Satz 5 (Dienstwohnungen) werden die Zahl 7000 durch 20000, die Zahl 11000 durch 30000 ersetzt.

II. In § 17 (Kinderbeihilfen) erhalten Abs. 1 und Abs. 6 folgende Fassung:

(1) Außer dem Diensteinkommen erhalten die Beamten Kinderbeihilfen in der Weise, daß für jedes Kind bis zum vollendeten 6. Lebensjahre monatlich 150 ℳ, bis zum vollendeten 14. Lebensjahre monatlich 200 ℳ und bis zum vollendeten 21. Lebensjahre monatlich 250 ℳ gezahlt werden. Für Kinder vom 14. bis 21. Lebensjahre wird die Kinderbeihilfe nur gewährt, wenn das Kind kein eigenes Einkommen von mehr als 1500 ℳ jährlich hat. Übersteigt das eigene Einkommen des Kindes den Betrag von 1500 ℳ um weniger als den Betrag der Kinderbeihilfe einschließlich Ausgleichszuschlag (§ 18), so wird die Kinderbeihilfe um den Betrag gekürzt, um den das eigene Einkommen des Kindes den Betrag von 1500 ℳ übersteigt. Als eigenes Einkommen des Kindes gilt auch das dem Beamten kraft der elterlichen Nutznießung aus Kindesvermögen zufließende Einkommen.

(6) Die Kinderbeihilfe fällt weg:

a) mit dem Ablauf des Kalendervierteljahres, in dem die sonstigen Voraussetzungen für ihre Gewährung wegfallen, insbesondere das Beamtenverhältnis endigt, das Kind das 14. oder 21. Lebensjahr vollendet, stirbt oder eine Ehe eingeht,

b) mit dem Ablauf des Monats, in dem das Kind nach vollendetem 14. Lebensjahr ein Einkommen bezieht, das den Betrag von 1500 ℳ um mindestens den Betrag der Kinderbeihilfe einschließlich Ausgleichszuschlag übersteigt.

III. § 18 Absatz 2 (Ausgleichszuschlag) erhält folgende Fassung:

Der Ausgleichszuschlag wird bis zu einer anderweiten Festsetzung durch den Staatshaushaltsplan bei allen in Abs. 1 genannten Bezügen gleichmäßig auf zwanzig vom Hundert festgesetzt.

IV. In § 19 Abs. 1 Ziffer 2 (§ 3 Absatz 2 der Verordnung, betreffend die einstweilige Versetzung der unmittelbaren Staatsbeamten in den Ruhestand vom 26. Februar 1919 Gesetzsamml. S. 33) wird an Stelle von 18000 ℳ 60000 ℳ gesetzt.

V. In § 22 Abs. 1 Ziffer 1 (§ 8 Abs. 2 des Gesetzes, betreffend die Fürsorge für die Witwen und Waisen der unmittelbaren Staatsbeamten vom 20. Mai 1882/27. Mai 1907 Gesetzsamml. S. 298 und 99) wird an Stelle von 900 ℳ und 9000 ℳ gesetzt 3000 ℳ und 28000 ℳ.

VI. In der Anlage 1 (Besoldungsordnung für die planmäßigen unmittelbaren Staatsbeamten) werden die Grundgehaltssätze in den Abschnitten I, II, III und IV wie folgt geändert:

I. Aufsteigende Gehälter.

A. Gehälter mit festen Grundgehaltssätzen.

Gruppe 1: 7500 — 8100 — 8700 — 9300 — 9900 — 10500 — 11000 — 11500 — 12000 ℳ jährlich,

Gruppe 2: 10000 — 10400 — 10800 — 11200 — 11600 — 12000 — 12400 — 12700 — 13000 ℳ jährlich,

Gruppe 3: 11500 — 12000 — 12500 — 13000 — 13400 — 13800 — 14200 — 14600 — 15000 ℳ jährlich,

Gruppe 4: 12500 — 13000 — 13500 — 14000 — 14400 — 14800 — 15200 — 15600 — 16000 ℳ jährlich,

Gruppe 5: 13500 — 14000 — 14500 — 15000 — 15400 — 15800 — 16200 — 16600 — 17000 ℳ jährlich,

Gruppe 6: 14500 — 15200 — 15900 — 16500 — 17100 — 17700 — 18300 — 18900 — 19500 ℳ jährlich,

Gruppe 7: 16000 — 16900 — 17700 — 18500 — 19300 — 20100 — 20900 — 21700 — 22500 ℳ jährlich,

Gruppe 8: 18000 — 19200 — 20400 — 21600 — 22800 — 24000 — 25000 — 26000 ℳ jährlich,

Gruppe 9: 21 000 — 22 500 — 24 000 — 25 500 — 27 000 — 28 500 — 30 000 — 31 000 ℳ jährlich,

Gruppe 10: 25 000 — 26 800 — 28 600 — 30 400 — 32 200 — 33 800 — 35 400 — 37 000 ℳ jährlich,

Gruppe 11: 30 000 — 32 000 — 34 000 — 36 000 — 38 000 — 40 000 — 42 000 — 44 000 ℳ jährlich,

Gruppe 12: 38 000 — 41 500 — 45 000 — 48 000 — 51 000 — 54 000 — 57 000 ℳ jährlich,

Gruppe 13: 53 000 — 60 000 — 67 000 — 74 000 — 80 000 ℳ jährlich.

B. Gehälter mit Mindestgrundgehaltssätzen.

1. Mindestgrundgehaltssätze jährlich: 14 000 — 15 000 — 15 900 — 16 800 — 17 600 — 18 400 — 19 200 — 20 000 ℳ.

2. Mindestgrundgehaltssätze jährlich: 15 500 — 16 500 — 17 500 — 18 400 — 19 300 — 20 200 — 21 100 — 22 000 ℳ.

3. 35 000 ℳ im Durchschnitt. Mindestgrundgehaltssätze jährlich: 25 000 — 27 500 — 30 000 — 32 000 — 34 000 — 36 000 — 38 000 — 40 000 ℳ, höchstens jedoch 54 000 ℳ.

4. 45 850 ℳ im Durchschnitt. Mindestgrundgehaltssätze jährlich: 32 000 — 36 000 — 40 000 — 43 000 — 46 000 — 49 000 — 52 000 — 54 700 ℳ, höchstens jedoch 70 000 ℳ.

5. 51 500 ℳ im Durchschnitt. Mindestgrundgehaltssätze jährlich: 38 000 — 42 000 — 46 000 — 50 000 — 54 000 — 57 000 — 60 000 ℳ, höchstens jedoch 75 000 ℳ.

II. Einzelgehälter.

Gruppe	I	80 000	ℳ jährlich,
"	II	90 000	" "
"	III	105 000	" "
"	IV	140 000	" "
"	V	180 000	" "

VII. In Abschnitt B (Gehälter mit Mindestgrundgehaltssätzen) der Anlage 1 ändert sich die Anmerkung zu Gruppe 1 und 2 wie folgt:

Zu den Mindestgrundgehaltssätzen kann ein ausgleichszuschlagfähiger Ergänzungsbetrag von durchschnittlich 2500 ℳ für jede Stelle mit der Maßgabe gewährt werden, daß das Gesamtgrundgehalt des einzelnen Stelleninhabers bei 1:22500 ℳ bei 2:24500 ℳ jährlich nicht übersteigen darf.

VIII. In den Schlußbemerkungen zur Anlage 1 Abschnitt C (Nebenbezüge) ist die Ziffer 8 in den Absätzen 1 und 2 wie folgt zu ändern:

Bei der Verwaltung des Ministeriums für Wissenschaft, Kunst und Volksbildung, bei der Berg-, Hütten- und Salinenverwaltung, bei der landwirtschaftlichen Verwaltung und bei der Forstverwaltung erhalten die Professoren und Abteilungsvorsteher an den wissenschaftlichen Hochschulen so wie die Direktoren der Forstakademien die für ihre Vorlesungen eingehenden Unterrichtshonorare bis zu 8000 ℳ ganz, von dem darüber hinausgehenden Betrage bis zu 15000 ℳ jährlich 50 v. H. und von dem Jahresbetrag über 15000 ℳ hinaus 20 v. H. An Unterrichtshonorar und sonstigen, aus ihrem akademischen Lehramt herrührenden Nebenbezügen wird den Professoren und den Abteilungsvorstehern eine Mindesteinnahme von 4000 ℳ gewährleistet. Darüber hinaus bleiben den Professoren die ihnen gemäß den Satzungen und dem Haushaltsplan zufließenden Bezüge gesichert.

Zur Ablösung der Beteiligung der Professoren an den Promotionsgebühren kann eine Erhöhung der Honorarabzugsgrenze oder der gewährleisteten Mindesteinnahme durch den Staatshaushalt erfolgen.

IX. Die Anlage 2 (Ortszuschlag) erhält folgende Fassung:

Der Ortszuschlag beträgt für planmäßige Beamte:

Bei einem Grundgehalt	in den Orten der Ortsklasse A	B	C	D	E	Durchschnitt
	jährlich					
	ℳ	ℳ	ℳ	ℳ	ℳ	ℳ
bis 11 500	3200	2400	2000	1600	1200	2080
über 11 500 bis 12 700	4000	3000	2500	2000	1500	2600
„ 12 700 „ 15 200	4800	3600	3000	2400	1800	3120
„ 15 200 „ 16 900	5600	4200	3500	2800	2100	3640
„ 16 900 „ 25 500	6400	4800	4000	3200	2400	4160
„ 25 500 „ 38 000	7200	5400	4500	3600	2700	4680
„ 38 000	8000	6000	5000	4000	3000	5200

X. In der Anlage 3 (Nachweisung der Dienstbezüge für die nichtplanmäßigen unmittelbaren Staatsbeamten) erhält

1. Die Ziffer 1 folgende Fassung:

Es betragen die Grundvergütungssätze vom Beginn des

		1.	2.	3.	4.	5.
		Anwärterdienstjahres ab				
Für	Zivilanwärter	70	80	85	90	95
„	Militäranwärter	80	85	90	95	—
		v. H. des Anfangsgrundgehalts derjenigen Gruppe, in der der Stellenanwärter beim regelmäßigen Verlaufe seiner Dienstlaufbahn zuerst planmäßig angestellt wird				
Gruppe 1:	Zivilanwärter	5 250	6 000	6 375	6 750	7 125
	Militäranwärter	6 000	6 375	6 750	7 125	
„ 2:	Zivilanwärter	7 000	8 000	8 500	9 000	9 500
	Militäranwärter	8 000	8 500	9 000	9 500	
„ 3:	Zivilanwärter	8 050	9 200	9 775	10 350	10 925
	Militäranwärter	9 200	9 775	10 350	10 925	
„ 4:	Zivilanwärter	8 750	10 000	10 625	11 250	11 875
	Militäranwärter	10 000	10 625	11 250	11 875	
„ 5:	Zivilanwärter	9 450	10 800	11 475	12 150	12 825
	Militäranwärter	10 800	11 475	12 150	12 825	
„ 6:	Zivilanwärter	10 150	11 600	12 325	13 050	13 775
	Militäranwärter	11 600	12 325	13 050	13 775	
„ 7:	Zivilanwärter	11 200	12 800	13 600	14 400	15 200
	Militäranwärter	12 800	13 600	14 400	15 200	
„ 8:		12 600	14 400	15 300	16 200	17 100
„ 9:		14 700	16 800	17 850	18 900	19 950
„ 10:		17 500	20 000	21 250	22 500	23 750

2. In Ziffer 3 wird die Zahl 4085 durch die Zahl 9500 ersetzt.

§ 2. Bis zu einer anderweiten Regelung durch den Staatshaushaltsplan erhalten die nichtplanmäßigen Beamten, die wissenschaftlichen Assistenten mit planmäßiger Vergütung an den wissenschaftlichen Hochschulen und die ihnen gleichgestellten Hilfskräfte der wissenschaftlichen Hochschulen, Anstalten und Institute

a) zur Grundvergütung einen Notzuschlag in der Höhe, daß Grundvergütung und Notzuschlag zusammen betragen:

wenn sie Zivilanwärter sind

im 1. Anwärterdienstjahr . . . . 95 v. H.,
„ 2. „ . . . . 95 v. H.,
„ 3. „ . . . . 98 v. H.,

im 4. Anwärterdienstjahr . . . . 100 v. H.,
„ 5. „ . . . . 100 v. H.,
wenn sie Militäranwärter sind
im 1. Anwärterdienstjahr . . . . 95 v. H.,
„ 2. „ . . . . 98 v. H.,
„ 3. „ . . . . 100 v. H.
„ 4. „ . . . . 100 v. H.,

des Anfangsgrundgehalts derjenigen Gruppe, in der sie beim regelmäßigen Verlauf in ihrer Dienstlaufbahn zuerst planmäßig angestellt werden; Anwärterinnen auf Stellen, die in der Besoldungsordnung mit einem † bezeichnet sind, erhalten diese Bezüge um 10 v. H. gekürzt;

b) zu dem nach § 14 des Beamten-Diensteinkommensgesetzes vom 17. Dezember 1920 (Gesetzsamml. 1921 S. 135) 80 v. H. des vollen Ortszuschlages betragenden Ortszuschlag als Notzuschlag die übrigen 20 v. H. des Ortszuschlages.

Auch diese Notzuschläge erhöhen sich um den jeweils geltenden Ausgleichszuschlagssatz.

§ 3. Die am 30. September 1921 im Dienst befindlich gewesenen planmäßigen und nichtplanmäßigen Beamten werden mit ihrem bisherigen Besoldungs- und Anwärterdienstalter in die neuen Dienstbezüge eingewiesen.

Ist ein Beamter mit Wirkung vom 1. Oktober 1921 in eine andere Besoldungsgruppe übergetreten, so erfolgt die Berechnung des Besoldungsdienstalters in der neuen Besoldungsgruppe nach Maßgabe der bisherigen Grundgehaltssätze, bei späterem Übertritt nach Maßgabe der neuen Sätze.

Artikel II.

Mit Wirkung vom Tage des Inkrafttretens dieses Gesetzes sind die Bezüge der Ruhegehaltsempfänger, Wartegeldempfänger und Hinterbliebenen nach den Vorschriften dieses Gesetzes neu zu regeln. Das Beamten-Altruhegehaltsgesetz vom 17. Dezember 1920 (Gesetzsamml. 1921 S. 214) findet mit der Maßgabe Anwendung, daß an Stelle des 1. April 1920 der 1. Oktober 1921 tritt.

Artikel III.

Die neuen Sätze der Grundgehälter und Ortszuschläge werden der Berechnung der Ruhegehälter und Wartegelder nur mit der Maßgabe zugrunde gelegt, daß sich keine höheren Ruhegehälter und Wartegelder ergeben, als sie die in den dauernden oder einstweiligen Ruhestand versetzten Reichsbeamten bei gleichem ruhegehaltsfähigem Diensteinkommen und gleicher ruhegehaltsfähiger Dienstzeit erhalten. Dasselbe gilt sinngemäß für die Hinterbliebenen.

Artikel IV.

§ 1. Die Ausführungsbestimmungen zu diesem Gesetz erläßt der Finanzminister. Er ist insbesondere ermächtigt, zum Ausgleich von Härten Zuschüsse zum Versorgungszuschlag (§ 23 des Beamten-Diensteinkommensgesetzes vom 17. Dezember 1920 [Gesetzsamml. 1921 S. 135]) zu gewähren.

§ 2. Dieses Gesetz tritt mit Wirkung vom 1. Oktober 1921 in Kraft. Mit dem gleichen Tage treten das Gesetz, betreffend die Gewährung von Notzuschlägen vom 18. Dezember 1920 (Gesetzsamml. 1921 S. 218) in der durch das Gesetz vom 14. Jan. 1921 (Gesetzsamml. S. 220) geänderten Fassung, die Verordnung des Preußischen Staatsministeriums über die Gewährung von Notzuschlägen vom 8. Februar 1921 (Gesetzsamml. S. 302) sowie die Verordnung des Preußischen Staatsministeriums über die Gewährung von Notzuschlägen vom 2. September 1921 (Gesetzsamml. S. 510) außer Kraft.

B. Gesetz

zur Abänderung des Gesetzes, betreffend das Diensteinkommen der Lehrer und Lehrerinnen an den öffentlichen Volksschulen, vom 17. Dezember 1920 (Gesetzsamml. S. 623).

Vom 24. November 1921.

(Gesetzsamml. S. 563.)

Vorbemerkungen.

I. Das — mit Ausnahme des Art. I § 1 Abs. 2, 3, 4 und Art. I § 2 — mit Wirkung vom 1. Oktober 1921 in Kraft getretene Gesetz zur Abänderung des Gesetzes, betreffend das Diensteinkommen der Lehrer und Lehrerinnen an den öffentlichen Volksschulen, vom 17. Dezember 1920 (Gesetzsamml. S. 623) vom 24. November 1921 ändert das Volksschullehrer-Diensteinkommensgesetz (VDG.) in mehrfacher Hinsicht.

Nach dem VDG. vom 17. Dezember 1920 erhielten die endgültig angestellten Lehrer und Lehrerinnen in drei Besoldungsgruppen — Gruppe 1, 2 und 3 — aufsteigend, die Grundgehaltssätze in derselben Höhe wie die unmittelbaren Staatsbeamten der Besoldungsgruppen 7, 8 und 9. Dementsprechend wird das Grundgehalt dieser Lehrpersonen den Beträgen angepaßt, welche durch das Gesetz über eine Änderung der Dienst- und Versorgungsbezüge der unmittelbaren Staatsbeamten vom 24. November 1921 für die Besoldungsgruppen 7, 8 und 9 neu festgesetzt sind (Art. I § 1 Abs. 1).

Die durch das letztgenannte Gesetz vorgenommene Erhöhung der Ortszuschlagsätze und die Änderung der Ortszuschlaggruppen gilt gemäß § 9 Abs. 2 VDG. auch für die Volksschullehrpersonen ohne weiteres. Aus der Erhöhung der Ortszuschlagsätze ergibt sich ferner nach § 12 VDG. eine Erhöhung der Höchst-Anrechnungsbeträge für Dienstwohnungen.

Entsprechend den neuen Grundvergütungssätzen für die nichtplanmäßigen unmittelbaren Staatsbeamten sind auch die Sätze der den auftragsweise in freien planmäßigen Schulstellen vollbeschäftigten und einstweilen angestellten Lehrpersonen zu gewährenden Grundvergütung erhöht worden (I § 3 Abs. 1), mit einem Notzuschlag, der dem Notzuschlag der nichtplanmäßigen Staatsbeamten in Besoldungsgruppe 7 nachgebildet ist. Dabei ist beim Notzuschlag zur Grundvergütung, da die Lehrpersonen ein siebenjähriges Diätariat haben, für die ersten beiden Dienstjahre eine Gesamterhöhung von 85 und 90 v. H. des Anfangsgrundgehalts der Gruppe 7 vorgesehen (Art. I § 3 Abs. 2, 4, 5).

Ebenso wie bei den Staatsbeamten ist der Mindestbetrag des Witwengeldes (§ 3 Abs. 2 des Volksschullehrer-Hinterbliebenen-Fürsorgegesetzes vom 4. Dezember 1899/10. Juni 1907) von 900 ℳ auf 3000 ℳ erhöht worden (Art. I § 4).

Nach § 23 VDG. gelten die neuen Grundbeträge der Kinderbeihilfen von 150, 200 und 250 ℳ monatlich auch für die Volksschullehrpersonen ohne weiteres.

Ebenso tritt zu den neuen Dienst- und Versorgungsbezügen der Lehrpersonen nach § 24 Satz 2 VDG. der neue gleichmäßige Ausgleichszuschlag von 20 v. H.

II. Im übrigen ist zu dem Gesetz noch folgendes zu bemerken:

1. Zu Art. I § 1 Abs. 2, 3 und 4:

Die Aufrückungs- und Beförderungsmöglichkeiten der den Besoldungsgruppen 7 und 8 angehörenden unmittelbaren Staatsbeamten waren bisher auf Grund des Besoldungsplanes für das Rechnungsjahr 1920 in den Staatshaushaltsplänen für 1920 und 1921 so geregelt, daß sich die Zahl der aus einer Beamtengattung der Gruppe 7 im Wege der Aufrückung oder Beförderung hervorgegangenen Beamten der Gruppe 8 zu der Zahl der in Gruppe 7 verbleibenden Beamten derselben Gattung verhielt wie 1 zu 2. Dem entsprach bei den Volksschullehrpersonen die bisherige Regelung des § 1 Abs. 2 VDG. Infolge der durch den Staatshaushaltsplan für 1922 in Aussicht genommenen Schaffung vermehrter Aufstiegsmöglichkeiten für die preußischen Staatsbeamten zur Angleichung an die günstigeren Verhältnisse bei den Reichsbeamten soll auch für die Lehrer und Lehrerinnen an den öffentlichen Volksschulen eine andere Regelung der Aufrückungs- und Beförderungsmöglichkeiten eintreten. Sie soll in der Weise erfolgen, daß den ersten Lehrern an Schulen, für die ein Leiter (Leiterin) nicht bestellt ist, und den alleinstehenden Lehrern, bevor sie nach ihrem Dienstalter in eine planmäßige Aufrückungsstelle der Gruppe 2 VDG. eintreten, eine solche verliehen werden kann, aber nicht vor Vollendung einer zehnjährigen ununterbrochenen Dienstzeit in der Stellung eines ersten oder alleinstehenden Lehrers. Bei Versetzung in eine andere Stelle, die nicht zu den in den Abschnitten 1, 2 und 3 der Gruppe 2 gedachten Stellen gehört, soll der Lehrer aber in die Gruppe 1 solange zurücktreten, bis ihm nach seinem Dienstalter eine Aufrückungsstelle der Gruppe 2 verliehen wird. Mit Rücksicht hierauf hat der § 1 Gruppe 2 Abschnitt 4 VDG. die Fassung erhalten: „Die Lehrer, denen nach ihrem Dienstalter oder ihrer Amtsstellung eine planmäßige Aufrückungsstelle verliehen wird."

In Verbindung hiermit wird § 1 Abs. 2 VDG. dahin abgeändert, daß die Gesamtzahl der Aufrückungs- und Beförderungsstellen in den Gruppen 2 und 3 alljährlich im Staatshaushaltsplan mit der Maßgabe festgesetzt wird, daß die Gesamtzahl der Lehrpersonen, die die Bezüge der Gruppen 2 und 3 erhalten, der Gesamtzahl der planmäßigen, der

Regel nach mit endgültig angestellten Lehrern besetzten Stellen der Gruppe 1 entspricht.

Diese Änderung soll erst vom 1. April 1922 ab in Kraft treten.

2. Zu Art. I § 2:

Die bisherige Vorschrift des § 14 VDG., wonach der einer Volksschullehrer-Dienstwohnung auf dem Lande als Zubehör beigegebene Hausgarten ohne Anrechnung auf das Grundgehalt gewährt werden sollte, widersprach den Vorschriften des Reichs-Sperrgesetzes vom 21. Dezember 1920 (RGBl. S. 2117). Künftig soll auch ein derartiger Hausgarten (vgl. § 10 Abs. 1 Satz 1 VDEG.) mit einem angemessenen Betrage auf das Diensteinkommen angerechnet werden.

Diese Bestimmung gilt bereits mit Wirkung vom 1. April 1920 an (Art. IV § 2 Satz 1).

3. Zu Art. I § 5:

Durch die Erhöhung der Gehaltssätze ist auch eine Änderung der in dem § 46 VDG. vorgesehenen Vorausleistungen der Schulverbände (Schulgemeinden) notwendig geworden. An Stelle des für die Stellen der Hauptlehrer, der Hilfsschullehrer und der Lehrer an gehobenen Klassen der Volksschule bisher festgesetzten besonderen Beitrages von 1300 ℳ ist nunmehr ein Betrag von 4000 ℳ an die Landesschulkasse einzuzahlen. Ebenso ist der im § 46 Ziff. 4 für die Stellen der Leiter (Leiterinnen) und Konrektoren (Konrektorinnen) zu zahlende Unterschiedsbetrag zwischen der tatsächlichen Besoldung der Inhaber (Inhaberinnen) dieser Stellen und der Besoldung als Lehrer (Lehrerinnen) in Gruppe 1 geändert worden, dergestalt, daß dieser Unterschiedsbetrag nicht mehr wie bisher um 450 ℳ, sondern um 1500 ℳ vermindert wird. Daraus ergab sich auch die Notwendigkeit einer Änderung der §§ 41 und 42 VDG.

4. Zu Art. I § 6:

Die Aufstellung des Verteilungsplans der Landesschulkasse für das Rechnungsjahr 1920 war, solange die erforderlichen Unterlagen von den Behörden nicht beschafft werden konnten, nicht möglich. Es konnten zunächst nur die im § 58 VDG. vorgesehenen Beiträge für das Vierteljahr Januar bis März 1921 zur Landesschulkasse eingezogen werden. Die Einziehung weiterer Beiträge führte zu Schwierigkeiten, da einzelne Schulverbände (Schulgemeinden) sich nach § 50 Abs. 1 und 2 nur für verpflichtet hielten, Beiträge an die Landesschulkasse auf Grund eines ordnungsmäßig festgestellten Verteilungsplanes oder bis zur Veröffentlichung eines solchen nach den Sätzen des vorhergehenden Jahres zu leisten. Mit Rücksicht hierauf ist behufs Sicherstellung der Einziehung weiterer Beiträge an die Landesschulkasse dem § 58 VDG. der vorgesehene 2. Absatz hinzugefügt worden.

Der neue 3. Absatz sieht die Vorausleistung von Beiträgen von 4800 und 7200 ℳ nebst einem Zuschlag von 20 v. H. auf die Zeit vom 1. Oktober 1921 bis zum 31. März 1923 für die Hauptlehrer- usw. Stellen bzw. Rektor- usw. Stellen aus dem Grunde vor, weil nach den gesetzlichen Bestimmungen für die Bedarfsberechnung und die Aufstellung des Verteilungsplanes der Landesschulkasse der Stand des Diensteinkommens aller Schulstellen am 1. Mai des vorhergehenden

Rechnungsjahres zugrunde zu legen ist. Die neu eintretende Erhöhung der Gehaltssätze und die daraus sich ergebenden Mehrausgaben der Landesschulkasse würden also erst in der Bedarfsberechnung und dem Verteilungsplan für das Rechnungsjahr 1923 Berücksichtigung finden können. Um eine Benachteiligung der Landesschulkasse zu verhüten, ist daher vorgesehen, daß die Schulverbände (Schulgemeinden) für die Zeit von dem Inkrafttreten der Neuregelung bis zum Beginn des Rechnungsjahres 1923 erhöhte Beiträge an die Landesschulkasse leisten müssen.

5. Zu Art. II: Vgl. die Vorbemerkung zu A Ziff. II, 3.

6. Zu Art. III: Vgl. die Vorbemerkung zu A Ziff. II, 4.

7. Zu Art. IV: Vgl. die Vorbemerkung zu A Ziff. II, 6.

Die dort erwähnte Vorläufige Ausführungsanweisung des Finanzministers vom 7. November 1921 bezieht sich auch auf die Änderungen des Volksschullehrer-Diensteinkommensgesetzes.

Der Landtag hat folgendes Gesetz beschlossen:

Artikel I.

Das Volksschullehrer-Diensteinkommensgesetz vom 17. Dez. 1920 (Gesetzsamml. S. 623) wird wie folgt geändert:

§ 1. (1) Im § 1 Abs. 1 werden die Grundgehaltssätze erhöht:

bei Gruppe 1 auf 16000 — 16900 — 17700 — 18500 — 19300 — 20100 — 20900 — 21700 — 22500 ℳ jährlich,

bei Gruppe 2 auf 18000 — 19200 — 20400 — 21600 — 22800 — 24000 — 25000 — 26000 ℳ jährlich,

bei Gruppe 3 auf 21000 — 22500 — 24000 — 25000 — 27000 — 28500 — 30000 — 31000 ℳ jährlich.

(2) Der Abschnitt 4 der Gruppe 2 erhält folgende Fassung:

„Die Lehrer, denen nach ihrem Dienstalter oder nach ihrer Amtsstellung eine planmäßige Aufrückungsstelle verliehen wird."

(3) Der Abs. 2 wird folgendermaßen geändert:

„Die Gesamtzahl der Aufrückungs- und Beförderungsstellen in den Gruppen 2 und 3 ist alljährlich im Staatshaushaltsplane festzusetzen mit der Maßgabe, daß die Gesamtzahl der Lehrpersonen, die die Bezüge der Gruppen 2 und 3 erhalten, der Gesamtzahl der planmäßigen, der Regel nach mit endgültig angestellten Lehrern besetzten Stellen der Gruppe 1 entspricht."

(4) Den ersten Lehrern an Schulen, für die ein Leiter (Leiterin) nicht bestellt, und den alleinstehenden Lehrern kann,

bevor sie nach ihrem Dienstalter in eine planmäßige Aufrückungsstelle der Gruppe 2 eintreten, eine solche verliehen werden, aber nicht vor Vollendung einer zehnjährigen ununterbrochenen Dienstzeit in der Stellung eines ersten oder alleinstehenden Lehrers. Bei Versetzung auf eine andere Stelle, die nicht zu den in den Abschnitten 1, 2 und 3 der Gruppe 2 gedachten Stellen gehört, tritt der Lehrer in die Gruppe 1 solange zurück, bis ihm nach seinem Dienstalter eine Aufrückungsstelle der Gruppe 2 verliehen wird.

§ 2. Im § 14 Abs. 1 werden die Worte „ohne Anrechnung auf das Grundgehalt" durch die Worte „unter Anrechnung auf das Grundgehalt" ersetzt.

Der Abs. 6 fällt weg.

§ 3. (1) Die Grundvergütungssätze im § 18 Abs. 1 für die auftragsweise in freien planmäßigen Schulstellen vollbeschäftigten und einstweilig angestellten Lehrer werden durch folgende ersetzt:
11 200 — 12 800 — 13 600 — 14 400 — 15 200 — 15 200 — 15 200 *M.*

(2) Solange die nicht planmäßig unmittelbaren Staatsbeamten die Notzuschläge nach Artikel 1 § 2 des Gesetzes über eine Änderung der Dienst- und Versorgungsbezüge der unmittelbaren Staatsbeamten vom 24. November 1921 (Gesetzsamml. S. 553) beziehen, erhalten die auftragsweise in freien planmäßigen Schulstellen vollbeschäftigten und einstweilig angestellten Lehrer bis zur Vollendung des siebenten Dienstjahres zu den oben angegebenen Grundvergütungssätzen einen Notzuschlag in der Höhe, daß Grundvergütung und Notzuschlag zusammen betragen 85, 90, 95, 95, 98, 100, 100 v. H. des Anfanggrundgehalts der Gruppe 1. Lehrerinnen erhalten die Bezüge um 10 v. H. gekürzt.

(3) Die Sätze 1 und 2 im Abs. 1 des § 18 werden entsprechend geändert.

(4) Die in diesem Paragraphen genannten Lehrer (Lehrerinnen) erhalten ferner zu dem nach § 20 des Volksschullehrer-Diensteinkommensgesetzes 80 v. H. des vollen Ortszuschlages betragenden Ortszuschlag als Notzuschlag, die übrigen 20 v. H. des Ortszuschlages.

(5) Auch diese Notzuschläge erhöhen sich um den jeweils geltenden Ausgleichszuschlagsatz.

§ 4. Im § 26 Ziffer 1 des Volksschullehrer-Diensteinkommensgesetzes (§ 3 Abs. 2 des Gesetzes, betreffend die Fürsorge für die Witwen und Waisen der Lehrer an den öffentlichen Volksschulen, vom 4. Dezember 1899 [Gesetzsamml. S. 587] in der Fassung des Gesetzes vom 10. Juni 1907 [Gesetzsamml. S. 137]) wird an Stelle von 900 ℳ gesetzt 3000 ℳ.

§ 5. (1) In den §§ 41 Abs. 1 unter bb, 42 Abs. 1 unter b und 46 Ziffer 3 unter a wird der Betrag von 1300 ℳ durch 4000 ℳ ersetzt. Der gleiche Betrag ist auch im § 41 Abs. 1 unter cc und dd und im § 42 Abs. 1 unter c und d anzusetzen.

(2) In den §§ 41 Abs. 1 unter ee, 42 Abs. 1 unter e und 46 Ziffer 4 unter a tritt an die Stelle des Betrages von 450 ℳ der Betrag von 1500 ℳ. Der gleiche Betrag gilt auch für § 41 Abs. 1 unter ff und § 42 Abs. 1 unter f.

§ 6. Dem § 58 des Volksschullehrer-Diensteinkommensgesetzes wird folgender zweiter und dritter Absatz angefügt:

(2) Sofern es erforderlich ist, können bis zur erstmaligen Feststellung eines Verteilungsplanes der Landesschulkasse der Unterrichtsminister und der Finanzminister unter Zustimmung des Kassenanwalts Beitragssätze bestimmen, die als Sätze des vorhergehenden Jahres im Sinne der Vorschrift des § 50 Abs. 2 des Gesetzes zu gelten haben.

(3) Die im § 46 Ziffer 3 bezeichneten Schulverbände (Schulgemeinden) haben für jede dort genannte Stelle auf die Zeit vom 1. Oktober 1921 bis 31. März 1923 einen Betrag von jährlich 4800 ℳ nebst einem Zuschlag von 20 v. H. und die in Ziffer 4 gedachten Schulverbände (Schulgemeinden) für jede daselbst bezeichnete Stelle auf den gleichen Zeitraum einen Betrag von jährlich 7200 ℳ nebst einem Zuschlag von 20 v. H. an die Landesschulkasse an Stelle der gesetzlichen Vorausleistung zu zahlen.

Artikel II.

(1) Die am 30. September 1921 im Dienst befindlich gewesenen endgültig und einstweilig angestellten, sowie die auftragsweise vollbeschäftigten Lehrer (Lehrerinnen) werden mit ihrem bisherigen, dem Volksschullehrer-Diensteinkommensgesetz entsprechenden Besoldungs- und Vergütungsdienstalter in die neuen Dienstbezüge eingewiesen.

(2) Ist ein Lehrer (Lehrerin) mit Wirkung vom 1. Oktober 1921 in eine andere Besoldungsgruppe übergetreten, so erfolgt die Berechnung des Besoldungsdienstalters in der neuen Besoldungsgruppe nach Maßgabe der bisherigen Grundgehaltssätze, bei späterem Übertritt nach Maßgabe der neuen Sätze.

Artikel III.

Mit Wirkung vom Tage des Inkrafttretens dieses Gesetzes sind die Bezüge der Ruhegehaltsempfänger und der Hinterbliebenen nach den Vorschriften dieses Gesetzes neu zu regeln. Das Volksschullehrer-Altruhegehaltsgesetz vom 17. Dezember 1920 (Gesetzsamml. S. 655) findet mit der Maßgabe Anwendung, daß an Stelle des 1. April 1920 der 1. Oktober 1921 tritt.

Artikel IV.

§ 1. Die Ausführungsbestimmungen zu diesem Gesetz erlassen der Unterrichtsminister, der Finanzminister und der Minister des Innern. Der Unterrichtsminister und der Finanzminister sind ermächtigt, zum Ausgleich von Härten Zuschüsse zum Versorgungszuschlag (§ 27 des Volksschullehrer-Diensteinkommensgesetzes) zu gewähren.

§ 2. Dieses Gesetz tritt hinsichtlich des Artikels I § 2 mit Wirkung vom 1. April 1920, hinsichtlich des Artikels I § 1 Abs. 2, 3 und 4 mit Wirkung vom 1. April 1922 und hinsichtlich des Artikels I § 1 Abs. 1 und der übrigen Paragraphen dieses Artikels und der Artikel II bis IV mit Wirkung vom 1. Oktober 1921 in Kraft. Mit dem letzteren Tage treten das Gesetz, betreffend die Gewährung von Notzuschlägen, vom 18. Dezember 1920 (Gesetzsamml. 1921 S. 218) in der durch das Gesetz vom 14. Januar 1921 (Gesetzsamml. S. 220) geänderten Fassung, die Verordnung des Preußischen Staatsministeriums über die Gewährung von Notzuschlägen vom 8. Februar 1921 (Gesetzsamml. S. 302), sowie die Verordnung des Preußischen Staatsministeriums über die Gewährung von Notzuschlägen vom 2. September 1921 (Gesetzsamml. S. 510) außer Kraft.

C. Gesetz

zur Abänderung des Gesetzes über die Besoldung der Lehrer und Lehrerinnen an den öffentlichen mittleren Schulen (Mittelschullehrer-Diensteinkommensgesetz — MDG. —) vom 14. Januar 1921 (Gesetzsamml. S. 325).

Vom 24. November 1921.
(Gesetzsammlung S. 566.)

Vorbemerkung.

1. Zu Art. I:

Nach dem MDG. vom 14. Januar 1921 erhielten die endgültig angestellten Mittelschullehrer und -lehrerinnen in drei Besoldungsgruppen — Gruppe 1, 2 und 3 — aufsteigend, die Grundgehaltssätze in derselben Höhe, wie die unmittelbaren Staatsbeamten der Besoldungsgruppen 8, 9 und 10. Dementsprechend wird mit Wirkung vom 1. Oktober 1921 an der Grundgehalt dieser Lehrpersonen den Beträgen angepaßt, welche durch das Gesetz über eine Änderung der Dienst- und Versorgungsbezüge der unmittelbaren Staatsbeamten vom 24. November 1921 für die Besoldungsgruppen 8, 9 und 10 neu festgesetzt sind. Dabei ist die Zahl der Dienstaltersstufen in Gruppe 2, wo bisher nur die Sätze der drei letzten Dienstaltersstufen der Besoldungsgruppe 9 vorgesehen waren, wie bei den Staatsbeamten auf 8 Dienstaltersstufen erhöht worden.

Nach § 5 Abs. 2, § 6, § 9, § 10 Abs. 2 MDG. nehmen auch die Mittelschullehrpersonen ohne weiteres an den Veränderungen im Ortszuschlag, im Höchstanrechnungsbetrag für Dienstwohnungen, in den Kinderbeihilfen und dem Ausgleichszuschlag teil, welche für die unmittelbaren Staatsbeamten und die Volksschullehrer eingetreten sind. Nach § 8 Abs. 1 MDG. erhöht sich entsprechend den erhöhten Grundgehaltssätzen auch die 80 v. H. des Grundgehalts betragende Grundvergütung der einstweilig angestellten oder auftragsweise vollbeschäftigten Mittelschullehrer und -lehrerinnen.

2. Zu Art. II:

Damit die Landesmittelschulkasse die notwendigen Mittel zur Auszahlung der erhöhten Gehälter sich beschaffen kann, ist es notwendig, die Gehaltserhöhungen schon bei Feststellung des Kassenbedarfs für die Rechnungsjahre 1921 und 1922 zu berücksichtigen.

Der Landtag hat folgendes Gesetz beschlossen:

Artikel I.

Das Mittelschullehrer-Diensteinkommensgesetz vom 14. Jan. 1921 (Gesetzsamml. S. 325) wird wie folgt geändert:

(1) Im § 1 Abs. 1 werden die Grundgehaltssätze mit Wirkung vom 1. Oktober 1921 erhöht:

bei Gruppe 1 auf 18000 — 19200 — 20400 — 21600 — 22800 — 24000 — 25000 — 26000 ℳ jährlich,

bei Gruppe 2 — unter Vermehrung der Gehaltsstufen von 3 auf 8 — auf 21000 — 22500 — 24000 — 25500 — 27000 — 28500 — 30000 — 31000 ℳ jährlich,

bei Gruppe 3 auf 25000 — 26800 — 28600 — 30400 — 32200 — 33800 — 35400 — 37000 ℳ jährlich.

Artikel II.

Bei Feststellung des Bedarfs der Landesmittelschulkasse für die Rechnungsjahre 1921 und 1922 sind die im Artikel I angeordneten Gehaltserhöhungen mit zu berücksichtigen.

D. Gesetz

über eine Änderung der Dienst- und Versorgungsbezüge der Gewerbe- und Handelslehrer.

Vom 24. November 1921.

Vorbemerkung.

Nach dem GDG. vom 10. Juni 1921 erhielten die an nichtstaatlichen öffentlichen und durch den Handelsminister ihnen gleichgestellten Berufsschulen planmäßig angestellten Lehrkräfte in drei Besoldungsgruppen — Gruppe 1, 2 und 3 — aufsteigend die Grundgehaltssätze in derselben Höhe, wie die unmittelbaren Staatsbeamten der Besoldungsgruppen 9, 10 und 11. Dementsprechend wird mit Wirkung vom 1. Oktober 1921 an das Grundgehalt dieser Lehrpersonen den Beträgen angepaßt, welche durch das Gesetz über eine Änderung der Dienst- und Versorgungsbezüge der unmittelbaren Staatsbeamten vom 24. November 1921 für die Besoldungsgruppen 9, 10 und 11 neu festgesetzt ist. Die neuen Grundvergütungssätze entsprechen den Bezügen der nichtplanmäßigen unmittelbaren Staatsbeamten der Gruppe 9 (§ 1 Ziff. I und II).

Nach § 4 Abs. 2, § 5 Abs. 1, § 9, § 10 Abs. 2 GDG. nehmen auch die unter das Gesetz fallenden Gewerbe- und Handelsschullehrpersonen ohne weiteres an den Veränderungen im Ortszuschlag, im Höchstanrechnungsbetrag für Dienstwohnungen, in den Kinderbeihilfen und dem Ausgleichszuschlag teil, welche für die unmittelbaren Staatsbeamten eingetreten sind. Auch im übrigen sollen die Bestimmungen des Gesetzes über eine Änderung der Dienst- und Versorgungsbezüge der unmittelbaren Staatsbeamten sinngemäß Anwendung finden (§ 2).

Der Landtag hat folgendes Gesetz beschlossen:

§ 1. Das Gesetz über das Diensteinkommen der Gewerbe- und Handelslehrer und -lehrerinnen an den gewerblichen, kaufmännischen und hauswirtschaftlichen Berufsschulen (Pflichtfortbildungsschulen) — Gewerbe- und Handelslehrer-Diensteinkommensgesetz (GDG.) — vom 10. Juni 1921 wird, wie folgt, geändert:

I. In § 1 werden die Grundgehaltssätze, wie folgt, festgesetzt:

a) in Gruppe 1: 21000 — 22500 — 24000 — 25500 — 27000 — 28500 — 30000 — 31000 ℳ jährlich,

b) in Gruppe 2: 25000 — 26800 — 28600 — 30400 — 32200 — 33800 — 35400 — 37000 ℳ jährlich,

c) in Gruppe 3: 30000 — 32000 — 34000 — 36000 — 38000 — 40000 — 42000 — 44000 ℳ jährlich.

II. In § 7 werden die Grundvergütungssätze, wie folgt, festgesetzt:
14700 — 16800 — 17850 — 18900 — 19950 ℳ jährlich.

§ 2. Im übrigen finden die Bestimmungen des Gesetzes über eine Änderung der Dienst- und Versorgungsbezüge der unmittelbaren Staatsbeamten sinngemäß Anwendung.

Anhang.

I. Reichsgesetz zur Sicherung einer einheitlichen Regelung der Beamtenbesoldung.

Vom 21. Dezember 1920.

(Reichsgesetzblatt S. 2117.)

Der Reichstag hat das folgende Gesetz beschlossen, das mit Zustimmung des Reichsrats hiermit verkündet wird:

§ 1.

Das Reichsbesoldungsgesetz vom 30. April 1920 und seine späteren Abänderungen und Ergänzungen sowie die Ausführungsbestimmungen hierzu sind für die Regelung der Beamtenbesoldung in den Ländern, Gemeinden und sonstigen öffentlichen Körperschaften in dem Sinne bindend, daß die Dienstbezüge ihrer hauptamtlichen Beamten und Lehrer nicht günstiger geregelt werden dürfen als die gleichzubewertender Reichsbeamten. Bei dieser Regelung sind alle Umstände zu berücksichtigen, die für die Bewertung der Eigenart des betreffenden Beamtenberufs im allgemeinen und der zu beurteilenden Stellen im besonderen in Betracht kommen.

Eine günstigere Regelung ist nur beim Vorliegen besonderer Verhältnisse und aus besonderen Gründen zulässig.

§ 2.

Eine günstigere Regelung im Sinne des § 1 liegt insbesondere vor bei einer Festsetzung höherer Grundgehälter, Ortszuschläge, Kinderzuschläge oder Teuerungszuschläge, bei einer Eingliederung in höhere Besoldungsgruppen oder Dienstaltersstufen, bei einer Bewilligung höherer Zulagen, Nebenbezüge, einmaliger Teuerungszulagen, Beschaffungsbeihilfen oder ähnlicher Bezüge, bei Einstellung einer größeren Zahl von Beförderungsstellen in den Fällen, in denen die planmäßigen Stellen einer Dienstlaufbahn sich auf verschiedene Besoldungsgruppen verteilen und das Reich der Bemessung der Zahl der Stellen in den höheren Besoldungsgruppen ein bestimmtes Verhältnis zugrunde gelegt hat, oder bei sonstigen Abweichungen von den für Reichsbeamte geltenden Besoldungsgrundsätzen zugunsten der Beamten und Lehrer der Länder, Gemeinden oder sonstigen öffentlichen Körperschaften.

Nicht betroffen werden außerordentliche Bewilligungen an einzelne Beamte und Lehrer aus besonderen Gründen sowie Gewinn- und Umsatzanteile für Beamte in werbenden Betrieben.

§ 3.

Die Länder, Gemeinden und sonstigen öffentlichen Körperschaften haben die zur Zeit der Verkündung dieses Gesetzes geltenden, nach dem 31. März 1920 erlassenen oder in Kraft getretenen Vorschriften über Dienstbezüge ihrer Beamten und Lehrer innerhalb dreier Monate nach der Verkündung dieses Gesetzes nach dessen Vorschriften mit Wirkung vom 1. April 1920 ab neu zu regeln, soweit jene Vorschriften günstiger sind, als nach diesem Gesetze zulässig ist. Beamte und Lehrer, die vor der Neuregelung einen Rechtsanspruch auf höhere Dienstbezüge erworben hatten, als sie ihnen nach der Neuregelung zustehen würden, behalten ihre wohlerworbenen Rechte.

Die Frist von drei Monaten kann aus besonderen Gründen im einzelnen Falle vom Reichsrat oder der von ihm bestimmten Behörde bis zur Dauer von sechs Monaten verlängert werden.

§ 4.

Neue Vorschriften der Länder über Dienstbezüge ihrer Beamten und Lehrer einschließlich der nach § 3 erfolgten Neuregelungen sowie der Fälle, in denen die zuständigen Landesbehörden oder ein Landesschiedsgericht für Beamte und Lehrer der Gemeinden und sonstigen öffentlichen Körperschaften einer günstigeren Regelung zugestimmt haben (§ 1 Abs. 2, § 9 Abs. 1, 3) sind von den zuständigen Landesbehörden dem Reichsminister der Finanzen mitzuteilen. Hierbei ist anzugeben, ob und inwiefern diese Vorschriften günstigere Regelungen im Sinne des § 1 Abs. 2 enthalten.

Hält ein Land eine Neuregelung (§ 3) einer nach dem 31. März 1920 erlassenen oder in Kraft getretenen Vorschrift über Dienstbezüge von Beamten oder Lehrern nicht für geboten, so ist diese Vorschrift gleichfalls gemäß Abs. 1 dem Reichsminister der Finanzen mitzuteilen.

§ 5.

Der Reichsminister der Finanzen kann gegen Vorschriften der Länder über Dienstbezüge ihrer Beamten und Lehrer, wenn und soweit diese Vorschriften nach seiner Auffassung eine günstigere Regelung vorsehen, als nach diesem Gesetze zulässig ist, binnen vier Wochen nach der gemäß § 4 an ihn erfolgten Mitteilung Einspruch bei der Regierung des beteiligten Landes erheben.

In gleicher Weise kann er gegen die Zustimmung der zuständigen Landesbehörden oder eines Landesschiedsgerichts zu einer günstigeren Regelung einer Gemeinde oder einer sonstigen öffentlichen Körperschaft Einspruch erheben.

§ 6.

Hat der Reichsminister der Finanzen Einspruch erhoben, so können die Regierung des beteiligten Landes, die Gemeinden oder die sonstigen öffentlichen Körperschaften über die Frage, ob und inwieweit die durch den Einspruch betroffenen Vorschriften nach diesem Gesetze zulässig sind, binnen vier Wochen nach Einlegung des Einspruchs die Entscheidung des Reichsverwaltungsgerichts anrufen.

Dasselbe Recht steht binnen einer Frist von sechs Wochen dem Reichsminister der Finanzen zu.

§ 7.

Bis zur Errichtung des Reichsverwaltungsgerichts tritt an seine Stelle ein Reichsschiedsgericht.

Das Reichsschiedsgericht entscheidet in der Besetzung von einem Vorsitzenden und sechs Beisitzern.

Vorsitzender des Reichsschiedsgerichts ist der Präsident des Reichsgerichts oder ein von ihm bestelltes Mitglied dieses Gerichts.

Zwei ständige Beisitzer und ihre Stellvertreter werden von dem Präsidenten des Reichsgerichts ernannt; sie müssen zum Richteramt oder höheren Verwaltungsdienste befähigt sein. Von den übrigen Beisitzern werden je zwei von dem Reichsminister der Finanzen und dem beteiligten Lande von Fall zu Fall berufen. Das Land ernennt einen der beiden von ihm zu berufenden Beisitzer aus der Zahl der beteiligten Beamten nach Anhörung der Beamtenorganisationen.

Ernennt das Land binnen einer Frist von wenigstens vier Wochen nach Aufforderung durch den Vorsitzenden des Reichsschiedsgerichts die Beisitzer nicht, so werden sie von dem Vorsitzenden des Reichsschiedsgerichts unter Beobachtung der vorstehenden Bestimmungen ernannt.

Die Vorschriften über das Verfahren vor dem Reichsschiedsgericht erläßt der Vorsitzende des Reichsschiedsgerichts.

§ 8.

Ändert das Land — im Falle des § 5 Abs. 2 das Land, die Gemeinde oder die sonstige öffentliche Körperschaft — nach dem Ergehen einer Entscheidung des Reichsverwaltungsgerichts oder des Reichsschiedsgerichts die Vorschriften, gegen die Einspruch erhoben ist, ab, so sind die abgeänderten Vorschriften gemäß § 4 dem Reichsminister der Finanzen mitzuteilen.

Der Reichsminister der Finanzen kann binnen vierzehn Tagen nach dieser Mitteilung wiederum Einspruch erheben, wenn und soweit nach seiner Auffassung die abgeänderten Vorschriften eine günstigere Regelung vorsehen, als nach der Entscheidung des Reichsverwaltungsgerichts oder des Reichsschiedsgerichts zulässig ist.

§§ 6, 7 gelten sinngemäß; an Stelle der im § 6 Abs. 1 genannten Frist von vier Wochen tritt eine solche von vierzehn Tagen, an Stelle der im § 6 Abs. 2 genannten Frist von sechs Wochen eine solche von vier Wochen.

§ 9.

Neue Vorschriften der Gemeinden oder sonstigen öffentlichen Körperschaften über Dienstbezüge ihrer Beamten und Lehrer einschließlich der nach § 3 erfolgten Neuregelungen und der nach Ergehen einer Entscheidung des Reichsverwaltungsgerichts (§ 6), des Reichsschiedsgerichts (§ 7) oder eines Landesschiedsgerichts (§ 9 Abs. 3) vorgenommenen Abänderungen dürfen nicht in Kraft gesetzt werden, bevor sie durch die obersten Landesbehörden, die für die Aufsicht über die Gemeinde oder sonstige öffentliche Körperschaft und für das Beamtenbesoldungswesen zuständig sind, oder durch die von ihnen bestimmten Behörden genehmigt sind.

Die nach Abs. 1 zuständigen Landesbehörden sind berechtigt und verpflichtet, die nach dem 31. März 1920 erlassenen oder in Kraft getretenen Vorschriften der Gemeinden und sonstigen öffentlichen Körperschaften über Dienstbezüge ihrer Beamten und Lehrer, soweit sie günstiger sind, als nach diesem Gesetze zulässig ist, mit Wirkung vom 1. April 1920 ab zu ändern, falls die Gemeinde oder sonstige öffentliche Körperschaft der ihr durch § 3 auferlegten Verpflichtung nicht innerhalb der dort bezeichneten Frist nachgekommen ist. § 3 Abs. 1 Satz 2 findet Anwendung.

Versagt eine zuständige Landesbehörde die nach Abs. 1 erforderliche Genehmigung oder ändert sie eine Vorschrift nach Abs. 2 ab, so kann die Gemeinde oder sonstige öffentliche Körperschaft über die Frage, ob und inwieweit die von ihr erlassenen Vorschriften nach diesem Gesetze zulässig sind, die Entscheidung eines Landesschiedsgerichts anrufen. Die örtliche Zuständigkeit eines Landesschiedsgerichts kann sich auf Teile eines Landesgebiets beschränken, sie kann sich auch über Gebiete mehrerer Länder erstrecken.

Die zur Durchführung vorstehender Anordnungen erforderlichen gesetzlichen Maßnahmen werden von den Ländern getroffen. Die Vorschriften über die Landesschiedsgerichte sind den §§ 6 bis 8 dieses Gesetzes anzupassen.

Bei öffentlichen Körperschaften, die der Aufsicht von Reichsbehörden unterstehen, treten an Stelle der zuständigen Landesbehörden die für die oberste Aufsicht zuständige Reichsbehörde und der Reichsminister der Finanzen.

§ 10.

Neue Vorschriften der Länder über Dienstbezüge ihrer Beamten und Lehrer einschließlich der nach § 3 erfolgten Neuregelungen und der nach Ergehen einer Entscheidung des Reichsverwaltungsgerichts oder des Reichsschiedsgerichts vorgenommenen Abänderungen dürfen nicht in Kraft gesetzt werden, bevor sie von den zuständigen Landesbehörden dem Reichsminister der Finanzen gemäß § 4 mitgeteilt sind und bevor

a) entweder seit der ersten Mitteilung (§ 4 Abs. 1) vier Wochen oder seit der wiederholten Mitteilung (§ 8 Abs. 1) vierzehn Tage verstrichen sind, ohne daß der Reichsminister der Finanzen Einspruch erhoben hat, oder

b) das Reichsverwaltungsgericht oder das Reichsschiedsgericht die Vorschriften für zulässig erklärt hat.

Abs. 1 gilt entsprechend, wenn die zuständigen Landesbehörden oder ein Landesschiedsgericht einer günstigeren Regelung einer Gemeinde oder sonstigen öffentlichen Körperschaft zugestimmt haben (§ 1 Abs. 2, § 9 Abs. 1, 3).

§ 11.

Die im § 10 bezeichneten Vorschriften können mit Zustimmung des Reichsministers der Finanzen früher, als im § 10 vorgesehen ist, in Kraft gesetzt werden.

Soweit die hiernach in Kraft getretenen Vorschriften nach Entscheidung des Reichsverwaltungsgerichts oder des Reichsschiedsgerichts nicht zulässig sind, sind die Länder, Gemeinden und sonstigen öffentlichen Körperschaften verpflichtet, die Vorschriften mit rückwirkender

Kraft nach Maßgabe der Entscheidung zu ändern. § 8 findet Anwendung.

Abs. 2 gilt sinngemäß, wenn der Reichsminister der Finanzen gegen eine ihm nach § 4 Abs. 2 mitgeteilte Vorschrift Einspruch erhoben und das Reichsverwaltungsgericht oder das Reichsschiedsgericht entschieden hat.

§ 12.

Werden Beamte oder Lehrer durch Anwendung dieses Gesetzes in ihren Dienstbezügen rückwirkend schlechter gestellt, so sind die zuviel erhaltenen Beträge nicht zurückzuzahlen.

§ 13.

Dieses Gesetz gilt sinngemäß auch für Wartegelder, Pensionen und Hinterbliebenenbezüge.

§ 14.

Dieses Gesetz tritt mit Ausnahme des § 13 mit Wirkung vom 1. April 1920 in Kraft. Den Zeitpunkt des Inkrafttretens des § 13 bestimmt der Reichsminister der Finanzen.

§ 15.

Dieses Gesetz tritt mit dem 1. April 1923 außer Kraft.

Berlin, den 21. Dezember 1920.

Der Reichspräsident
Ebert.

Der Reichsminister der Finanzen
Dr. Wirth.

II. Ministerialerlasse:

Ausführungsanweisung des Finanzministers, betreffend die Bezüge der Ruhegehaltsempfänger, Wartegeldempfänger und Hinterbliebenen nach dem Gesetz über eine Änderung der Dienst- und Versorgungsbezüge der unmittelbaren Staatsbeamten vom 24. November 1921 (Gesetzsamml. S. 553).

Vom 20. Dezember 1921 — I D 1. 3462 —.

1. Umrechnung der Versorgungsgebührnisse. Nach Art. II sind mit Wirkung vom 1. Oktober 1921 ab die Bezüge der Ruhegehaltsempfänger, Wartegeldempfänger und Hinterbliebenen nach den Vorschriften des neuen Gesetzes neu zu regeln. Dabei findet das Beamtenruhegehaltsgesetz vom 17. Dezember 1920 (Gesetzsamml. 1921 S. 214) mit der Maßgabe Anwendung, daß an die Stelle des 1. 4. 1920 der 1. 10. 1921 tritt.

2. Vordrucke. Die Bezüge der zum 1. 10. 1921 oder zu einem früheren Zeitpunkt in den dauernden oder einstweiligen Ruhestand getretenen Ruhegehaltsempfänger, Wartegeldempfänger und ihrer Hinterbliebenen und der Hinterbliebenen der vor dem 1. 10. 1921 verstorbenen Beamten sind daher unter Zugrundelegung der neuen Gehaltssätze unter Benutzung der in der Anlage vorgeschriebenen und durch Musterbeispiele ausgefüllten Vordrucke*) B 6 I, B 6 I W und B 7 I neu zu berechnen und sofort zur Zahlung anzuweisen.

3. Besoldungsgruppe und Besoldungsdienstalter. Das bei der Umrechnung der Versorgungsgebührnisse auf Grund des BARG. oder bei der Festsetzung der Versorgungsgebührnisse zugrunde gelegte Besoldungsdienstalter und die bei der gleichen Umrechnung oder Festsetzung zugrunde gelegte Besoldungsgruppe bleibt unverändert.

In den Vordrucken sind die vom 1. 4. 1920 ab geltenden und die vom 1. 10. 1921 ab geltenden Besoldungssätze der Gruppen A 1—13 einander gegenübergestellt. Die hiernach zugrunde gelegten Grundgehaltssätze sind zu unterstreichen.

In dem Vordruck nicht vorgesehene Gehaltssätze sind in dem freien Raum unter den Gehaltstafeln ebenfalls nach beiden in Frage kommenden Grundgehalts- oder Grundvergütungssätzen anzugeben.

4. Ruhegehaltsfähige Dienstzeit. Die bei der Umrechnung auf Grund des BARG. oder bei der Festsetzung der Versorgungsgebühr-

*) Hier nicht mit abgedruckt.

nisse zugrunde gelegte ruhegehaltsfähige Dienstzeit, bei der gegebenenfalls bereits zu berücksichtigen war

a) die Zeit der Wiederverwendung während des Krieges auf Grund des § 5 BARG. bei Ruhegehaltsempfängern und Hinterbliebenen solcher,

b) die 1½fache Anrechnung der Heimatdienstzeit während des Krieges auf Grund des Gesetzes vom 23. 11. 1920 — Gesetzsamml. 1921 S. 89,

bleibt unverändert, ebenso wie der der Berechnung des Ruhegehalts oder der Hinterbliebenenbezüge zugrunde gelegte Bruchteil.

5. Umrechnung der Wartegelder. Nach Art. III des Gesetzes werden die neuen Sätze der Grundgehälter und Ortszuschläge der Berechnung der Wartegelder nur mit der Maßgabe zugrunde gelegt, daß sich keine höheren Wartegelder ergeben, als sie die in den einstweiligen Ruhestand versetzten Reichsbeamten bei gleichem ruhegehaltsfähigem Diensteinkommen und gleicher ruhegehaltsfähiger Dienstzeit erhalten.

Auf Grund dieser Bestimmung, die infolge einer entsprechenden Sperrbestimmung der 4. Ergänzung des Reichsbesoldungsgesetzes aufgenommen werden mußte, ist eine Abänderung des § 1 der Verordnung betreffend die einstweilige Versetzung der unmittelbaren Staatsbeamten in den Ruhestand vom 26. 2. 1919 — Gesetzsamml. S. 33 — (Fassung des § 19 BDEG.) und des § 8 der Verordnung über die Versorgung der Hofbeamten und ihrer Hinterbliebenen vom 10. 3. 1919 (Fassung des § 20 BDEG.) zwecks Angleichung an die Vorschriften des § 26 des Reichsbeamtengesetzes vom 17. 5. 1907 (RGBl. S. 245), wonach das Wartegeld in der Regel ¾ des ruhegehaltsfähigen Diensteinkommens beträgt, erforderlich.

Bereits vor Verabschiedung eines entsprechenden ausdrücklichen Abänderungsgesetzes, das bereits in Vorbereitung ist, können aber mit Wirkung vom 1. 10. 1921 die Gebührnisse der Wartegeldempfänger, die gemäß §§ 1 und 2 der Wartegeldverordnung oder §§ 8 und 9 der Hofbeamtenverordnung Wartegeld beziehen, nach der am Eingang dieser Ziffer erwähnten Bestimmung, insoweit die neuen Gehaltssätze zugrunde gelegt werden, nur nach den reichsrechtlichen Bestimmungen des § 26 des Reichsbeamtengesetzes berechnet werden. Dies gilt sowohl für die zum 1. 10. 1921 oder einem früheren Zeitpunkt auf Grund der erwähnten Bestimmungen in den einstweiligen Ruhestand versetzten Beamten, wie für die auf Grund derselben zu einem späteren Zeitpunkt in den einstweiligen Ruhestand versetzten oder in Zukunft zu versetzenden Beamten und Hofbeamten. Nur insoweit sich auf Grund der bis zum 30. September 1921 geltenden Gehaltssätze und der bisherigen Bestimmungen der §§ 1 und 2 der Wartegeld- und 8 und 9 der Hofbeamtenverordnung für einen gewissen Zeitraum höhere Gesamtbezüge der Wartegeldempfänger ergeben, sind die Bezüge für diesen Zeitraum dem Wartegeldempfänger in dieser Höhe zu belassen.

Demgemäß ist bei Wartegeldempfängern, die auf Grund der §§ 1 und 2 Satz 1 der Wartegeldverordnung und der §§ 8 und 9 Satz 1 der

Hofbeamtenverordnung Wartegeld beziehen, das Wartegeld in Höhe von ³/₄ des ruhegehaltsfähigen Diensteinkommens nach den neuen Gehaltssätzen zu berechnen, höchstens jedoch in Höhe von 60000 ℳ, sofern nicht das bis zum Zeitpunkte der Versetzung in den einstweiligen Ruhestand erdiente, unter Zugrundelegung der neuen Gehaltssätze errechnete Ruhegehalt höher ist; in diesem Falle erhält der Wartegeldempfänger dieses Ruhegehalt als Wartegeld.

Bei den Wartegeldempfängern, die auf Grund des § 9 Satz 2 der Hofbeamtenverordnung Wartegeld beziehen, gilt das gleiche, sofern nicht der bisher der Berechnung des Wartegeldes zugrunde gelegte Bruchteil bereits zu einem geringeren Betrage an Wartegeld führen würde. In diesem Falle verbleibt es bei dem bisherigen Bruchteil.

Beispiel: Ein Wartegeldempfänger der Gruppe 2 der Gehaltsstufe 5600 ℳ erhielt vom 1. 4. 1920 ab ein Wartegeld von 7370 ℳ, das sich ab 1. Februar 1925 auf 5929 ℳ verringert hätte. Er erhielt dazu am 30. September einen Versorgungszuschlag in Ortsklasse A von jährlich 6854,10 ℳ, zusammen 14224,10 ℳ. Er würde vom 1. 10. 1921 ab erhalten ein Wartegeld von (11600 ℳ + 2600 ℳ) · ³/₄ = 10650 ℳ und einen Versorgungszuschlag von 10650 ℳ · ²⁰/₁₀₀ = 2130 ℳ, zusammen 12780 ℳ. Zur Erreichung der bisherigen Gebührnisse ist ihm der Versorgungszuschlag um (14224,10 ℳ — 12780 ℳ =) 1444,10 ℳ bis zum 31. Januar 1925 zu erhöhen.

6. Zuschüsse zum Versorgungszuschlag. Nach Art. IV § 1 Satz 2 können zum Ausgleich von Härten Zuschüsse zum Versorgungszuschlag (§ 23 BDEG.) gewährt werden. Solche Härten liegen überall da vor, wo die am 30. September 1921 laufenden Gebührnisse durch die am 1. 10. 1921 neu zu gewährenden nicht erreicht werden. In all diesen Fällen soll zur Erreichung der bisherigen Gebührnisse ein Zuschlag zum Versorgungszuschlag, der bei Kap. 62 Tit. 9 des Staatshaushaltsplans (in der Justizverwaltung bei Kap. 76 Tit. 5, Bergverwaltung Kap. 14 Tit. 9 und Kap. 22 Tit. 3) zu verrechnen ist, gewährt werden. Eine Prüfung, ob dadurch der Vollsatz des Ausgleichszuschlags vom ruhegehaltsfähigen Diensteinkommen überschritten wird, ist nicht erforderlich.

In den Umrechnungsnachweisungen ist daher wie folgt zu verfahren:

a) es sind die nach gesetzlicher Vorschrift zustehenden Jahresbeträge an Versorgungszuschlag, nach dem Stande vom 30. September und vom 1. Oktober 1921, einander gegenüberzustellen.

b) Eine etwa durch ministerielle Verfügung für bestimmte Zeit bewilligte Erhöhung des Versorgungszuschlags auf einen bestimmten Prozentsatz ist unter Zugrundelegung des bisher zugrunde gelegten Prozentsatzes nach dem alten und nach dem neuen Betrage gegenüberzustellen.

c) Eine bisher lediglich zur Erreichung der am 31. März 1920 laufenden Gebührnisse gemäß Ziffer II h 2 der Ausführungsanweisung vom 21. Januar 1921 — FinMinBl. S. 33 — (Justizverwaltung Allgem. Verf. vom 3. 3. 1921, JMBl. S. 146) angewiesene Erhöhung des Versorgungszuschlages ist bei den bisherigen Gebührnissen zu vermerken, ihr jedoch eine Erhöhung des Versorgungszuschlags bei den neuen Gebührnissen nicht gegenüberzustellen.

d) Soweit die hiernach berechneten Versorgungsgebührnisse vom 1. Oktober 1921 ab einschließlich etwaiger Kinderbeihilfen hinter den am 30. September 1921 laufenden Gebührnissen zurückbleiben, ist der Unterschiedsbetrag in der unter der Summe der neuen Gebührnisse vorgesehenen Reihe als zur Erreichung der bisherigen Bezüge vorgenommene Erhöhung des Versorgungszuschlags zu vermerken.

7. Regelung der gezahlten Vorschüsse. Durch Runderlaß des Finanzministers namens sämtlicher Staatsminister vom 11. November 1921 — Bes. 2883 — ist angeordnet, daß als Vorschuß auf die aus der späteren Umrechnung der Versorgungsbezüge sich ergebenden Mehrbeträge, die tatsächlich für November 1921 aus Staatsmitteln gezahlten Versorgungsgebührnisse jeder Art mit dem gleichen Betrage noch einmal gezahlt werden sollten.

Soweit die neuen Gebührnisse die alten nicht übersteigen, Mehrbeträge also nicht vorhanden sind, wird auf die Rückzahlung oder Anrechnung des gezahlten Vorschusses in voller Höhe daher verzichtet. Insoweit ein Mehrbetrag zwar vorhanden ist, der gezahlte Vorschuß den Jahresmehrbetrag aber übersteigt, wird in Höhe des übersteigenden Teils ebenfalls auf die Rückzahlung oder Anrechnung des Vorschusses verzichtet. Nur in der Höhe, in der ein Jahresmehrbetrag vorhanden ist, erfolgt die Anrechnung des Vorschusses, eine volle Anrechnung mithin nur, wenn der Jahresmehrbetrag den gezahlten Vorschuß erreicht oder übersteigt. Die Anrechnung erfolgt in diesen Fällen in der Weise, daß bis zur Abdeckung des anzurechnenden Betrages die bisher gezahlten Gebührnisse fortgezahlt werden.

Zur Ausführung dieser Grundsätze wird folgendes bestimmt:

a) Wenn die am 1. Oktober 1921 laufenden Gebührnisse den am 30. September 1921 laufenden gleich sind, ist der gesamte Vorschuß in Ausgabe zu belassen und dem Soll des Versorgungszuschlags (Kap. 62 Tit. 9) (Justizverwaltung Kap. 76 Tit. 5, Bergverwaltung Kap. 14 Tit. 9 und Kap. 22 Tit. 3) für 1921 hinzuzusetzen. (1. Fall des auf der Rückseite des Umrechnungsformulars vorgesehenen Textes).

b) Wenn die am 1. Oktober 1921 laufenden Gebührnisse zwar die am 30. September 1921 laufenden übersteigen, aber der Mehrbetrag geringer ist als der gezahlte Vorschuß, so ist dieser in Höhe des den Mehrbetrag übersteigenden Teilbetrages in Ausgabe zu belassen und dem Soll des Versorgungszuschlages für 1921 hinzuzusetzen, in Höhe des Mehrbetrages der Gebührnisse dagegen in der Weise anzurechnen, daß die am 30. September 1921 laufenden Gebührnisse fortgezahlt werden und der am Jahresschlusse nicht gedeckte Betrag von der Istausgabe für 1921 abgesetzt und auf das Rechnungsjahr 1922 übertragen wird. (2. Fall des auf der Rückseite des Umrechnungsformulars vorgesehenen Textes).

c) Wenn die am 1. Oktober 1921 laufenden Gebührnisse die am 30. September 1921 laufenden übersteigen und der Mehrbetrag größer als der gezahlte Vorschuß ist, ist der gezahlte Vorschuß in der Weise anzurechnen, daß die am 30. September 1921 laufenden Gebührnisse bis zur Abdeckung des Vorschusses fortgezahlt werden und der am Jahresschluß etwa nicht gedeckte Betrag von der Istausgabe für 1921 abgesetzt und auf das Rechnungsjahr 1922 übertragen wird. (3. Fall des auf der Rückseite des Umrechnungsformulars vorgesehenen Textes).

Die Umrechnungsbehörde hat, wenn ihr die Höhe des tatsächlich gezahlten Vorschusses nicht bekannt ist, bei Prüfung, ob der Fall b oder c vorliegt, davon auszugehen, daß der Monatsbetrag der für den Monat November 1921 nach den vom 1. August 1921 ab geltenden Sätzen zahlbaren Gebührnisse als Vorschuß gezahlt sei.

8. Umrechnungsbehörde. Die Umrechnung der Versorgungsgebührnisse hat durch diejenigen Behörden zu erfolgen, die bisher für die Umrechnungen nach dem BARG. zuständig waren. Die Umrechnungen und Anweisungen der neuen Bezüge sind mit größter Beschleunigung vorzunehmen und die Umrechnungen an dieselbe Regierung weiterzuleiten, an die s. Zt. die Ruhegehalts- oder die Witwen- und Waisengeldnachweisung abgegeben ist. Falls jedoch aus den Akten hervorgeht, daß der Bezugsberechtigte inzwischen in den Bezirk einer anderen Regierung verzogen ist, ist die Anweisung an diese zu senden. In der Justizverwaltung ist nach den Bestimmungen unter III, 2 der Rundverfügung vom 26. Mai 1920 — JMBl. S. 231 — zu verfahren.

Die die Zahlung der Versorgungsgebührnisse regelnde Regierung (Provinzialjustizbehörde, Bergbehörde) ist zur anderweiten Festsetzung der angewiesenen Beträge an Kinderbeihilfen und entsprechender Berichtigung des Jahressolls berechtigt. Sie ist auch berechtigt, sofern durch eine derartige anderweite Regelung der Kinderbeihilfen ein geringerer oder höherer Betrag an Versorgungszuschlag zur Erreichung der bisherigen Gebührnisse zu bewilligen ist, die entsprechende Änderung vorzunehmen.

Im Falle des Todes eines Versorgungsberechtigten vor Abdeckung des anzurechnenden Vorschußbetrages ist auf das etwa gezahlte Gnadenvierteljahr der Vorschuß mit den gleichen Beträgen anzurechnen, mit denen er auf die Versorgungsgebührnisse für den gleichen Zeitraum anzurechnen gewesen wäre. Der im übrigen nicht gedeckte Betrag des Vorschusses ist in Ausgabe zu belassen und dem Soll des Versorgungszuschlags hinzuzusetzen. Eine Anrechnung des Vorschusses auf die etwa zahlbaren Hinterbliebenenbezüge findet nicht statt.

9. Kinderbeihilfensätze. Die für die Umrechnung in Frage kommenden Sätze an Kinderbeihilfen nebst Ausgleichszuschlag für Kinder aller drei Altersstufen in den fünf Ortsklassen, berechnet nach den am 30. September 1921, nach den am 1. Oktober 1921 laufenden Sätzen und nach dem Sollbetrage für 1921, wie sie, soweit nicht besondere Anrechnungen oder Veränderungen im Laufe des Rechnungsjahres Platz greifen, in die Umrechnungsnachweisungen einzusetzen sind, sind folgende:

In Ortsklasse	Für Kinder	am 30. September 1921 ℳ	vom 1. Oktober 1921 ℳ	Soll für das Rechnungsjahr 1921 ℳ
A	bis zum vollendeten 6. Lebensjahr	1440	2160	1720
	„ 14. „	1800	2880	2240
	„ 21. „	2160	3600	2760
B	bis zum vollendeten 6. Lebensjahr	1320	2160	1660
	„ 14. „	1650	2880	2165
	„ 21. „	1980	3600	2670
C	bis zum vollendeten 6. Lebensjahr	1320	2160	1620
	„ 14. „	1650	2880	2115
	„ 21. „	1980	3600	2610
D u. E	bis zum vollendeten 6. Lebensjahr	1200	2160	1560
	„ 14. „	1500	2880	2040
	„ 21. „	1800	3600	2520

10. Witwenpensionen aus den Witwenverpflegungsanstalten. Witwen, die nur Witwenpension aus einer Witwenverpflegungsanstalt (Kap. 60 des Haushalts des Finanzministeriums) beziehen, kann auf Antrag bei Bedürftigkeit Witwengeld und Versorgungszuschlag nach Maßgabe der neuen Sätze vom 1. Oktober 1921 ab durch den Verwaltungschef in Gemeinschaft mit dem Finanzminister bewilligt werden, sofern der Ehemann im unmittelbaren Staatsdienste gestanden hat und entweder durch Pensionierung oder als pensionsberechtigter Beamter durch den Tod aus ihm ausgeschieden ist, und auch sonst die Witwe nach den jetzt geltenden Bestimmungen witwengeldberechtigt wäre. Durch diese Bewilligungen darf jedoch ein Jahreseinkommen von 18000 ℳ nicht überschritten werden. Diese Grenze erhöht sich für Witwen mit Kindern um 3600 ℳ jährlich für jedes Kind. Die bisherige Witwenpension ist aus dem bisherigen Etatstitel fortzuzahlen und auf die neuen Witwengebührnisse anzurechnen. Diese sind im übrigen aus den Fonds für gesetzliche Witwengebührnisse anzuweisen.

Anträge sind dem Verwaltungschef zur Entscheidung unter Beifügung einer Berechnung des zur Gewährung vorgeschlagenen Witwengeldes und der Personalakten, falls diese zu beschaffen sind, vorzulegen. Falls die Personalakten nicht zu beschaffen sind, sind glaubhafte Unterlagen für die Berechnung der Witwengebührnisse anderweit, erforderlichenfalls durch Einforderung der etwa im Besitz der Witwe befindlichen Papiere oder Befragung der Witwe zu beschaffen.

11. Gnadenvierteljahr. Wegen des Gnadenvierteljahrs und der Hinterbliebenenbezüge bei in der Zeit vom 1. Juli 1921 bis zur Verkündung des Gesetzes vom 24. November 1921 im Dienst oder Ruhe-

stand verstorbenen Beamten gelten die Vorschriften der Ausführungsanweisung vom 21. Januar 1921 — FinMinBl. S. 33 unter Ziff. II m 1 und 2 — (Justizverwaltung: AVerf. vom 3. 3. 1921, JMBl. S. 146) entsprechend.

12. Bisherige Ausführungsbestimmungen. Soweit in den vorstehenden Bestimmungen nichts Abweichendes enthalten ist, gelten im übrigen die Vorschriften des Teil II der Ausführungsanweisung vom 21. Januar 1921 — FinMinBl. S. 33 ff. — (Justizverwaltung: AVerf. vom 3. März 1921, JMBl. S. 146) entsprechend.*)

13. Beschaffung der Vordrucke. Der sorgfältig zu ermittelnde und mit Rücksicht auf die bestehende Papierknappheit auf das unbedingt notwendige Maß zu beschränkende Bedarf an Vordrucken für die Umrechnungsnachweisungen (B 6 I, B 6 I W und B 7 I) ist sofort im Bürowege bei dem Kassenbüro der Regierung in Potsdam anzumelden. Dabei sind die bei den verschiedenen Büroabteilungen einer Behörde erforderlichen Vordrucke nicht von jeder Büroabteilung einzeln, sondern von einer Abteilung für sich und die übrigen Büros zusammen zu bestellen.

Zugleich im Namen sämtlicher Herren Staatsminister.

Der Finanzminister.

An die nachgeordneten Behörden.

---

*) S. Erythropel, Preuß. Besoldungsgesetze 2. Aufl. S. 324 ff.

III. Tafeln über Ruhegehalt, Witwengeld und Versorgungszuschlag.

Vorbemerkungen.

1. Das Ruhegehalt beträgt, wenn der Beamte nach vollendetem zehnten, jedoch vor vollendetem elften Dienstjahre in den Ruhestand versetzt wird, $^{20}/_{60}$ und steigt mit jedem weiter zurückgelegten Dienstjahre bis zum vollendeten 30. Dienstjahre um $^{1}/_{60}$ und von da bis zum vollendeten 40. Dienstjahre um $^{1}/_{120}$ des ruhegehaltsfähigen Diensteinkommens (in den Tafeln berücksichtigt: Grundgehalt und ruhegehaltsfähiger Teil des Ortszuschlags). Über $^{90}/_{120}$ findet eine Steigerung nicht statt.

2. Der Jahresbetrag des Ruhegehalts wird auf volle 3 ℳ nach oben abgerundet, das Witwen- und Waisengeld wird dagegen spitz berechnet.

3. Das Witwengeld beträgt 40 v. H. desjenigen Ruhegehalts, zu welchem der Verstorbene berechtigt ist oder berechtigt gewesen sein würde, wenn er am Todestage in den Ruhestand versetzt wäre, jedoch mindestens 3000 ℳ und höchstens 28000 ℳ.

4. Das Waisengeld beträgt:

a) für Kinder, deren leibliche Mutter lebt, und zur Zeit des Todes des Beamten zum Bezuge von Witwengeld berechtigt war (Halbwaisen) $^{1}/_{5}$ des Witwengeldes für jedes Kind;

b) für Kinder, deren leibliche Mutter nicht mehr lebt oder zur Zeit des Todes des Beamten zum Bezuge von Witwengeld nicht berechtigt war (z. B. wenn die Ehe mit dem Beamten bei dessen Ableben geschieden war — Vollwaisen —) $^{1}/_{3}$ des Witwengeldes für jedes Kind.

5. Witwen- und Waisengeld dürfen weder einzeln noch zusammen den Betrag des Ruhegehalts übersteigen, zu welchem der Verstorbene berechtigt gewesen ist oder berechtigt gewesen sein würde, wenn er am Todestage in den Ruhestand versetzt wäre. Bei Anwendung dieser Beschränkung werden das Witwen- und Waisengeld verhältnismäßig gekürzt.

Beispiel: Das Ruhegehalt eines Beamten mit 40 Dienstjahren und einem Grundgehalt von 17 000 ℳ und 4160 ℳ durchschnittlichem Ortszuschlag beträgt 15 870 ℳ.

Beim Vorhandensein einer Witwe und von 3 Halb- und 3 Vollwaisen würden zu gewähren sein:

Witwengeld 40 v. H. von 15 870 ℳ = . .	6 348.— ℳ
Waisengeld $^1/_5$ v. 6 348 ℳ = 1 269.60 × 3 = .	3 808.80 „
Waisengeld $^1/_3$ v. 6 348 ℳ = 2 116 × 3 = . . .	6 348.— „
zusammen:	16 504.80 ℳ

Da jedoch der Ruhegehaltsbetrag von 15 870 ℳ nicht überschritten werden darf, so können nur gewährt werden:

Witwengeld: $\frac{6\,348 \times 15\,870}{16\,504.80}$ =	6 103.85 ℳ
Waisengeld: $\frac{3\,808.80 \times 15\,870}{16\,504.80}$	3 662.30 „
Waisengeld: $\frac{6\,348 \times 15\,870}{16\,504.80}$ =	6 103.85 „
zusammen:	15 870.— ℳ

(Daneben erhält die Witwe als Versorgungszuschlag zum Witwengeld — bei 20 v. H. Ausgleichszuschlag $\frac{1}{2} \times [^{20}/_{100} \times (17\,000 + 4\,160 =)\ 21\,160$ ℳ$] = 2\,116$ ℳ und die Kinderbeihilfe samt Ausgleichszuschlag).

Bei dem Ausscheiden eines Witwen- und Waisengeldberechtigten erhöht sich das Witwen- oder Waisengeld der verbleibenden Berechtigten von dem nächstfolgenden Monat an insoweit, als sie sich noch nicht in dem vollen Genuß der ihnen gebührenden Beträge befinden.

Hat sich der Ruhegehaltsempfänger erst nach seiner Versetzung in den Ruhestand verheiratet oder wieder verheiratet, so erhält seine Witwe kein Witwengeld, auch haben die Kinder aus einer solchen Ehe keinen Anspruch auf Waisengeld und keinen Anspruch auf Kinderbeihilfen.

6. Zum Ruhegehalt und zum Witwengeld wird ein Versorgungszuschlag gewährt; dieser entspricht in der Regel:

a) bei Ruhegehaltsempfängern mit einer ruhegehaltsfähigen Dienstzeit bis zu 19 Jahren und bei allen Witwen: der Hälfte des Betrages, der aus Ausgleichszuschlag auf das zuletzt bezogene ruhegehaltsfähige Diensteinkommen, soweit es aus Grundgehalt oder Grundvergütung und Ortszuschlagsdurchschnitt bestand, entfallen würde,

b) bei Ruhegehaltsempfänger mit einer ruhegehaltsfähigen Dienstzeit von 20 Jahren und mehr: demselben Hundertteil vom Ruhegehalt, der als Ausgleichszuschlag zum Grundgehalt oder zur Grundvergütung und zum Ortszuschlag gewährt wird.

Für die Dauer der Geltung des Gesetzes vom 24. November 1921 (GesSamml. S. 553) über eine Änderung der Dienst- und Versorgungsbezüge der unmittelbaren Staatsbeamten beträgt der Ausgleichszuschlag zum Grundgehalt, zur Grundvergütung und zum Ortszuschlag 20 v. H.

In den nachfolgenden Tafeln ist der Mindestbetrag des Versorgungszuschlags, den die Ruhegehaltsempfänger neben dem Ruhegehalt und die Witwen neben dem Witwengeld zu beziehen haben, im einzelnen angegeben.

Der Höchstbetrag, der beim Vorliegen besonderer Umstände an Versorgungszuschlag gewährt werden kann, beträgt das Doppelte des Betrages, der für einen Ruhegehaltsempfänger mit einer ruhegehaltsfähigen Dienstzeit von 10 bis 19 Jahren zuständig ist.

Beispiel: Ein Ruhegehaltsempfänger, dessen Ruhegehalt von einem Grundgehalt von 17 000 ℳ (und 4 160 ℳ Ortszuschlagsdurchschnitt) und einer ruhegehaltsfähigen Dienstzeit von 40 Jahren auf 15 870 ℳ berechnet ist, erhält dazu einen Versorgungszuschlag von $(15\,870 \times {}^{20}/_{100}) = 3\,174.—$ ℳ.

Volle Dienstjahre	Jahresbetrag des Ruhegehalts und des Witwen- ruhegehaltsfähigen									
	7500			(2080)		8100			(2080)	
	Ruhegehalt			Witwengeld		Ruhegehalt			Witwengeld	
	genau		rund			genau		rund		
	ℳ	₰	ℳ	ℳ	₰	ℳ	₰	ℳ	ℳ	₰
10 = 20/60	3193	33	3195	3000	—	3393	33	3396	3000	—
11 = 21/60	3353	—	3354	3000	—	3563	—	3564	3000	—
12 = 22/60	3512	67	3513	3000	—	3732	67	3735	3000	—
13 = 23/60	3672	33	3675	3000	—	3902	33	3903	3000	—
14 = 24/60	3832	—	3834	3000	—	4072	—	4074	3000	—
15 = 25/60	3991	67	3993	3000	—	4241	67	4242	3000	—
16 = 26/60	4151	33	4152	3000	—	4411	33	4413	3000	—
17 = 27/60	4311	—	4311	3000	—	4581	—	4581	3000	—
18 = 28/60	4470	67	4473	3000	—	4750	67	4752	3000	—
19 = 29/60	4630	33	4632	3000	—	4920	33	4923	3000	—
20 = 30/60	4790	—	4791	3000	—	5090	—	5091	3000	—
21 = 31/60	4949	67	4950	3000	—	5259	67	5262	3000	—
22 = 32/60	5109	33	5112	3000	—	5429	33	5430	3000	—
23 = 33/00	5269	—	5271	3000	—	5599	—	5601	3000	—
24 = 34/60	5428	67	5430	3000	—	5768	67	5769	3000	—
25 = 35/60	5588	33	5589	3000	—	5938	33	5940	3000	—
26 = 36/60	5748	—	5748	3000	—	6108	—	6108	3000	—
27 = 37/60	5907	67	5910	3000	—	6277	67	6279	3000	—
28 = 38/60	6067	33	6069	3000	—	6447	33	6450	3000	—
29 = 39/60	6227	—	6228	3000	—	6617	—	6618	3000	—
30 = 40/60	6386	67	6387	3000	—	6786	67	6789	3000	—
31 = 81/120	6466	50	6468	3000	—	6871	50	6873	3000	—
32 = 82/120	6546	33	6549	3000	—	6956	33	6957	3000	—
33 = 83/120	6626	17	6627	3000	—	7041	17	7044	3000	—
34 = 84/120	6706	—	6708	3000	—	7126	—	7128	3000	—
35 = 85/120	6785	83	6786	3000	—	7210	83	7212	3000	—
36 = 86/120	6865	67	6867	3000	—	7295	67	7296	3000	—
37 = 87/120	6945	50	6948	3000	—	7380	50	7383	3000	—
38 = 88/120	7025	33	7026	3000	—	7465	33	7467	3000	—
39 = 89/120	7105	17	7107	3000	—	7550	17	7551	3020	40
40 = 90/120	7185	—	7185	3000	—	7635	—	7635	3054	—

geldes bei einem Grundgehalt (und einem Ortszuschlag) von ℳ

8700			(2080)		9300			(2080)	
Ruhegehalt			Witwengeld		Ruhegehalt			Witwengeld	
genau		rund			genau		rund		
ℳ	₰	ℳ	ℳ	₰	ℳ	₰	ℳ	ℳ	₰
3593	33	3594	3000	—	3793	33	3795	3000	—
3773	—	3774	3000	—	3983	—	3984	3000	—
3952	67	3954	3000	—	4172	67	4173	3000	—
4132	33	4134	3000	—	4362	33	4365	3000	—
4312	—	4314	3000	—	4552	—	4554	3000	—
4491	67	4494	3000	—	4741	67	4743	3000	—
4671	33	4674	3000	—	4931	33	4932	3000	—
4851	—	4851	3000	—	5121	—	5121	3000	—
5030	67	5031	3000	—	5310	67	5313	3000	—
5210	33	5211	3000	—	5500	33	5502	3000	—
5390	—	5391	3000	—	5690	—	5691	3000	—
5569	67	5571	3000	—	5879	67	5880	3000	—
5749	33	5751	3000	—	6069	33	6072	3000	—
5929	—	5931	3000	—	6259	—	6261	3000	—
6108	67	6111	3000	—	6448	67	6450	3000	—
6288	33	6291	3000	—	6638	33	6639	3000	—
6468	—	6468	3000	—	6828	—	6828	3000	—
6647	67	6648	3000	—	7017	67	7020	3000	—
6827	33	6828	3000	—	7207	33	7209	3000	—
7007	—	7008	3000	—	7397	—	7398	3000	—
7186	67	7188	3000	—	7586	67	7587	3034	80
7276	50	7278	3000	—	7681	50	7683	3073	20
7366	33	7368	3000	—	7776	33	7779	3111	60
7456	17	7458	3000	—	7871	17	7872	3148	80
7546	—	7548	3019	20	7966	—	7968	3187	20
7635	83	7638	3055	20	8060	83	8061	3224	40
7725	67	7728	3091	20	8155	67	8157	3262	80
7815	50	7818	3127	20	8250	50	8253	3301	20
7905	33	7908	3163	20	8345	33	8346	3338	40
7995	17	7998	3199	20	8440	17	8442	3376	80
8085	—	8085	3234	—	8535	—	8535	3414	—

Volle Dienstjahre	Jahresbetrag des Ruhegehalts und des Witwen- ruhegehaltsfähigen									
	9900			(2080)		10 000			(2080)	
	Ruhegehalt			Witwengeld		Ruhegehalt			Witwengeld	
	genau		rund			genau		rund		
	ℳ	₰	ℳ	ℳ	₰	ℳ	₰	ℳ	ℳ	₰
10=20/60	3993	33	3996	3000	—	4026	67	4029	3000	—
11=21/60	4193	—	4194	3000	—	4228	—	4230	3000	—
12=22/60	4392	67	4395	3000	—	4429	33	4431	3000	—
13=23/60	4592	33	4593	3000	—	4630	67	4632	3000	—
14=24/60	4792	—	4794	3000	—	4832	—	4833	3000	—
15=25/60	4991	67	4992	3000	—	5033	33	5034	3000	—
16=26/60	5191	33	5193	3000	—	5234	67	5235	3000	—
17=27/60	5391	—	5391	3000	—	5436	—	5436	3000	—
18=28/60	5590	67	5592	3000	—	5637	33	5640	3000	—
19=29/60	5790	33	5793	3000	—	5838	67	5841	3000	—
20=30/60	5990	—	5991	3000	—	6040	—	6042	3000	—
21=31/60	6189	67	6192	3000	—	6241	33	6243	3000	—
22=32/60	6389	33	6390	3000	—	6442	67	6444	3000	—
23=33/60	6589	—	6591	3000	—	6644	—	6645	3000	—
24=34/60	6788	67	6789	3000	—	6845	33	6846	3000	—
25=35/60	6988	33	6990	3000	—	7046	67	7047	3000	—
26=36/60	7188	—	7188	3000	—	7248	—	7248	3000	—
27=37/60	7387	67	7389	3000	—	7449	33	7452	3000	—
28=38/60	7587	33	7590	3036	—	7650	67	7653	3061	20
29=39/60	7787	—	7788	3115	20	7852	—	7854	3141	60
30=40/60	7986	67	7989	3195	60	8053	33	8055	3222	—
31=81/120	8086	50	8088	3235	20	8154	—	8154	3261	60
32=82/120	8186	33	8187	3274	80	8254	67	8256	3302	40
33=83/120	8286	17	8289	3315	60	8355	33	8358	3343	20
34=84/120	8386	—	8388	3355	20	8456	—	8457	3382	80
35=85/120	8485	83	8487	3394	80	8556	67	8559	3423	60
36=86/120	8585	67	8586	3434	40	8657	33	8658	3463	20
37=87/120	8685	50	8688	3475	20	8758	—	8760	3504	—
38=88/120	8785	33	8787	3514	80	8858	67	8859	3543	60
39=89/120	8885	17	8886	3554	40	8959	33	8961	3584	40
[illegible]=90/1[illegible]	[illegible]	[illegible]	[illegible]	[illegible]94	—	906[illegible]	[illegible]	[illegible]60	[illegible]	[illegible]

geldes bei einem Grundgehalt (und einem Ortszuschlag) von ℳ

10 400 (2080)					10 500 (2080)				
Ruhegehalt			Witwengeld		Ruhegehalt			Witwengeld	
genau		rund			genau		rund		
ℳ	₰	ℳ	ℳ	₰	ℳ	₰	ℳ	ℳ	₰
4160	—	4161	3000	—	4193	33	4194	3000	—
4368	—	4368	3000	—	4403	—	4404	3000	—
4576	—	4578	3000	—	4612	67	4614	3000	—
4784	—	4785	3000	—	4822	33	4824	3000	—
4992	—	4992	3000	—	5032	—	5034	3000	—
5200	—	5202	3000	—	5241	67	5244	3000	—
5408	—	5409	3000	—	5451	33	5454	3000	—
5616	—	5616	3000	—	5661	—	5661	3000	—
5824	—	5826	3000	—	5870	67	5871	3000	—
6032	—	6033	3000	—	6080	33	6081	3000	—
6240	—	6240	3000	—	6290	—	6291	3000	—
6448	—	6450	3000	—	6499	67	6501	3000	—
6656	—	6657	3000	—	6709	33	6711	3000	—
6864	—	6864	3000	—	6919	—	6921	3000	—
7072	—	7074	3000	—	7128	67	7131	3000	—
7280	—	7281	3000	—	7338	33	7341	3000	—
7488	—	7488	3000	—	7548	—	7548	3019	20
7696	—	7698	3079	20	7757	67	7758	3103	20
7904	—	7905	3162	—	7967	33	7968	3187	20
8112	—	8112	3244	80	8177	—	8178	3271	20
8320	—	8322	3328	80	8386	67	8388	3355	20
8424	—	8424	3369	60	8491	50	8493	3397	20
8528	—	8529	3411	60	8596	33	8598	3439	20
8632	—	8634	3453	60	8701	17	8703	3481	20
8736	—	8736	3494	40	8806	—	8808	3523	20
8840	—	8841	3536	40	8910	83	8913	3565	20
8944	—	8946	3578	40	9015	67	9018	3607	20
9048	—	9048	3619	20	9120	50	9123	3649	20
9152	—	9153	3661	20	9225	33	9228	3691	20
9256	—	9258	3703	20	9330	17	9333	3733	20
9360	—	9360	3744	—	9435	—	9435	3774	—

Volle Dienstjahre	Jahresbetrag des Ruhegehalts und des Witwen- ruhegehaltsfähigen									
	10 800			(2080)		11 000			(2080)	
	Ruhegehalt			Witwengeld		Ruhegehalt			Witwengeld	
	genau		rund			genau		rund		
	ℳ	₰	ℳ	ℳ	₰	ℳ	₰	ℳ	ℳ	₰
10 = 20/60	4293	33	4296	3000	—	4360	—	4362	3000	—
11 = 21/60	4508	—	4509	3000	—	4578	—	4578	3000	—
12 = 22/60	4722	67	4725	3000	—	4796	—	4797	3000	—
13 = 23/60	4937	33	4938	3000	—	5014	—	5016	3000	—
14 = 24/60	5152	—	5154	3000	—	5232	—	5232	3000	—
15 = 25/60	5366	67	5367	3000	—	5450	—	5451	3000	—
16 = 26/60	5581	33	5583	3000	—	5668	—	5670	3000	—
17 = 27/60	5796	—	5796	3000	—	5886	—	5886	3000	—
18 = 28/60	6010	67	6012	3000	—	6104	—	6105	3000	—
19 = 29/60	6225	33	6228	3000	—	6322	—	6324	3000	—
20 = 30/60	6440	—	6441	3000	—	6540	—	6540	3000	—
21 = 31/60	6654	67	6657	3000	—	6758	—	6759	3000	—
22 = 32/60	6869	33	6870	3000	—	6976	—	6978	3000	—
23 = 33/60	7084	—	7086	3000	—	7194	—	7194	3000	—
24 = 34/60	7298	67	7299	3000	—	7412	—	7413	3000	—
25 = 35/60	7513	33	7515	3006	—	7630	—	7632	3052	80
26 = 36/60	7728	—	7728	3091	20	7848	—	7848	3139	20
27 = 37/60	7942	67	7944	3177	60	8066	—	8067	3226	80
28 = 38/60	8157	33	8160	3264	—	8284	—	8286	3314	40
29 = 39/60	8372	—	8373	3349	20	8502	—	8502	3400	80
30 = 40/60	8586	67	8589	3435	60	8720	—	8721	3488	40
31 = 81/120	8694	—	8694	3477	60	8829	—	8829	3531	60
32 = 82/120	8801	33	8802	3520	80	8938	—	8940	3576	—
33 = 83/120	8908	67	8910	3564	—	9047	—	9048	3619	20
34 = 84/120	9016	—	9018	3607	20	9156	—	9156	3662	40
35 = 85/120	9123	33	9126	3650	40	9265	—	9267	3706	80
36 = 86/120	9230	67	9231	3692	40	9374	—	9375	3750	—
37 = 87/120	9338	—	9339	3735	60	9483	—	9483	3793	20
38 = 88/120	9445	33	9447	3778	80	9592	—	9594	3837	60
39 = 89/120	9552	67	9555	3822	—	9701	—	9702	3880	80
40 = 90/120	9660	—	9660	3864	—	9810	—	9810	3924	—

geldes bei einem Grundgehalt (und einem Ortszuschlag) von ℳ

11 200			(2080)		11 500			(2080)	
Ruhegehalt			Witwengeld		Ruhegehalt			Witwengeld	
genau		rund			genau		rund		
ℳ	₰	ℳ	ℳ	₰	ℳ	₰	ℳ	ℳ	₰
4426	67	4429	3000	—	4526	67	4527	3000	—
4648	—	4650	3000	—	4753	—	4755	3000	—
4869	33	4871	3000	—	4979	33	4980	3000	—
5090	67	5091	3000	—	5205	67	5208	3000	—
5312	—	5313	3000	—	5432	—	5433	3000	—
5533	33	5535	3000	—	5658	33	5661	3000	—
5754	67	5757	3000	—	5884	67	5886	3000	—
5976	—	5976	3000	—	6111	—	6111	3000	—
6197	33	6198	3000	—	6337	33	6339	3000	—
6418	67	6420	3000	—	6563	67	6564	3000	—
6640	—	6642	3000	—	6790	—	6792	3000	—
6861	33	6864	3000	—	7016	33	7020	3000	—
7082	67	7083	3000	—	7242	67	7245	3000	—
7304	—	7305	3000	—	7469	—	7470	3000	—
7525	33	7527	3010	80	7695	33	7698	3079	20
7746	67	7749	3099	60	7921	67	7923	3169	20
7968	—	7968	3187	20	8148	—	8148	3259	20
8189	33	8190	3276	—	8374	33	8376	3350	40
8410	67	8412	3364	80	8600	67	8601	3440	40
8632	—	8634	3453	60	8827	—	8829	3531	60
8853	33	8856	3542	40	9053	33	9054	3621	60
8964	—	8964	3585	60	9166	58	9168	3667	20
9074	67	9075	3630	—	9279	67	9282	3712	80
9185	33	9186	3674	40	9392	83	9393	3757	20
9296	—	9297	3718	80	9506	—	9507	3802	80
9406	67	9408	3763	20	9619	17	9621	3848	40
9517	33	9519	3807	60	9732	33	9735	3894	—
9628	—	9630	3852	—	9845	50	9846	3938	40
9738	67	9741	3896	40	9958	67	9960	3984	—
9849	33	9852	3940	80	10071	83	10074	4029	60
9960	—	9960	3984	—	10185	—	10185	4074	—

Volle Dienstjahre	Jahresbetrag des Ruhegehalts und des Witwen- ruhegehaltsfähigen 11 600 Ruhegehalt genau		11 600 Ruhegehalt rund	(2600) Witwengeld		12 000 Ruhegehalt genau		12 000 Ruhegehalt rund	(2600) Witwengeld	
	ℳ	₰	ℳ	ℳ	₰	ℳ	₰	ℳ	ℳ	₰
10 = 20/60	4733	33	4734	3000	—	4866	67	4869	3000	—
11 = 21/60	4970	—	4971	3000	—	5110	—	5112	3000	—
12 = 22/60	5206	67	5208	3000	—	5353	33	5355	3000	—
13 = 23/60	5443	33	5445	3000	—	5596	67	5598	3000	—
14 = 24/60	5680	—	5682	3000	—	5840	—	5841	3000	—
15 = 25/60	5916	67	5919	3000	—	6083	33	6084	3000	—
16 = 26/60	6153	33	6156	3000	—	6326	67	6327	3000	—
17 = 27/60	6390	—	6390	3000	—	6570	—	6570	3000	—
18 = 28/60	6626	67	6627	3000	—	6813	33	6816	3000	—
19 = 29/60	6863	33	6864	3000	—	7056	67	7059	3000	—
20 = 30/60	7100	—	7101	3000	—	7300	—	7302	3000	—
21 = 31/60	7336	67	7338	3000	—	7543	33	7545	3018	—
22 = 32/60	7573	33	7575	3030	—	7786	67	7788	3115	20
23 = 33/60	7810	—	7812	3124	80	8030	—	8031	3212	40
24 = 34/60	8046	67	8049	3219	60	8273	33	8274	3309	60
25 = 35/60	8283	33	8286	3314	40	8516	67	8517	3406	80
26 = 36/60	8520	—	8520	3408	—	8760	—	8760	3504	—
27 = 37/60	8756	67	8757	3502	80	9003	33	9006	3602	40
28 = 38/60	8993	33	8994	3597	60	9246	67	9249	3699	60
29 = 39/60	9230	—	9231	3692	40	9490	—	9492	3796	80
30 = 40/60	9466	67	9468	3787	20	9733	33	9735	3894	—
31 = 81/120	9585	—	9585	3834	—	9855	—	9855	3942	—
32 = 82/120	9703	33	9705	3882	—	9976	67	9978	3991	20
33 = 83/120	9821	67	982[illegible]	3928	80	10098	33	10101	4040	40
34 = 84/120	9940	—	9942	3976	80	10220	—	10221	4088	40
35 = 85/120	10058	33	10059	4023	60	10341	67	10344	4137	60
36 = 86/120	10176	67	10179	4071	60	10463	33	10464	4185	60
37 = 87/120	10295	—	10296	4118	40	10585	—	10587	4234	80
38 = 88/120	10413	33	10416	4166	40	10706	67	10707	4282	80
39 = 89/120	10531	67	10533	4213	20	10828	33	10830	4232	—
40 = 90/120	10650	—	10650	4260	—	10950	—	10950	4380	—

geldes bei einem Grundgehalt (und einem Ortszuschlag) von ℳ

12400			(2600)		12 500			(2600)	
Ruhegehalt			Witwengeld		Ruhegehalt			Witwengeld	
genau		rund			genau		rund		
ℳ	₰	ℳ	ℳ	₰	ℳ	₰	ℳ	ℳ	₰
5000	—	5001	3000	—	5033	33	5034	3000	—
5250	—	5250	3000	—	5285	—	5286	3000	—
5500	—	5502	3000	—	5536	67	5538	3000	—
5750	—	5751	3000	—	5788	33	5790	3000	—
6000	—	6000	3000	—	6040	—	6042	3000	—
6250	—	6252	3000	—	6291	67	6294	3000	—
6500	—	6501	3000	—	6543	33	6546	3000	—
6750	—	6750	3000	—	6795	—	6795	3000	—
7000	—	7002	3000	—	7046	67	7047	3000	—
7250	—	7251	3000	—	7298	33	7299	3000	—
7500	—	7500	3000	—	7550	—	7551	3020	40
7750	—	7752	3100	80	7801	67	7803	3121	20
8000	—	8001	3200	40	8053	33	8055	3222	—
8250	—	8250	3300	—	8305	—	8307	3322	80
8500	—	8502	3400	80	8556	67	8559	3423	60
8750	—	8751	3500	40	8808	33	8811	3524	40
9000	—	9000	3600	—	9060	—	9060	3624	—
9250	—	9252	3700	80	9311	67	9312	3724	80
9500	—	9501	3800	40	9563	33	9564	3825	60
9750	—	9750	3900	—	9815	—	9816	3926	40
10000	—	10002	4000	80	10066	67	10068	4027	20
10125	—	10125	4050	—	10192	50	10194	4077	60
10250	—	10251	4100	40	10318	33	10320	4128	—
10375	—	10377	4150	80	10444	17	10446	4178	40
10500	—	10500	4200	—	10570	—	10572	4228	80
10625	—	10626	4250	40	10695	83	10698	4279	20
10750	—	10752	4300	80	10821	67	10824	4329	60
10875	—	10875	4350	—	10947	50	10950	4380	—
11000	—	11001	4400	40	11073	33	11076	4430	40
11125	—	11127	4450	80	11199	17	11202	4480	80
11250	—	11250	4500	—	11325	—	11325	4530	—

Volle Dienstjahre	Jahresbetrag des Ruhegehalts und des Witwen-ruhegehaltsfähigen									
	12 700			(2600)		13 000			(3120)	
	Ruhegehalt			Witwen-geld		Ruhegehalt			Witwen-geld	
	genau		rund			genau		rund		
	M	Pf	M	M	Pf	M	Pf	M	M	Pf
10 = 20/60	5100	—	5100	3000	—	5373	33	5376	3000	—
11 = 21/60	5355	—	5355	3000	—	5642	—	5643	3000	—
12 = 22/60	5610	—	5610	3000	—	5910	67	5913	3000	—
13 = 23/60	5865	—	5865	3000	—	6179	33	6180	3000	—
14 = 24/60	6120	—	6120	3000	—	6448	—	6450	3000	—
15 = 25/60	6375	—	6375	3000	—	6716	67	6717	3000	—
16 = 26/60	6630	—	6630	3000	—	6985	33	6987	3000	—
17 = 27/60	6885	—	6885	3000	—	7254	—	7254	3000	—
18 = 28/60	7140	—	7140	3000	—	7522	67	7524	3009	60
19 = 29/60	7395	—	7395	3000	—	7791	33	7794	3117	60
20 = 30/60	7650	—	7650	3060	—	8060	—	8061	3224	40
21 = 31/60	7905	—	7905	3162	—	8328	67	8331	3332	40
22 = 32/60	8160	—	8160	3264	—	8597	33	8598	3439	20
23 = 33/60	8415	—	8415	3366	—	8866	—	8868	3547	20
24 = 34/60	8670	—	8670	3468	—	9134	67	9135	3654	—
25 = 35/60	8925	—	8925	3570	—	9403	33	9405	3762	—
26 = 36/60	9180	—	9180	3672	—	9672	—	9672	3868	80
27 = 37/60	9435	—	9435	3774	—	9940	67	9942	3976	80
28 = 38/60	9690	—	9690	3876	—	10209	33	10212	4084	80
29 = 39/60	9945	—	9945	3978	—	10478	—	10479	4191	60
30 = 40/60	10200	—	10200	4080	—	10746	67	10749	4299	60
31 = 81/120	10327	50	10329	4131	60	10881	—	10881	4352	40
32 = 82/120	10455	—	10455	4182	—	11015	33	11016	4406	40
33 = 83/120	10582	50	10584	4233	60	11149	67	11151	4460	40
34 = 84/120	10710	—	10710	4284	—	11284	—	11286	4514	40
35 = 85/120	10837	50	10839	4335	60	11418	33	11421	4568	40
36 = 86/120	10965	—	10965	4386	—	11552	67	11553	4621	20
37 = 87/120	11092	50	11094	4437	60	11687	—	11688	4675	20
38 = 88/120	11220	—	11220	4488	—	11821	33	11823	4729	20
39 = 89/120	11347	50	11349	4539	60	11955	67	11958	4783	20
40 = 90/120	11475	—	11475	4590	—	12090	—	12090	4836	—

geldes bei einem Grundgehalt (und einem Ortszuschlag) von ℳ

13400			(3120)		13500			(3120)	
Ruhegehalt			Witwengeld		Ruhegehalt			Witwengeld	
genau		rund			genau		rund		
ℳ	₰	ℳ	ℳ	₰	ℳ	₰	ℳ	ℳ	₰
5506	67	5508	3000	—	5540	—	5541	3000	—
5782	—	5784	3000	—	5817	—	5817	3000	—
6057	33	6060	3000	—	6094	—	6096	3000	—
6332	67	6333	3000	—	6371	—	6372	3000	—
6608	—	6609	3000	—	6648	—	6648	3000	—
6883	33	6885	3000	—	6925	—	6927	3000	—
7158	67	7161	3000	—	7202	—	7203	3000	—
7434	—	7434	3000	—	7479	—	7479	3000	—
7709	33	7710	3084	—	7756	—	7758	3103	20
7984	67	7986	3194	40	8033	—	8034	3213	60
8260	—	8262	3304	80	8310	—	8310	3324	—
8535	33	8538	3415	20	8587	—	8589	3435	60
8810	67	8811	3524	40	8864	—	8865	3546	—
9086	—	9087	3634	80	9141	—	9141	3656	40
9361	33	9363	3745	20	9418	—	9420	3768	—
9636	67	9639	3855	60	9695	—	9696	3878	40
9912	—	9912	3964	80	9972	—	9972	3988	80
10187	33	10188	4075	20	10249	—	10251	4100	40
10462	67	10464	4185	60	10526	—	10527	4210	80
10738	—	10740	4296	—	10803	—	10803	4321	20
11013	33	11015	4406	—	11080	—	11082	4432	80
11151	—	11151	4460	40	11218	50	11220	4488	—
11288	67	11289	4515	60	11357	—	11358	4543	20
11426	33	11427	4570	80	11495	50	11496	4598	40
11564	—	11565	4626	—	11634	—	11634	4653	60
11701	67	11703	4681	20	11772	50	11775	4710	—
11839	33	11841	4736	40	11911	—	11913	4765	20
11977	—	11979	4791	60	12049	50	12051	4820	40
12114	67	12115	4846	—	12188	—	12189	4875	60
12252	33	12255	4902	—	12326	50	12327	4930	80
12390	—	12390	4956	—	12465	—	12465	4986	—

Volle Dienstjahre	Jahresbetrag des Ruhegehalts und des Witwen- ruhegehaltsfähigen									
	13 800			(3120)		14 000			(3120)	
	Ruhegehalt			Witwengeld		Ruhegehalt			Witwengeld	
	genau		rund			genau		rund		
	M	Pf	M	M	Pf	M	Pf	M	M	Pf
10 = 20/60	5640	—	5640	3000	—	5706	67	5709	3000	—
11 = 21/60	5922	—	5922	3000	—	5992	—	5994	3000	—
12 = 22/60	6204	—	6204	3000	—	6277	33	6279	3000	—
13 = 23/60	6486	—	6486	3000	—	6562	67	6564	3000	—
14 = 24/60	6768	—	6768	3000	—	6848	—	6849	3000	—
15 = 25/60	7050	—	7050	3000	—	7133	33	7134	3000	—
16 = 26/60	7332	—	7332	3000	—	7418	67	7419	3000	—
17 = 27/60	7614	—	7614	3045	60	7704	—	7704	3081	60
18 = 28/60	7896	—	7896	3158	40	7989	33	7992	3196	80
19 = 29/60	8178	—	8178	3271	20	8274	67	8277	3310	80
20 = 30/60	8460	—	8460	3384	—	8560	—	8562	3424	80
21 = 31/60	8742	—	8742	3496	80	8845	33	8847	3538	80
22 = 32/60	9024	—	9024	3609	60	9130	67	9132	3652	80
23 = 33/60	9306	—	9306	3722	40	9416	—	9417	3766	80
24 = 34/60	9588	—	9588	3835	20	9701	33	9702	3880	80
25 = 35/60	9870	—	9870	3948	—	9986	67	9990	3996	—
26 = 36/60	10152	—	10152	4060	80	10272	—	10272	4108	80
27 = 37/60	10434	—	10434	4173	60	10557	33	10560	4224	—
28 = 38/60	10716	—	10716	4286	40	10842	67	10845	4338	—
29 = 39/60	10998	—	10998	4399	20	11128	—	11130	4452	—
30 = 40/60	11280	—	11280	4512	—	11413	33	11415	4566	—
31 = 81/120	11421	—	11421	4568	40	11556	—	11556	4622	40
32 = 82/120	11562	—	11562	4624	80	11698	67	11700	4680	—
33 = 83/120	11703	—	11703	4681	20	11841	33	11844	4737	60
34 = 84/120	11844	—	11844	4737	60	11984	—	11985	4794	—
35 = 85/120	11985	—	11985	4794	—	12126	67	12129	4851	60
36 = 86/120	12126	—	12126	4850	40	12269	33	12270	4908	—
37 = 87/120	12267	—	12267	4906	80	12412	—	12414	4965	60
38 = 88/120	12408	—	12408	4963	20	12554	67	12555	5022	—
39 = 89/120	12549	—	12549	5019	60	12697	33	12699	5079	60
40 = 90/120	12690	—	12690	5076	—	12840	—	12840	5136	—

eldes bei einem Grundgehalt (und einem Ortszuschlag) von ℳ

14200			(3120)		14400			(3120)	
Ruhegehalt			Witwengeld		Ruhegehalt			Witwengeld	
genau		rund			genau		rund		
ℳ	₰	ℳ	ℳ	₰	ℳ	₰	ℳ	ℳ	₰
5773	33	5775	3000	—	5840	—	5841	3000	—
6062	—	6063	3000	—	6132	—	6132	3000	—
6350	67	6351	3000	—	6424	—	6426	3000	—
6639	33	6642	3000	—	6716	—	6717	3000	—
6928	—	6930	3000	—	7008	—	7008	3000	—
7216	67	7218	3000	—	7300	—	7302	3000	—
7505	33	7506	3002	40	7592	—	7593	3037	20
7794	—	7794	3117	60	7884	—	7884	3153	60
8082	67	8085	3234	—	8176	—	8178	3271	20
8371	33	8373	3349	20	8468	—	8469	3387	60
8660	—	8661	3464	40	8760	—	8760	3504	—
8948	67	8949	3579	60	9052	—	9054	3621	60
9237	33	9240	3696	—	9344	—	9345	3738	—
9526	—	9528	3811	20	9636	—	9636	3854	40
9814	67	9816	3926	40	9928	—	9930	3972	—
10103	33	10104	4041	60	10220	—	10221	4088	40
10392	—	10392	4156	80	10512	—	10512	4204	80
10680	67	10683	4273	20	10804	—	10806	4322	40
10969	33	10971	4388	40	11096	—	11097	4438	80
11258	—	11259	4503	60	11388	—	11388	4555	20
11546	67	11547	4618	80	11680	—	11682	4672	80
11691	—	11691	4676	40	11826	—	11826	4730	40
11835	33	11838	4735	20	11972	—	11973	4789	20
11979	67	11982	4792	80	12118	—	12120	4848	—
12124	—	12126	4850	40	12264	—	12264	4905	60
12268	33	12270	4908	—	12410	—	12411	4964	40
12412	67	12414	4965	60	12556	—	12558	5023	20
12557	—	12558	5023	20	12702	—	12702	5080	80
12701	33	12702	5080	80	12848	—	12849	5139	60
12845	67	12846	5138	40	12994	—	12996	5198	40
12990	—	12990	5196	—	13140	—	13140	5256	—

Volle Dienstjahre	Jahresbetrag des Ruhegehalts und des Witwen-ruhegehaltsfähigen									
	14500			(3120)		14600			(3120)	
	Ruhegehalt			Witwengeld		Ruhegehalt			Witwengeld	
	genau		rund			genau		rund		
	M	Pf	M	M	Pf	M	Pf	M	M	Pf
10 = 20/60	5873	33	5874	3000	—	5906	67	5907	3000	—
11 = 21/60	6167	—	6168	3000	—	6202	—	6204	3000	—
12 = 22/60	6460	67	6462	3000	—	6497	33	6501	3000	—
13 = 23/60	6754	33	6756	3000	—	6792	67	6795	3000	—
14 = 24/60	7048	—	7050	3000	—	7088	—	7089	3000	—
15 = 25/60	7341	67	7344	3000	—	7383	33	7386	3000	—
16 = 26/60	7635	33	7638	3055	20	7678	67	7680	3072	—
17 = 27/60	7929	—	7929	3171	60	7974	—	7974	3189	60
18 = 28/60	8222	67	8223	3289	20	8269	33	8271	3308	40
19 = 29/60	8516	33	8517	3406	80	8564	67	8565	3426	—
20 = 30/60	8810	—	8811	3524	40	8860	—	8862	3544	80
21 = 31/60	9103	67	9105	3642	—	9155	33	9156	3662	40
22 = 32/60	9397	33	9399	3759	60	9450	67	9453	3781	20
23 = 33/60	9691	—	9693	3877	20	9746	—	9747	3898	80
24 = 34/60	9984	67	9987	3994	80	10041	33	10044	4017	60
25 = 35/60	10278	33	10281	4112	40	10336	67	10338	4135	20
26 = 36/60	10572	—	10572	4228	80	10632	—	10632	4252	80
27 = 37/60	10865	67	10866	4346	40	10927	33	10929	4371	60
28 = 38/60	11159	33	11160	4464	—	11222	67	11223	4489	20
29 = 39/60	11453	—	11454	4581	60	11518	—	11520	4608	—
30 = 40/60	11746	67	11748	4699	20	11813	33	11814	4725	60
31 = 81/120	11893	50	11895	4758	—	11961	—	11961	4784	40
32 = 82/120	12040	33	12042	4816	80	12108	67	12111	4844	40
33 = 83/120	12187	17	12189	4875	60	12256	33	12258	4903	20
34 = 84/120	12334	—	12336	4934	40	12404	—	12405	4962	—
35 = 85/120	12480	83	12483	4993	20	12551	67	12552	5020	80
36 = 86/120	12627	67	12630	5052	—	12699	33	12702	5080	80
37 = 87/120	12774	50	12777	5110	80	12847	—	12849	5139	60
38 = 88/120	12921	33	12924	5169	60	12994	67	12996	5198	40
39 = 89/120	13068	17	13071	5228	40	13142	33	13143	5257	20
40 = 90/120	13215	—	13215	5286	—	13290	—	13290	5316	—

geldes bei einem Grundgehalt (und einem Ortszuschlag) von ℳ

14800			(3120)		15000			(3120)	
Ruhegehalt			Witwengeld		Ruhegehalt			Witwengeld	
genau		rund			genau		rund		
ℳ	₰	ℳ	ℳ	₰	ℳ	₰	ℳ	ℳ	₰
5973	33	5976	3000	—	6040	—	6042	3000	—
6272	—	6273	3000	—	6342	—	6342	3000	—
6570	67	6573	3000	—	6644	—	6645	3000	—
6869	33	6870	3000	—	6946	—	6948	3000	—
7168	—	7170	3000	—	7248	—	7248	3000	—
7466	67	7467	3000	—	7550	—	7551	3020	40
7765	33	7767	3106	80	7852	—	7854	3141	60
8064	—	8064	3225	60	8154	—	8154	3261	60
8362	67	8364	3345	60	8456	—	8457	3382	80
8661	33	8664	3465	60	8758	—	8760	3504	—
8960	—	8961	3584	40	9060	—	9060	3624	—
9258	67	9261	3704	40	9362	—	9363	3745	20
9557	33	9558	3823	20	9664	—	9666	3866	40
9856	—	9858	3943	20	9966	—	9966	3986	40
10154	67	10155	4062	—	10268	—	10269	4107	60
10453	33	10455	4182	—	10570	—	10572	4228	80
10752	—	10752	4300	80	10872	—	10872	4348	80
11050	67	11052	4420	80	11174	—	11175	4470	—
11349	33	11352	4540	80	11476	—	11478	4591	20
11648	—	11649	4659	60	11778	—	11778	4711	20
11946	67	11949	4779	60	12080	—	12081	4832	40
12096	—	12096	4838	40	12231	—	12231	4892	40
12245	33	12246	4898	40	12382	—	12384	4953	60
12394	67	12396	4958	40	12533	—	12534	5013	60
12544	—	12546	5018	40	12684	—	12684	5073	60
12693	33	12696	5078	40	12835	—	12837	5134	80
12842	67	12843	5137	20	12986	—	12987	5194	80
12992	—	12993	5197	20	13137	—	13137	5254	80
13141	33	13143	5257	20	13288	—	13290	5316	—
13290	67	13293	5317	20	13439	—	13440	5376	—
13440	—	13440	5376	—	13590	—	13590	5436	—

Volle Dienstjahre	Jahresbetrag des Ruhegehalts und des Witwen-ruhegehaltsfähigen									
	15 200			(3120)		15 400			(3640)	
	Ruhegehalt			Witwengeld		Ruhegehalt			Witwengeld	
	genau		rund			genau		rund		
	ℳ	₰	ℳ	ℳ	₰	ℳ	₰	ℳ	ℳ	₰
10 = 20/60	6106	67	6108	3000	—	6346	67	6348	3000	—
11 = 21/60	6412	—	6414	3000	—	6664	—	6666	3000	—
12 = 22/60	6717	33	6720	3000	—	6981	33	6984	3000	—
13 = 23/60	7022	67	7023	3000	—	7298	67	7299	3000	—
14 = 24/60	7328	—	7329	3000	—	7616	—	7617	3046	80
15 = 25/60	7633	33	7635	3054	—	7933	33	7935	3174	—
16 = 26/60	7938	67	7941	3176	40	8250	67	8253	3301	20
17 = 27/60	8244	—	8244	3297	60	8568	—	8568	3427	20
18 = 28/60	8549	33	8550	3420	—	8885	33	8886	3554	40
19 = 29/60	8854	67	8856	3542	40	9202	67	9204	3681	60
20 = 30/60	9160	—	9162	3664	80	9520	—	9522	3808	80
21 = 31/60	9465	33	9468	3787	20	9837	33	9840	3936	—
22 = 32/60	9770	67	9771	3908	40	10154	67	10155	4062	—
23 = 33/60	10076	—	10077	4030	80	10472	—	10473	4189	20
24 = 34/60	10381	33	10383	4153	20	10789	33	10791	4316	40
25 = 35/60	10686	67	10689	4275	60	11106	67	11109	4443	60
26 = 36/60	10992	—	10992	4396	80	11424	—	11424	4569	60
27 = 37/60	11297	33	11298	4519	20	11741	33	11742	4696	80
28 = 38/60	11602	67	11604	4641	60	12058	67	12060	4824	—
29 = 39/60	11908	—	11910	4764	—	12376	—	12378	4951	20
30 = 40/60	12213	33	12216	4886	40	12693	33	12696	5078	40
31 = 81/120	12366	—	12366	4946	40	12852	—	12852	5140	80
32 = 82/120	12518	67	12519	5007	60	13010	67	13011	5204	40
33 = 83/120	12671	33	12672	5068	80	13169	33	13170	5268	—
34 = 84/120	12824	—	12825	5130	—	13328	—	13329	5331	60
35 = 85/120	12976	67	12978	5191	20	13486	67	13488	5395	20
36 = 86/120	13129	33	13131	5252	40	13645	33	13647	5458	80
37 = 87/120	13282	—	13284	5313	60	13804	—	13806	5522	40
38 = 88/120	13434	67	13437	5374	80	13962	67	13965	5586	—
39 = 89/120	13587	33	13590	5436	—	14121	33	14124	5649	60
40 = 90/120	13740	—	13740	5496	—	14280	—	14280	5712	—

geldes bei einem Grundgehalt (und einem Ortszuschlag) von ℳ

15 600			(3640)		15 800			(3640)	
Ruhegehalt			Witwengeld		Ruhegehalt			Witwengeld	
genau		rund			genau		rund		
ℳ	₰	ℳ	ℳ	₰	ℳ	₰	ℳ	ℳ	₰
6413	33	6414	3000	—	6480	—	6480	3000	—
6734	—	6735	3000	—	6804	—	6804	3000	—
7054	67	7056	3000	—	7128	—	7128	3000	—
7375	33	7377	3000	—	7452	—	7452	3000	—
7696	—	7698	3079	20	7776	—	7776	3110	40
8016	67	8019	3207	60	8100	—	8100	3240	—
8337	33	8340	3336	—	8424	—	8424	3369	60
8658	—	8658	3463	20	8748	—	8748	3499	20
8978	67	8979	3591	60	9072	—	9072	3628	80
9299	33	9300	3720	—	9396	—	9396	3758	40
9620	—	9621	3848	40	9720	—	9720	3888	—
9940	67	9942	3976	80	10044	—	10044	4017	60
10261	33	10263	4105	20	10368	—	10368	4147	20
10582	—	10584	4233	60	10692	—	10692	4276	80
10902	67	10905	4362	—	11016	—	11016	4406	40
11223	33	11226	4490	40	11340	—	11340	4536	—
11544	—	11544	4617	60	11664	—	11664	4665	60
11864	67	11865	4746	—	11988	—	11988	4795	20
12185	33	12186	4874	40	12312	—	12312	4924	80
12506	—	12507	5002	80	12636	—	12636	5054	40
12826	67	12828	5131	20	12960	—	12960	5184	—
12987	—	12987	5194	80	13122	—	13122	5248	80
13147	33	13149	5259	60	13284	—	13284	5313	60
13307	67	13303	5323	20	13446	—	13446	5378	40
13468	—	13470	5388	—	13608	—	13608	5443	20
13628	33	13629	5451	60	13770	—	13770	5508	—
13788	67	13791	5516	40	13932	—	13932	5572	80
13949	—	13950	5580	—	14094	—	14094	5637	60
14109	33	14112	5644	80	14256	—	14256	5702	40
14269	67	14271	5708	40	14418	—	14418	5767	20
14430	—	14430	5772	—	14580	—	14580	5832	—

Volle Dienstjahre	Jahresbetrag des Ruhegehalts und des Witwen- ruhegehaltsfähigen									
	15 900			(3640)		16 000			(3940)	
	Ruhegehalt			Witwengeld		Ruhegehalt			Witwengeld	
	genau		rund			genau		rund		
	M	Pf	M	M	Pf	M	Pf	M	M	Pf
10 = 20/60	6513	33	6516	3000	—	6546	67	6549	3000	—
11 = 21/60	6839	—	6840	3000	—	6874	—	6876	3000	—
12 = 22/60	7164	67	7167	3000	—	7201	33	7203	3000	—
13 = 23/60	7490	33	7491	3000	—	7528	67	7530	3012	—
14 = 24/60	7816	—	7818	3127	20	7856	—	7857	3142	80
15 = 25/60	8141	67	8142	3256	80	8183	33	8184	3273	60
16 = 26/60	8467	33	8469	3387	60	8510	67	8511	3404	40
17 = 27/60	8793	—	8793	3517	20	8838	—	8838	3535	20
18 = 28/60	9118	67	9120	3648	—	9165	33	9168	3667	20
19 = 29/60	9444	33	9447	3778	80	9492	67	9495	3798	—
20 = 30/60	9770	—	9771	3908	40	9820	—	9822	3928	80
21 = 31/60	10095	67	10098	4039	20	10147	33	10149	4059	60
22 = 32/60	10421	33	10422	4168	80	10474	67	10476	4190	40
23 = 33/60	10747	—	10749	4299	60	10802	—	10803	4321	20
24 = 34/60	11072	67	11073	4429	20	11129	33	11130	4452	—
25 = 35/60	11398	33	11400	4560	—	11456	67	11457	4582	80
26 = 36/60	11724	—	11724	4689	60	11784	—	11784	4713	60
27 = 37/60	12049	67	12051	4820	40	12111	33	12114	4845	60
28 = 38/60	12375	33	12378	4951	20	12438	67	12441	4976	40
29 = 39/60	12701	—	12702	5080	80	12766	—	12768	5107	20
30 = 40/60	13026	67	13029	5211	60	13093	33	13095	5238	—
31 = 81/120	13189	50	13191	5276	40	13257	—	13257	5302	80
32 = 82/120	13352	33	13353	5341	20	13420	67	13422	5368	80
33 = 83/120	13515	17	13518	5407	20	13584	33	13587	5434	80
34 = 84/120	13678	—	13680	5472	—	13748	—	13749	5499	60
35 = 85/120	13840	83	13842	5536	80	13911	67	13914	5565	60
36 = 86/120	14003	67	14004	5601	60	14075	33	14076	5630	40
37 = 87/120	14166	50	14169	5667	60	14239	—	14241	5696	40
38 = 88/120	14329	33	14331	5732	40	14402	67	14403	5761	20
39 = 89/120	14492	17	14493	5797	20	14566	33	14568	5827	20
40 = 90/120	14655	—	14655	5862	—	14730	—	14730	5892	—

geldes bei einem Grundgehalt (und einem Ortszuschlag) von ℳ

16200			(3940)		16500			(3940)	
Ruhegehalt			Witwengeld		Ruhegehalt			Witwengeld	
genau		rund			genau		rund		
ℳ	₰	ℳ	ℳ	₰	ℳ	₰	ℳ	ℳ	₰
6613	33	6615	3000	—	6713	33	6714	3000	—
6944	—	6945	3000	—	7049	—	7050	3000	—
7274	67	7275	3000	—	7384	67	7386	3000	—
7605	33	7608	3043	20	7720	33	7722	3088	80
7936	—	7938	3175	20	8056	—	8058	3223	20
8266	67	8268	3307	20	8391	67	8394	3357	60
8597	33	8598	3439	20	8727	33	8730	3492	—
8928	—	8928	3571	20	9063	—	9063	3625	20
9258	67	9261	3704	40	9398	67	9399	3759	60
9589	33	9591	3836	40	9734	33	9735	3894	—
9920	—	9921	3968	40	10070	—	10071	4028	40
10250	67	10251	4100	40	10405	67	10407	4162	80
10581	33	10584	4233	60	10741	33	10743	4297	20
10912	—	10914	4365	60	11077	—	11079	4431	60
11242	67	11244	4497	60	11412	67	11415	4566	—
11573	33	11574	4629	60	11748	33	11751	4700	40
11904	—	11904	4761	60	12084	—	12084	4833	60
12234	67	12237	4894	80	12419	67	12420	4968	—
12565	33	12567	5026	80	12755	33	12756	5102	40
12896	—	12897	5158	80	13091	—	13092	5236	80
13226	67	13227	5290	80	13426	67	13428	5371	20
13392	—	13392	5356	80	13594	50	13596	5438	40
13557	33	13560	5424	—	13762	33	13764	5505	60
13722	67	13725	5490	—	13930	17	13932	5572	80
13888	—	13890	5556	—	14098	—	14100	5640	—
14053	33	14055	5622	—	14265	83	14268	5707	20
14218	67	14220	5688	—	14433	67	14436	5774	40
14384	—	14385	5754	—	14601	50	14604	5841	60
14549	33	14550	5820	—	14769	33	14772	5908	80
14714	67	14715	5886	—	14937	17	14940	5976	—
14880	—	14880	5952	—	15105	—	15105	6042	—

Volle Dienstjahre	Jahresbetrag des Ruhegehalts und des Witwen- ruhegehaltsfähigen									
	16 600			(3940)		16 900			(3940)	
	Ruhegehalt			Witwengeld		Ruhegehalt			Witwengeld	
	genau		rund			genau		rund		
	ℳ	₰	ℳ	ℳ	₰	ℳ	₰	ℳ	ℳ	₰
10=20/60	6746	67	6747	3000	—	6846	67	6849	3000	—
11=21/60	7084	—	7086	3000	—	7189	—	7191	3000	—
12=22/60	7421	33	7422	3000	—	7531	33	7533	3013	20
13=23/60	7758	67	7761	3104	40	7873	67	7875	3150	—
14=24/60	8096	—	8097	3238	80	8216	—	8217	3286	80
15=25/60	8433	33	8436	3374	40	8558	33	8559	3423	60
16=26/60	8770	67	8772	3508	80	8900	67	8901	3560	40
17=27/60	9108	—	9108	3643	20	9243	—	9243	3697	20
18=28/60	9445	33	9447	3778	80	9585	33	9588	3835	20
19=29/60	9782	67	9783	3913	20	9927	67	9930	3972	—
20=30/60	10120	—	10122	4048	80	10270	—	10272	4108	80
21=31/60	10457	33	10458	4183	20	10612	33	10614	4245	60
22=32/60	10794	67	10797	4318	80	10954	67	10956	4382	40
23=33/60	11132	—	11133	4453	20	11297	—	11298	4519	20
24=34/60	11469	33	11472	4588	80	11639	33	11640	4656	—
25=35/60	11806	67	11808	4723	20	11981	67	11982	4792	80
26=36/60	12144	—	12144	4857	60	12324	—	12324	4929	60
27=37/60	12481	33	12483	4993	20	12666	33	12669	5067	60
28=38/60	12818	67	12819	5127	60	13008	67	13010	5204	—
29=39/60	13156	—	13158	5263	20	13351	—	13353	5341	20
30=40/60	13493	33	13494	5397	60	13693	33	13695	5478	—
31=81/120	13662	—	13662	5464	80	13864	50	13866	5546	40
32=82/120	13830	67	13833	5533	20	14035	67	14037	5614	80
33=83/120	13999	33	14001	5600	40	14206	83	14208	5683	20
34=84/120	14168	—	14169	5667	60	14378	—	14379	5751	60
35=85/120	14336	67	14337	5734	80	14549	17	14550	5820	—
36=86/120	14505	33	14508	5803	20	14720	33	14721	5888	40
37=87/120	14674	—	14676	5870	40	14891	50	14892	5956	80
38=88/120	14842	67	14844	5937	60	15062	67	15064	6025	60
39=89/120	15011	33	15012	6004	80	15233	83	15234	6093	60
40=90/120	15180	—	15180	6072	—	15405	—	15405	6162	—

geldes bei einem Grundgehalt (und einem Ortszuschlag) von ℳ

17 000			(4160)		17 100			(4160)	
Ruhegehalt			Witwengeld		Ruhegehalt			Witwengeld	
genau		rund			genau		rund		
ℳ	₰	ℳ	ℳ	₰	ℳ	₰	ℳ	ℳ	₰
7053	33	7056	3000	—	7086	67	7089	3000	—
7406	—	7407	3000	—	7441	—	7443	3000	—
7758	67	7761	3104	40	7795	33	7797	3118	80
8111	33	8112	3244	80	8149	67	8151	3260	40
8464	—	8466	3386	40	8504	—	8505	3402	—
8816	67	8817	3526	80	8858	33	8859	3543	60
9169	33	9171	3668	40	9212	67	9213	3685	20
9522	—	9522	3808	80	9567	—	9567	3826	80
9874	67	9876	3950	40	9921	33	9924	3969	60
10227	33	10230	4092	—	10275	67	10278	4111	20
10580	—	10581	4232	40	10630	—	10632	4252	80
10932	67	10935	4374	—	10984	33	10986	4394	40
11285	33	11286	4514	40	11338	67	11340	4536	—
11638	—	11640	4656	—	11693	—	11694	4677	60
11990	67	11991	4796	40	12047	33	12048	4819	20
12343	33	12345	4938	—	12401	67	12402	4960	80
12696	—	12696	5078	40	12756	—	12756	5102	40
13048	67	13050	5220	—	13110	33	13113	5245	20
13401	33	13404	5361	60	13464	67	13467	5386	80
13754	—	13755	5502	—	13819	—	13821	5528	40
14106	67	14109	5643	60	14173	33	14175	5670	—
14283	—	14283	5713	20	14350	50	14352	5740	80
14459	33	14460	5784	—	14527	67	14529	5811	60
14635	67	14637	5854	80	14704	83	14706	5882	40
14812	—	14814	5925	60	14882	—	14883	5953	20
14988	33	14990	5996	—	15059	17	15060	6024	—
15164	67	15166	6066	40	15236	33	15237	6094	80
15341	—	15342	6136	80	15413	50	15414	6165	60
15517	33	15519	6207	60	15590	67	15591	6236	40
15693	67	15696	6278	40	15767	83	15768	6307	20
15870	—	15870	6348	—	15945	—	15945	6378	—

Volle Dienstjahre	Jahresbetrag des Ruhegehalts und des Witwen- ruhegehaltsfähigen									
	17 700			(4160)		18 000			(4160)	
	Ruhegehalt			Witwengeld		Ruhegehalt			Witwengeld	
	genau		rund			genau		rund		
	ℳ	₰	ℳ	ℳ	₰	ℳ	₰	ℳ	ℳ	₰
10=²⁰/₆₀	7286	67	7287	3000	—	7386	67	7389	3000	—
11=²¹/₆₀	7651	—	7653	3061	20	7756	—	7758	3103	20
12=²²/₆₀	8015	33	8016	3206	40	8125	33	8127	3250	80
13=²³/₆₀	8379	67	8382	3352	80	8494	67	8496	3398	40
14=²⁴/₆₀	8744	—	8745	3498	—	8864	—	8865	3546	—
15=²⁵/₆₀	9108	33	9111	3644	40	9233	33	9234	3693	60
16=²⁶/₆₀	9472	67	9474	3789	60	9602	67	9603	3841	20
17=²⁷/₆₀	9837	—	9837	3934	80	9972	—	9972	3988	80
18=²⁸/₆₀	10201	33	10203	4081	20	10341	33	10344	4137	60
19=²⁹/₆₀	10565	67	10566	4226	40	10710	67	10713	4285	20
20=³⁰/₆₀	10930	—	10932	4372	80	11080	—	11082	4432	80
21=³¹/₆₀	11294	33	11295	4518	—	11449	33	11451	4580	40
22=³²/₆₀	11658	67	11661	4664	40	11818	67	11820	4728	—
23=³³/₆₀	12023	—	12024	4809	60	12188	—	12189	4875	60
24=³⁴/₆₀	12387	33	12390	4956	—	12557	33	12558	5023	20
25=³⁵/₆₀	12751	67	12753	5101	20	12926	67	12927	5170	80
26=³⁶/₆₀	13116	—	13116	5246	40	13296	—	13296	5318	40
27=³⁷/₆₀	13480	33	13482	5392	80	13665	33	13668	5467	20
28=³⁸/₆₀	13844	67	13845	5538	—	14034	67	14037	5614	80
29=³⁹/₆₀	14209	—	14211	5684	40	14404	—	14406	5762	40
30=⁴⁰/₆₀	14573	33	14574	5829	60	14773	33	14775	5910	—
31=⁸¹/₁₂₀	14755	50	14757	5902	80	14958	—	14958	5983	20
32=⁸²/₁₂₀	14937	67	14940	5976	—	15142	67	15144	6057	60
33=⁸³/₁₂₀	15119	83	15120	6048	—	15327	33	15330	6132	—
34=⁸⁴/₁₂₀	15302	—	15303	6121	20	15512	—	15513	6205	20
35=⁸⁵/₁₂₀	15484	17	15486	6194	40	15696	67	15699	6279	60
36=⁸⁶/₁₂₀	15666	33	15669	6267	60	15881	33	15882	6352	80
37=⁸⁷/₁₂₀	15848	50	15849	6339	60	16066	—	16068	6427	20
38=⁸⁸/₁₂₀	16030	67	16032	6412	80	16250	67	16251	6500	40
39=⁸⁹/₁₂₀	16212	83	16215	6486	—	16435	33	16437	6574	80
40=⁹⁰/₁₂₀	16395	—	16395	6558	—	16620	—	16620	6648	—

geldes bei einem Grundgehalt (und einem Ortszuschlag) von ℳ

18300			(4160)		18500			(4160)	
Ruhegehalt			Witwengeld		Ruhegehalt			Witwengeld	
genau		rund			genau		rund		
ℳ	₰	ℳ	ℳ	₰	ℳ	₰	ℳ	ℳ	₰
7486	67	7488	3000	—	7553	33	7554	3021	60
7861	—	7863	3145	20	7931	—	7932	3172	80
8235	33	8238	3295	20	8308	67	8310	3324	—
8609	67	8610	3444	—	8686	33	8688	3475	20
8984	—	8985	3594	—	9064	—	9066	3626	40
9358	33	9360	3744	—	9441	67	9444	3777	60
9732	67	9735	3894	—	9819	33	9822	3928	80
10107	—	10107	4042	80	10197	—	10197	4078	80
10481	33	10482	4192	80	10574	67	10575	4230	—
10855	67	10857	4342	80	10952	33	10953	4381	20
11230	—	11232	4492	80	11330	—	11331	4532	40
11604	33	11607	4642	80	11707	67	11709	4683	60
11978	67	11979	4791	60	12085	33	12087	4834	80
12353	—	12354	4941	60	12463	—	12465	4986	—
12727	33	12729	5091	60	12840	67	12843	5137	20
13101	67	13104	5241	60	13218	33	13221	5288	40
13476	—	13476	5390	40	13596	—	13596	5438	40
13850	33	13851	5540	40	13973	67	13974	5589	60
14224	67	14226	5690	40	14351	33	14352	5740	80
14599	—	14601	5840	40	14729	—	14730	5892	—
14973	33	14976	5990	40	15106	67	15108	6043	20
15160	50	15162	6064	80	15295	50	15297	6118	80
15347	67	15348	6139	20	15484	33	15486	6194	40
15534	83	15537	6214	80	15673	17	15675	6270	—
15722	—	15723	6289	20	15862	—	15864	6345	60
15909	17	15912	6364	80	16050	83	16053	6421	20
16096	33	16098	6439	20	16239	67	16242	6496	80
16283	50	16284	6513	60	16428	50	16431	6572	40
16470	67	16473	6589	20	16617	33	16620	6648	—
16657	83	16659	6663	60	16806	17	16809	6723	60
16845	—	16845	6738	—	16995	—	16995	6798	—

Volle Dienstjahre	Jahresbetrag des Ruhegehalts und des Witwen- ruhegehaltsfähigen									
	18 900			(4160)		19 200			(4160)	
	Ruhegehalt			Witwengeld		Ruhegehalt			Witwengeld	
	genau		rund			genau		rund		
	M	Pf	M	M	Pf	M	Pf	M	M	Pf
10 = 20/60	7686	67	7689	3075	60	7786	67	7788	3115	20
11 = 21/60	8071	—	8073	3229	20	8176	—	8178	3271	20
12 = 22/60	8455	33	8457	3382	80	8565	33	8568	3427	20
13 = 23/60	8839	67	8841	3536	40	8954	67	8955	3582	—
14 = 24/60	9224	—	9225	3690	—	9344	—	9345	3738	—
15 = 25/60	9608	33	9609	3843	60	9733	33	9735	3894	—
16 = 26/60	9992	67	9993	3997	20	10122	67	10125	4050	—
17 = 27/60	10377	—	10377	4150	80	10512	—	10512	4204	80
18 = 28/60	10761	33	10764	4305	60	10901	33	10902	4360	80
19 = 29/60	11145	67	11148	4459	20	11290	67	11292	4516	80
20 = 30/60	11530	—	11532	4612	80	11680	—	11682	4672	80
21 = 31/60	11914	33	11916	4766	40	12069	33	12072	4828	80
22 = 32/60	12298	67	12300	4920	—	12458	67	12459	4983	60
23 = 33/60	12683	—	12684	5073	60	12848	—	12849	5139	60
24 = 34/60	13067	33	13068	5227	20	13237	33	13239	5295	60
25 = 35/60	13451	67	13452	5380	80	13626	67	13629	5451	60
26 = 36/60	13836	—	13836	5534	40	14016	—	14016	5606	40
27 = 37/60	14220	33	14223	5689	20	14405	33	14406	5762	40
28 = 38/60	14604	67	14607	5842	80	14794	67	14796	5918	40
29 = 39/60	14989	—	14991	5996	40	15184	—	15186	6074	40
30 = 40/60	15373	33	15375	6150	—	15573	33	15576	6230	40
31 = 81/120	15565	50	15567	6226	80	15768	—	15768	6307	20
32 = 82/120	15757	67	15759	6303	60	15962	67	15963	6385	20
33 = 83/120	15949	83	15951	6380	40	16157	33	16158	6463	20
34 = 84/120	16142	—	16143	6457	20	16352	—	16353	6541	20
35 = 85/120	16334	17	16335	6534	—	16546	67	16548	6619	20
36 = 86/120	16526	33	16527	6610	80	16741	33	16743	6697	20
37 = 87/120	16718	50	16719	6687	60	16936	—	16938	6775	20
38 = 88/120	16910	67	16911	6764	40	17130	67	17133	6853	20
39 = 89/120	17102	83	17103	6841	20	17325	33	17328	6931	20
40 = 90/120	17295	—	17295	6918	—	17520	—	17520	7008	—

…geldes bei einem Grundgehalt (und einem Ortszuschlag) von ℳ

19 300		(4160)			19 500		(4160)		
Ruhegehalt			Witwengeld		Ruhegehalt			Witwengeld	
genau		rund			genau		rund		
ℳ	₰	ℳ	ℳ	₰	ℳ	₰	ℳ	ℳ	₰
7820	—	7821	3128	40	7886	67	7887	3154	80
8211	—	8211	3284	40	8281	—	8283	3313	20
8602	—	8604	3441	60	8675	33	8676	3470	40
8993	—	8994	3597	60	9069	67	9072	3628	80
9384	—	9384	3753	60	9464	—	9465	3786	—
9775	—	9777	3910	80	9858	33	9861	3944	40
10166	—	10167	4066	80	10252	67	10254	4101	60
10557	—	10557	4222	80	10647	—	10647	4258	80
10948	—	10950	4380	—	11041	33	11043	4417	20
11339	—	11340	4536	—	11435	67	11436	4574	40
11730	—	11730	4692	—	11830	—	11832	4732	80
12121	—	12123	4849	20	12224	33	12225	4890	—
12512	—	12513	5005	20	12618	67	12621	5048	40
12903	—	12903	5161	20	13013	—	13014	5205	60
13294	—	13296	5318	40	13407	33	13410	5364	—
13685	—	13686	5474	40	13801	67	13803	5521	20
14076	—	14076	5630	40	14196	—	14196	5678	40
14467	—	14469	5787	60	14590	33	14592	5836	80
14858	—	14859	5943	60	14984	67	14985	5994	—
15249	—	15249	6099	60	15379	—	15381	6152	40
15640	—	15642	6256	80	15773	33	15774	6309	60
15835	50	15837	6334	80	15970	50	15972	6388	80
16031	—	16032	6412	80	16167	67	16170	6468	—
16226	50	16227	6490	80	16364	83	16365	6546	—
16422	—	16422	6568	80	16562	—	16563	6625	20
16617	50	16620	6648	—	16759	17	16761	6704	40
16813	—	16815	6726	—	16956	33	16959	6783	60
17008	50	17010	6804	—	17153	50	17154	6861	60
17204	—	17205	6882	—	17350	67	17352	6040	80
17399	50	17400	6960	—	17547	83	17550	7020	—
17595	—	17595	7038	—	17745	—	17745	7098	—

Volle Dienstjahre	Jahresbetrag des Ruhegehalts und des Witwen- ruhegehaltsfähigen									
	20 100			(4160)		20 400			(4160)	
	Ruhegehalt			Witwengeld		Ruhegehalt			Witwengeld	
	genau		rund			genau		rund		
	ℳ	₰	ℳ	ℳ	₰	ℳ	₰	ℳ	ℳ	₰
10 = 20/60	8086	67	8088	3235	20	8186	67	8187	3274	80
11 = 21/60	8491	—	8493	3397	20	8596	—	8598	3439	20
12 = 22/60	8895	33	8898	3559	20	9005	33	9006	3602	40
13 = 23/60	9299	67	9300	3720	—	9414	67	9417	3766	80
14 = 24/60	9704	—	9705	3882	—	9824	—	9825	3930	—
15 = 25/60	10108	33	10110	4044	—	10233	33	10236	4094	40
16 = 26/60	10512	67	10515	4206	—	10642	67	10644	4257	60
17 = 27/60	10917	—	10917	4366	80	11052	—	11052	4420	80
18 = 28/60	11321	33	11322	4528	80	11461	33	11463	4585	20
19 = 29/60	11725	67	11727	4690	80	11870	67	11871	4748	40
20 = 30/60	12130	—	12132	4852	80	12280	—	12282	4912	80
21 = 31/60	12534	33	12537	5014	80	12689	33	12690	5076	—
22 = 32/60	12938	67	12939	5175	60	13098	67	13101	5240	40
23 = 33/60	13343	—	13344	5337	60	13508	—	13509	5403	60
24 = 34/60	13747	33	13749	5499	60	13917	33	13920	5568	—
25 = 35/60	14151	67	14154	5661	60	14326	67	14328	5731	20
26 = 36/60	14556	—	14556	5822	40	14736	—	14736	5894	40
27 = 37/60	14960	33	14961	5984	40	15145	33	15147	6058	80
28 = 38/60	15364	67	15366	6146	40	15554	67	15555	6222	—
29 = 39/60	15769	—	15771	6308	40	15964	—	15966	6386	40
30 = 40/60	16173	33	16176	6470	40	16373	33	16374	6549	60
31 = 81/120	16375	50	16377	6550	80	16578	—	16578	6631	20
32 = 82/120	16577	67	16578	6631	20	16782	67	16785	6714	—
33 = 83/120	16779	83	16782	6712	80	16987	33	16989	6795	60
34 = 84/120	16982	—	16983	6793	20	17192	—	17193	6877	20
35 = 85/120	17184	17	17187	6874	80	17396	67	17397	6958	80
36 = 86/120	17386	33	17388	6955	20	17601	33	17604	7041	60
37 = 87/120	17588	50	17589	7035	60	17806	—	17808	7123	20
38 = 88/120	17790	67	17793	7117	20	18010	67	18012	7204	80
39 = 89/120	17992	83	17994	7197	60	18215	33	18216	7286	40
40 = 90/120	18195	—	18195	7278	—	18420	—	18420	7368	—

geldes bei einem Grundgehalt (und einem Ortszuschlag) von ℳ

20000			(4160)		21 600			(4160)	
Ruhegehalt			Witwengeld		Ruhegehalt			Witwengeld	
genau		rund			genau		rund		
ℳ	₰	ℳ	ℳ	₰	ℳ	₰	ℳ	ℳ	₰
8353	33	8355	3342	—	8586	67	8589	3435	60
8771	—	8772	3508	80	9016	—	9018	3607	20
9188	67	9189	3675	60	9445	33	9447	3778	80
9606	33	9609	3843	60	9874	67	9876	3950	40
10024	—	10026	4010	40	10304	—	10305	4122	—
10441	67	10443	4177	20	10733	33	10734	4293	60
10859	33	10860	4344	—	11162	67	11163	4465	20
11277	—	11277	4510	80	11592	—	11592	4636	80
11694	67	11697	4678	80	12021	33	12024	4809	60
12112	33	12114	4845	60	12450	67	12453	4981	20
12530	—	12531	5012	40	12880	—	12882	5152	80
12947	67	12948	5179	20	13309	33	13311	5324	40
13365	33	13368	5347	20	13738	67	13740	5496	—
13783	—	13785	5514	—	14168	—	14169	5667	60
14200	67	14202	5680	60	14597	33	14598	5839	20
14618	33	14619	5847	80	15026	67	15027	6010	80
15036	—	15036	6014	40	15456	—	15456	6182	40
15453	67	15456	6182	40	15885	33	15888	6355	20
15871	33	15873	6349	20	16314	67	16317	6526	80
16289	—	16290	6516	—	16744	—	16746	6698	40
16706	67	16707	6682	80	17173	33	17175	6870	—
16915	50	16917	6766	80	17388	—	17388	6955	20
17124	33	17127	6850	80	17602	67	17604	7041	60
17333	17	17334	6933	66	17817	33	17820	7128	—
17542	—	17544	7017	60	18032	—	18033	7213	20
17750	83	17751	7100	40	18246	67	18249	7299	60
17959	67	17961	7184	40	18461	33	18462	7384	80
18168	50	18171	7268	40	18676	—	18678	7471	20
18377	33	18378	7351	20	18890	67	18891	7556	40
18586	17	18588	7435	20	19105	33	19107	7642	80
18795	—	18595	7518	—	19320	—	19320	7728	—

Volle Dienstjahre	Jahresbetrag des Ruhegehalts und des Witwen- ruhegehaltsfähigen									
	21 700			(4160)		22 500			(4160)	
	Ruhegehalt			Witwengeld		Ruhegehalt			Witwengeld	
	genau		rund			genau		rund		
	ℳ	₰	ℳ	ℳ	₰	ℳ	₰	ℳ	ℳ	₰
10 = 20/60	8620	—	8622	3448	80	8886	67	8889	3555	60
11 = 21/60	9051	—	9051	3620	40	9331	—	9333	3733	20
12 = 22/60	9482	—	9483	3793	20	9775	33	9777	3910	80
13 = 23/60	9913	—	9915	3966	—	10219	67	10221	4088	40
14 = 24/60	10344	—	10344	4137	60	10664	—	10665	4266	—
15 = 25/60	10775	—	10776	4310	40	11108	33	11109	4443	60
16 = 26/60	11206	—	11208	4483	20	11552	67	11553	4621	20
17 = 27/60	11637	—	11637	4654	80	11997	—	11997	4798	80
18 = 28/60	12068	—	12069	4827	60	12441	33	12444	4977	60
19 = 29/60	12499	—	12501	5000	40	12885	67	12888	5155	20
20 = 30/60	12930	—	12930	5172	—	13330	—	13332	5332	80
21 = 31/60	13361	—	13362	5344	80	13774	33	13776	5510	40
22 = 32/60	13792	—	13794	5517	60	14218	67	14220	5688	—
23 = 33/60	14223	—	14223	5689	20	14663	—	14664	5865	60
24 = 34/60	14654	—	14655	5862	—	15107	33	15108	6043	20
25 = 35/60	15085	—	15087	6034	80	15551	67	15552	6220	80
26 = 36/60	15516	—	15516	6206	40	15996	—	15996	6398	40
27 = 37/60	15947	—	15948	6379	20	16440	33	16443	6577	20
28 = 38/60	16378	—	16380	6552	—	16884	67	16887	6754	80
29 = 39/60	16809	—	16809	6723	60	17329	—	17331	6932	40
30 = 40/60	17240	—	17241	6896	40	17773	33	17775	7110	—
31 = 81/120	17455	50	17457	6982	80	17995	50	17997	7198	80
32 = 82/120	17671	—	17673	7069	20	18217	67	18219	7287	60
33 = 83/120	17886	50	17889	7155	60	18439	83	18441	7376	40
34 = 84/120	18102	—	18102	7240	80	18662	—	18663	7465	20
35 = 85/120	18317	50	18318	7327	20	16884	17	18885	7554	—
36 = 86/120	18533	—	18534	7413	60	19106	33	19107	7642	80
37 = 87/120	18748	50	18750	7500	—	19328	50	19329	7731	60
38 = 88/120	18964	—	18966	7586	40	19550	67	19551	7820	40
39 = 89/120	19179	50	19182	7672	80	19772	83	19773	7909	20
40 = 90/120	19395	—	19395	7758	—	19995	—	19995	7998	—

geldes bei einem Grundgehalt (und einem Ortszuschlag) von ℳ

22 800			(4160)		24 000			(4160)	
Ruhegehalt			Witwengeld		Ruhegehalt			Witwengeld	
genau		rund			genau		rund		
ℳ	₰	ℳ	ℳ	₰	ℳ	₰	ℳ	ℳ	₰
8986	67	8988	3595	20	9386	67	9387	3754	80
9436	—	9438	3775	20	9856	—	9858	3943	20
9885	33	9888	3955	20	10325	33	10326	4130	40
10334	67	10335	4134	—	10794	67	10797	4318	80
10784	—	10785	4314	—	11264	—	11265	4506	—
11233	33	11235	4494	—	11733	33	11736	4694	40
11682	67	11685	4674	—	12202	67	12204	4881	60
12132	—	12132	4852	80	12672	—	12672	5068	80
12581	33	12582	5032	80	13141	33	13143	5257	20
13030	67	13032	5212	80	14610	67	13611	5444	40
13480	—	13482	5392	80	14080	—	14082	5632	80
13929	33	13932	5572	80	14549	33	14550	5820	—
14378	67	14379	5751	60	15018	67	15021	6008	40
14828	—	14829	5931	60	15488	—	15489	6195	60
15277	33	15279	6111	60	15957	33	15960	6384	—
15726	67	15729	6291	60	16426	67	16428	6571	20
16176	—	16176	6470	40	16896	—	16896	6758	40
16625	33	16626	6650	40	17365	33	17367	6946	80
17074	67	17076	6830	40	17834	67	17835	7134	—
17524	—	17526	7010	40	18304	—	18306	7322	40
17973	33	17976	7190	40	18773	33	18774	7509	60
18198	—	18198	7279	20	19008	—	19008	7603	20
18422	67	18423	7369	20	19242	67	19245	7698	—
18647	33	18648	7459	20	19477	33	19479	7791	60
18872	—	18873	7549	20	19712	—	19713	7885	20
19096	67	19098	7639	20	19946	67	19947	7978	80
19321	33	19323	7729	20	20181	33	20184	8073	60
19546	—	19548	7819	20	20416	—	20418	8167	20
19770	67	19773	7909	20	20650	67	20652	8260	80
19995	33	19998	7999	20	20885	33	20886	8354	40
20220	—	20220	8088	—	21120	—	21120	8448	—

Volle Dienstjahre	Jahresbetrag des Ruhegehalts und des Witwen- ruhegehaltsfähigen									
	25 000			(4160)		25 500			(4160)	
	Ruhegehalt			Witwengeld		Ruhegehalt			Witwengeld	
	genau		rund			genau		rund		
	M	Pf	M	M	Pf	M	Pf	M	M	Pf
$10 = {}^{20}/_{60}$	9720	—	9720	3888	—	9886	67	9888	3955	20
$11 = {}^{21}/_{60}$	10206	—	10206	4082	40	10381	—	10383	4153	20
$12 = {}^{22}/_{60}$	10692	—	10692	4276	80	10875	33	10878	4351	20
$13 = {}^{23}/_{60}$	11178	—	11178	4471	20	11369	67	11370	4548	—
$14 = {}^{24}/_{60}$	11664	—	11664	4665	60	11864	—	11865	4746	—
$15 = {}^{25}/_{60}$	12150	—	12150	4860	—	12358	33	12360	4944	—
$16 = {}^{26}/_{60}$	12636	—	12636	5054	40	12852	67	12855	5142	—
$17 = {}^{27}/_{60}$	13122	—	13122	5248	80	13347	—	13347	5338	80
$18 = {}^{28}/_{60}$	13608	—	13608	5443	20	13841	33	13842	5536	80
$19 = {}^{29}/_{60}$	14094	—	14094	5637	60	14335	67	14337	5734	80
$20 = {}^{30}/_{60}$	14580	—	14580	5832	—	14830	—	14832	5932	80
$21 = {}^{31}/_{60}$	15066	—	15066	6026	40	15324	33	15327	6130	80
$22 = {}^{32}/_{60}$	15552	—	15552	6220	80	15818	67	15819	6327	60
$23 = {}^{33}/_{60}$	16038	—	16038	6415	20	16313	—	16314	6525	60
$24 = {}^{34}/_{60}$	16524	—	16524	6609	60	16807	33	16809	6723	60
$25 = {}^{35}/_{60}$	17010	—	17010	6804	—	17301	67	17304	6921	60
$26 = {}^{36}/_{60}$	17496	—	17496	6998	40	17796	—	17796	7118	40
$27 = {}^{37}/_{60}$	17982	—	17982	7192	80	18290	33	18291	7316	40
$28 = {}^{38}/_{60}$	18468	—	18468	7387	20	18784	67	18786	7514	40
$29 = {}^{39}/_{60}$	18954	—	18954	7581	60	19279	—	19281	7712	40
$30 = {}^{40}/_{60}$	19440	—	19440	7776	—	19773	33	19776	7910	40
$31 = {}^{81}/_{120}$	19683	—	19683	7873	20	20020	50	20022	8008	80
$32 = {}^{82}/_{120}$	19926	—	19926	7970	40	20267	67	20268	8107	20
$33 = {}^{83}/_{120}$	20169	—	20169	8067	60	20514	83	20517	8206	80
$34 = {}^{84}/_{120}$	20412	—	20412	8164	80	20762	—	20763	8305	20
$35 = {}^{85}/_{120}$	20655	—	20655	8262	—	21009	17	21012	8404	80
$36 = {}^{86}/_{120}$	20898	—	20898	8359	20	21256	33	21258	8503	20
$37 = {}^{87}/_{120}$	21141	—	21141	8456	40	21503	50	21504	8601	60
$38 = {}^{88}/_{120}$	21384	—	21384	8553	60	21750	67	21753	8701	20
$39 = {}^{89}/_{120}$	21627	—	21627	8650	80	21997	83	21999	8799	60
$40 = {}^{90}/_{120}$	21870	—	21870	8748	—	22245	—	22245	8898	—

geldes bei einem Grundgehalt (und einem Ortszuschlag) von ℳ

26000			(4680)		26800			(4680)	
Ruhegehalt			Witwengeld		Ruhegehalt			Witwengeld	
genau		rund			genau		rund		
ℳ	₰	ℳ	ℳ	₰	ℳ	₰	ℳ	ℳ	₰
10226	67	10227	4090	80	10493	33	10494	4197	60
10738	—	10740	4296	—	11018	—	11019	4407	60
11249	33	11250	4500	—	11542	67	11543	4617	20
11760	67	11763	4705	20	12067	33	12069	4827	60
12272	—	12273	4909	20	12592	—	12594	5037	60
12783	33	12786	5114	40	13116	67	13119	5247	60
13294	67	13296	5318	40	13641	33	13644	5457	60
13806	—	13806	5522	40	14166	—	14166	5666	40
14317	33	14319	5727	60	14690	67	14691	5876	40
14828	67	14829	5931	60	15215	33	15218	6087	20
15340	—	15342	6136	80	15740	—	15741	6296	40
15851	33	15852	6340	80	16264	67	16266	6506	40
16362	67	16365	6546	—	16789	33	16791	6716	40
16874	—	16875	6750	—	17314	—	17316	6926	40
17385	33	17388	6955	20	17838	67	17841	7136	40
17896	67	17898	7159	20	18363	33	18366	7346	40
18408	—	18408	7363	20	18888	—	18888	7555	20
18919	33	18921	7568	40	19412	67	19413	7765	20
19430	67	19431	7772	40	19937	33	19938	7975	20
19942	—	19944	7977	60	20462	—	20463	8185	20
20453	33	20454	8181	60	20986	67	20988	8395	20
20709	—	20709	8283	60	21249	—	21249	8499	60
20964	67	20967	8386	80	21511	33	21513	8605	20
21220	33	21222	8488	80	21773	67	21774	8709	60
21476	—	21477	8590	80	22036	—	22038	8815	20
21731	67	21732	8692	80	22298	33	22301	8920	40
21987	33	21990	8796	—	22560	67	22563	9025	20
22243	—	22245	8898	—	22823	—	22824	9129	60
22498	67	22500	9000	—	23085	33	23088	9235	20
22754	33	22755	9102	—	23347	67	23349	9339	60
23010	—	23010	9204	—	23610	—	23610	9444	—

Volle Dienstjahre	Jahresbetrag des Ruhegehalts und des Witwen- ruhegehaltsfähigen 27 000 (4680) Ruhegehalt genau ℳ	₰	Ruhegehalt rund ℳ	Witwengeld ℳ	₰	28 500 (4680) Ruhegehalt genau ℳ	₰	Ruhegehalt rund ℳ	Witwengeld ℳ	₰
10 = 20/60	10560	—	10560	4224	—	11060	—	11061	4424	40
11 = 21/60	11088	—	11088	4435	20	11613	—	11613	4645	20
12 = 22/60	11616	—	11616	4646	40	12166	—	12168	4867	20
13 = 23/60	12144	—	12144	4857	60	12719	—	12720	5088	—
14 = 24/60	12672	—	12672	5068	80	13272	—	13272	5308	80
15 = 25/60	13200	—	13200	5280	—	13825	—	13827	5530	80
16 = 26/60	13728	—	13728	5491	20	14378	—	14379	5751	60
17 = 27/60	14256	—	14256	5702	40	14931	—	14931	5972	40
18 = 28/60	14784	—	14784	5913	60	15484	—	15486	6194	40
19 = 29/60	15312	—	15312	6124	80	16037	—	16038	6415	20
20 = 30/60	15840	—	15840	6336	—	16590	—	16590	6636	—
21 = 31/60	16368	—	16368	6547	20	17143	—	17145	6858	—
22 = 32/60	16896	—	16896	6758	40	17696	—	17697	7078	80
23 = 33/60	17424	—	17424	6969	60	18249	—	18249	7299	60
24 = 34/60	17952	—	17952	7180	80	18802	—	18804	7521	60
25 = 35/60	18480	—	18480	7392	—	19355	—	19356	7742	40
26 = 36/60	19008	—	19008	7603	20	19908	—	19908	7963	20
27 = 37/60	19536	—	19536	7814	40	20461	—	20463	8185	20
28 = 38/60	20064	—	20064	8025	60	21014	—	21015	8406	—
29 = 39/60	20592	—	20592	8236	80	21567	—	21567	8626	80
30 = 40/60	21120	—	21120	8448	—	22120	—	22122	8848	80
31 = 81/120	21384	—	21384	8553	60	22396	50	22398	8959	20
32 = 82/120	21648	—	21648	8659	20	22673	—	22674	9069	60
33 = 83/120	21912	—	21912	8764	80	22949	50	22950	9180	—
34 = 84/120	22176	—	22176	8870	40	23226	—	23226	9290	40
35 = 85/120	22440	—	22440	8976	—	23502	50	23505	9402	—
36 = 86/120	22704	—	22704	9081	60	23779	—	23781	9512	40
37 = 87/120	22968	—	22968	9187	20	24055	50	24057	9622	80
38 = 88/120	23232	—	23232	9292	80	24332	—	24333	9733	20
39 = 89/120	23496	—	23496	9398	40	24608	50	24609	9843	60
40 = 90/120	23760	—	23760	9504	—	24885	—	24885	9954	—

geldes bei einem Grundgehalt (und einem Ortszuschlag) von ℳ

28 600			(4680)		30 000			(4680)	
Ruhegehalt			Witwengeld		Ruhegehalt			Witwengeld	
genau		rund			genau		rund		
ℳ	₰	ℳ	ℳ	₰	ℳ	₰	ℳ	ℳ	₰
11093	33	11094	4437	60	11560	—	11560	4624	—
11648	—	11649	4659	60	12138	—	12138	4855	20
12202	67	12204	4881	60	12716	—	12717	5086	80
12757	33	12759	5103	60	13294	—	13296	5318	40
13312	—	13314	5325	60	13872	—	13872	5548	80
13866	67	13869	5547	60	14450	—	14451	5780	40
14421	33	14424	5769	60	15028	—	15030	6012	—
14976	—	14976	5990	40	15606	—	15606	6242	40
15530	67	15531	6212	40	16184	—	16185	6474	—
16085	33	16086	6434	40	16762	—	16764	6705	60
16640	—	16641	6656	40	17340	—	17340	6936	—
17194	67	17196	6878	40	17918	—	17919	7167	60
17749	33	17751	7100	40	18496	—	18498	7399	20
18304	—	18306	7322	40	19074	—	19074	7629	60
18858	67	18861	7544	40	19652	—	19653	7861	20
19413	33	19416	7766	40	20230	—	20232	8092	80
19968	—	19968	7987	20	20808	—	20808	8323	20
20522	67	20523	8209	20	21386	—	21387	8554	80
21077	33	21078	8431	20	21964	—	21966	8786	40
21632	—	21633	8653	20	22542	—	22542	9016	80
22186	67	22188	8875	20	23120	—	23121	9248	40
22464	—	22464	8985	60	23409	—	23409	9363	60
22741	33	22743	9097	20	23698	—	23700	9480	—
23018	67	23019	9207	60	23987	—	23988	9595	20
23296	—	23298	9319	20	24276	—	24276	9710	40
23573	33	23574	9429	60	24565	—	24567	9826	80
23850	67	23853	9541	20	24854	—	24855	9942	—
24128	—	24129	9651	60	25143	—	25143	10057	20
24405	33	24408	9763	20	25432	—	25434	10173	60
24682	67	24684	9873	60	25721	—	25721	10288	40
24960	—	24960	9984	—	26010	—	26010	10404	—

Volle Diensjahre	Jahresbetrag des Ruhegehalts und des Witwen- ruhegehaltsfähigen									
	30400			(4680)		31 000			(4680)	
	Ruhegehalt genau		Ruhegehalt rund	Witwengeld		Ruhegehalt genau		Ruhegehalt rund	Witwengeld	
	ℳ	₰	ℳ	ℳ	₰	ℳ	₰	ℳ	ℳ	₰
10 = 20/60	11693	33	11694	4677	60	11893	33	11895	4758	—
11 = 21/60	12278	—	12279	4911	60	12488	—	12489	4995	60
12 = 22/60	12862	67	12864	5145	60	13082	67	13083	5233	20
13 = 23/60	13447	33	13449	5379	60	13677	33	13680	5472	—
14 = 24/60	14032	—	14034	5613	60	14272	—	14274	5709	60
15 = 25/60	14616	67	14619	5847	60	14866	67	14868	5947	20
16 = 26/60	15201	33	15204	6081	60	15461	33	15462	6184	80
17 = 27/60	15786	—	15786	6314	40	16056	—	16056	6422	40
18 = 28/60	16370	67	16371	6548	40	16650	67	16653	6661	20
19 = 29/60	16955	33	16956	6782	40	17245	33	17247	6898	80
20 = 30/60	17540	—	17541	7016	40	17840	—	17841	7136	40
21 = 31/60	18124	67	18126	7250	40	18434	67	18435	7374	—
22 = 32/60	18709	33	18711	7484	40	19029	33	19032	7612	80
23 = 33/60	19294	—	19296	7718	40	19624	—	19626	7850	40
24 = 34/60	19878	67	19881	7952	40	20218	67	20220	8088	—
25 = 35/60	20463	33	20466	8186	40	20813	33	20814	8325	60
26 = 36/60	21048	—	21048	8419	20	21408	—	21408	8563	20
27 = 37/60	21632	67	21633	8653	20	22002	67	22005	8802	—
28 = 38/60	22217	33	22218	8887	20	22597	33	22599	9039	60
29 = 39/60	22802	—	22803	9121	20	23192	—	23193	9277	20
30 = 40/60	23386	67	23388	9355	20	23786	67	23787	9514	80
31 = 81/120	23679	—	23679	9471	60	24084	—	24084	9633	60
32 = 82/120	23971	33	23973	9589	20	24381	33	24384	9753	60
33 = 83/120	24263	67	24264	9705	60	24678	67	24681	9872	40
34 = 84/120	24556	—	24558	9823	20	24976	—	24978	9991	20
35 = 85/120	24848	33	24849	9939	60	25273	33	25275	10110	—
36 = 86/120	25140	67	25143	10057	20	25570	67	25572	10228	80
37 = 87/120	25433	—	25434	10173	60	25868	—	25869	10347	60
38 = 88/120	25725	33	25728	10291	20	26165	33	26166	10466	40
39 = 89/120	26017	67	26019	10407	60	26462	67	26463	10585	20
40 = 90/120	26310	—	26310	10524	—	26760	—	26760	10704	—

gelbes bei einem Grundgehalt (und einem Ortszuschlag) von ℳ

32000			(4680)		32200			(4680)	
Ruhegehalt			Witwengeld		Ruhegehalt			Witwengeld	
genau		rund			genau		rund		
ℳ	₰	ℳ	ℳ	₰	ℳ	₰	ℳ	ℳ	₰
12226	67	12228	4891	20	12293	33	12294	4917	60
12838	—	12840	5136	—	12908	—	12909	5163	60
13449	33	13452	5380	80	13522	67	13524	5409	60
14060	67	14061	5624	40	14137	33	14139	5655	60
14672	—	14673	5869	20	14752	—	14754	5901	60
15283	33	15285	6114	—	15366	67	15369	6147	60
15894	67	15897	6358	80	15981	33	15984	6393	60
16506	—	16506	6602	40	16596	—	16596	6638	40
17117	33	17118	6847	20	17210	67	17211	6884	40
17728	67	17730	7092	—	17825	33	17826	7130	40
18340	—	18342	7336	80	18440	—	18441	7376	40
18951	33	18954	7581	60	19054	67	19056	7622	40
19562	67	19563	7825	20	19669	33	19671	7868	40
20174	—	20175	8070	—	20284	—	20286	8114	40
20785	33	20787	8314	80	20898	67	20901	8360	40
21396	67	21399	8559	60	21513	33	21516	8606	40
22008	—	22008	8803	20	22128	—	22128	8851	20
22619	33	22620	9048	—	22742	67	22743	9097	20
23230	67	23232	9292	80	23357	33	23358	9343	20
23842	—	23844	9537	60	23972	—	23973	9589	20
24453	33	24456	9782	40	24586	67	24588	9835	20
24759	—	24762	9904	80	24894	—	24894	9957	60
25064	67	25065	10026	—	25201	33	25203	10081	20
25370	33	25371	10148	40	25508	67	25509	10203	60
25676	—	25677	10270	80	26816	—	25818	10327	20
25981	67	25983	10393	20	26123	33	26124	10449	60
26287	33	26289	10515	60	26430	67	26433	10573	20
26593	—	26595	10638	—	26738	—	26739	10695	60
26898	67	26901	10760	40	27045	33	27048	10819	20
27204	33	27207	10882	80	27352	67	27354	10941	60
27510	—	27510	11004	—	27660	—	27660	11064	—

Volle Dienstjahre	Jahresbetrag des Ruhegehalts und des Witwen- ruhegehaltsfähigen									
	33 800			(4680)		34 000			(4680)	
	Ruhegehalt			Witwengeld		Ruhegehalt			Witwengeld	
	genau		rund			genau		rund		
	M	Pf	M	M	Pf	M	Pf	M	M	Pf
10 = 20/60	12826	67	12828	5131	20	12893	33	12894	5157	60
11 = 21/60	13468	—	13470	5388	—	13538	—	13539	5415	60
12 = 22/60	14109	33	14112	5644	80	14182	67	14184	5673	60
13 = 23/60	14750	67	14751	5900	40	14827	33	14829	5931	60
14 = 24/60	15392	—	15393	6157	20	15472	—	15474	6189	60
15 = 25/60	16033	33	16035	6414	—	16116	67	16119	6447	60
16 = 26/60	16674	67	16677	6670	80	16761	33	16764	6705	60
17 = 27/60	17316	—	17316	6926	40	17406	—	17406	6962	40
18 = 28/60	17957	33	17958	7183	20	18050	67	18051	7220	40
19 = 29/60	18598	67	18600	7440	—	18695	33	18696	7478	40
20 = 30/60	19240	—	19242	7696	80	19340	—	19341	7736	40
21 = 31/60	19881	33	19884	7953	60	19984	67	19986	7994	40
22 = 32/60	20522	67	20523	8209	20	20629	33	20631	8252	40
23 = 33/60	21164	—	21165	8466	—	21274	—	21276	8510	40
24 = 34/60	21805	33	21807	8722	80	21918	67	21921	8768	40
25 = 35/60	22446	67	22449	8979	60	22563	33	22566	9026	40
26 = 36/60	23088	—	23088	9235	20	23208	—	23208	9283	20
27 = 37/60	23729	33	23730	9492	—	23852	67	23853	9541	20
28 = 38/60	24370	67	24372	9748	80	24497	33	24498	9799	20
29 = 39/60	25012	—	25014	10005	60	25142	—	25143	10057	20
30 = 40/60	25653	33	25656	10262	40	25786	67	25788	10315	20
31 = 81/120	25974	—	25974	10389	60	26109	—	26109	10443	60
32 = 82/120	26294	67	26295	10518	—	26431	33	26433	10573	20
33 = 83/120	26615	33	26616	10646	40	26753	67	26754	10701	60
34 = 84/120	26936	—	26937	10774	80	27076	—	27078	10831	20
35 = 85/120	27256	67	27258	10903	20	27398	33	27399	10959	60
36 = 86/120	27577	33	27579	11031	60	27720	67	27723	11089	20
37 = 87/120	27898	—	27900	11160	—	28043	—	28044	11217	60
38 = 88/120	28218	67	28221	11288	40	28365	33	28368	11347	20
39 = 89/120	28539	33	28542	11416	80	28687	67	28689	11475	60
40 = 90/120	28860	—	28860	11544	—	29010	—	29010	11604	—

geldes bei einem Grundgehalt (und einem Ortszuschlag) von ℳ

35 400			(4680)		36 000			(4680)	
Ruhegehalt			Witwengeld		Ruhegehalt			Witwengeld	
genau		rund			genau		rund		
ℳ	₰	ℳ	ℳ	₰	ℳ	₰	ℳ	ℳ	₰
13360	—	13362	5344	80	13560	—	13560	5424	—
14028	—	14028	5611	20	14238	—	14238	5695	20
14696	—	14697	5878	80	14916	—	14916	5966	40
15364	—	15366	6146	40	15594	—	15594	6237	60
16032	—	16032	6412	80	16272	—	16272	6508	80
16700	—	16701	6680	40	16950	—	16950	6780	—
17368	—	17370	6948	—	17628	—	17628	7051	20
18036	—	18036	7214	40	18306	—	18306	7322	40
18704	—	18705	7482	—	18984	—	18984	7593	60
19372	—	19374	7749	60	19662	—	19662	7864	80
20040	—	20040	8016	—	20340	—	20340	8136	—
20708	—	20709	8283	60	21018	—	21018	8407	20
21376	—	21378	8551	20	21696	—	21696	8678	40
22044	—	22044	8817	60	22374	—	22374	8949	60
22712	—	22713	9085	20	23052	—	23052	9220	80
23380	—	23382	9352	80	23730	—	23730	9492	—
24048	—	24048	9619	20	24408	—	24408	9763	20
24716	—	24717	9886	80	25086	—	25086	10034	40
25384	—	25386	10154	40	25764	—	25764	10305	60
26052	—	26052	10420	80	26442	—	26442	10576	80
26720	—	26721	10688	40	27120	—	27120	10848	—
27054	—	27054	10821	60	27459	—	27459	10983	60
27388	—	27390	10956	—	27798	—	27798	11119	20
27722	—	27723	11089	20	28137	—	28137	11254	80
28056	—	28056	11222	40	28476	—	28476	11390	40
28390	—	28392	11356	80	28815	—	28815	11526	—
28724	—	28725	11490	—	29154	—	29154	11661	60
29058	—	29058	11623	20	29493	—	29493	11797	20
29392	—	29394	11757	60	29832	—	29832	11932	80
29726	—	29727	11890	80	30171	—	30171	12068	40
30060	—	30060	12024	—	30510	—	30510	12204	—

Volle Dienstjahre	Jahresbetrag des Ruhegehalts und des Witwen- ruhegehaltsfähigen 37 000 Ruhegehalt genau ℳ	₰	rund ℳ	(4680) Witwengeld ℳ	₰	38 000 Ruhegehalt genau ℳ	₰	rund ℳ	(4680) Witwengeld ℳ	₰
10 = 20/60	13893	33	13896	5558	40	14226	67	14229	5691	60
11 = 21/60	14588	—	14589	5835	60	14938	—	14940	5976	—
12 = 22/60	15282	67	15285	6114	—	15649	33	15651	6260	40
13 = 23/60	15977	33	15978	6391	20	16360	67	16362	6544	80
14 = 24/60	16672	—	16674	6669	60	17072	—	17073	6829	20
15 = 25/60	17366	67	17367	6946	80	17783	33	17784	7113	60
16 = 26/60	18061	33	18063	7225	20	18494	67	18495	7398	—
17 = 27/60	18756	—	18756	7502	40	19206	—	19206	7682	40
18 = 28/60	19450	67	19452	7780	80	19917	33	19920	7968	—
19 = 29/60	20145	33	20148	8059	20	20628	67	20631	8252	40
20 = 30/60	20840	—	20841	8336	40	21340	—	21342	8536	80
21 = 31/60	21534	67	21537	8614	80	22051	33	22053	8821	20
22 = 32/60	22229	33	22230	8892	—	22762	67	22764	9105	60
23 = 33/60	22924	—	22926	9170	40	23474	—	23475	9390	—
24 = 34/60	23618	67	23619	9447	60	24185	33	24186	9674	40
25 = 35/60	24313	33	24315	9726	—	24896	67	24897	9958	80
26 = 36/60	25008	—	25008	10003	20	25608	—	25608	10243	20
27 = 37/60	25702	67	25704	10281	60	26319	33	26322	10528	80
28 = 38/60	26397	33	26400	10560	—	27030	67	27033	10813	20
29 = 39/60	27092	—	27093	10837	20	27742	—	27744	11097	60
30 = 40/60	27786	67	27789	11115	60	28453	33	28455	11382	—
31 = 81/120	28134	—	28134	11253	60	28809	—	28809	11523	60
32 = 82/120	28481	33	28482	11392	80	29164	67	29166	11666	40
33 = 83/120	28828	67	28830	11532	—	29520	33	29523	11809	20
34 = 84/120	29176	—	29178	11671	20	29876	—	29877	11950	80
35 = 85/120	29523	33	29526	11810	40	30231	67	30234	12093	60
36 = 86/120	29870	67	29871	11948	40	30587	33	30588	12235	20
37 = 87/120	30218	—	30219	12087	60	30943	—	30945	12378	—
38 = 88/120	30565	33	30567	12226	80	31298	67	31299	12519	60
39 = 89/120	30912	67	30915	12366	—	31654	33	31656	12662	40
40 = 90/120	31260	—	31260	12504	—	32010	—	32010	12804	—

geldes bei einem Grundgehalt (und einem Ortszuschlag) von ℳ

40000			(5200)		41500			(5200)	
Ruhegehalt			Witwengeld		Ruhegehalt			Witwengeld	
genau		rund			genau		rund		
ℳ	₰	ℳ	ℳ	₰	ℳ	₰	ℳ	ℳ	₰
15066	67	15069	6027	60	15566	67	15567	6226	80
15820	—	15822	6328	80	16345	—	16347	6538	80
16573	33	16575	6630	—	17123	33	17124	6849	60
17326	67	17328	6931	20	17901	67	17904	7161	60
18080	—	18081	7232	40	18680	—	18681	7472	40
18833	33	18834	7533	60	19458	33	19461	7784	40
19586	67	19587	7834	80	20236	67	20238	8095	20
20340	—	20340	8136	—	21015	—	21015	8406	—
21093	33	21096	8438	40	21793	33	21795	8718	—
21846	67	21849	8739	60	22571	67	22572	9028	80
22600	—	22602	9040	80	23350	—	23352	9340	80
23353	33	23355	9342	—	24128	33	24129	9651	60
24106	67	24108	9643	20	24906	67	24909	9963	60
24860	—	24861	9944	40	25685	—	25686	10274	40
25613	33	25614	10245	60	26463	33	26466	10586	40
26366	67	26367	10546	80	27241	67	27243	10897	20
27120	—	27120	10848	—	28020	—	28020	11208	—
27873	33	27876	11150	40	28798	33	28800	11520	—
28626	67	28629	11451	60	29576	67	29577	11830	80
29380	—	29382	11752	80	30355	—	30357	12142	80
30133	33	30135	12054	—	31133	33	31134	12453	60
30510	—	30510	12204	—	31522	50	31524	12609	60
30886	67	30888	12355	20	31911	67	31914	12765	60
31263	33	31266	12506	40	32300	83	32301	12920	40
31640	—	31641	12656	40	32690	—	32691	13076	40
32016	67	32019	12807	60	33079	17	33081	13232	40
32393	33	32394	12957	60	33468	33	33471	13388	40
32770	—	32772	13108	80	33857	50	33858	13543	20
33146	67	33147	13258	80	34246	67	34248	13699	20
33523	33	33525	13410	—	34635	83	34638	13855	20
33900	—	33900	13560	—	35025	—	35025	14010	—

Volle Dienstjahre	Jahresbetrag des Ruhegehalts und des Witwen- ruhegehaltsfähigen									
	42000			(5200)		44 000			(5200)	
	Ruhegehalt			Witwen- geld		Ruhegehalt			Witwen- geld	
	genau		rund			genau		rund		
	ℳ	₰	ℳ	ℳ	₰	ℳ	₰	ℳ	ℳ	₰
10 = 20/60	15733	33	15735	6294	—	16400	—	16401	6560	40
11 = 21/60	16520	—	16521	6608	40	17220	—	17220	6888	—
12 = 22/60	17306	67	17307	6922	80	18040	—	18042	7216	80
13 = 23/60	18093	33	18096	7238	40	18860	—	18861	7544	40
14 = 24/60	18880	—	18882	7552	80	19680	—	19680	7872	—
15 = 25/60	19666	67	19668	7867	20	20500	—	20502	8200	80
16 = 26/60	20453	33	20454	8181	60	21320	—	21321	8528	40
17 = 27/60	21240	—	21240	8496	—	22140	—	22140	8856	—
18 = 28/60	22026	67	22029	8811	60	22960	—	22962	9184	80
19 = 29/60	22813	33	22815	9126	—	23780	—	23781	9512	40
20 = 30/60	23600	—	23601	9440	40	24600	—	24600	9840	—
21 = 31/60	24386	67	24387	9754	80	25420	—	25422	10168	80
22 = 32/60	25173	33	25176	10070	40	26240	—	26241	10496	40
23 = 33/60	25960	—	25962	10384	80	27060	—	27060	10824	—
24 = 34/60	26746	67	26748	10699	20	27880	—	27882	11152	80
25 = 35/60	27533	33	27534	11013	60	28700	—	28701	11480	40
26 = 36/60	28320	—	28320	11328	—	29520	—	29520	11808	—
27 = 37/60	29106	67	29109	11643	60	30340	—	30342	12136	80
28 = 38/60	29893	33	29895	11958	—	31160	—	31161	12464	40
29 = 39/60	30680	—	30681	12272	40	31980	—	31980	12792	—
30 = 40/60	31466	67	31467	12586	80	32800	—	32802	13120	80
31 = 81/120	31860	—	31860	12744	—	33210	—	33210	13284	—
32 = 82/120	32253	33	32256	12902	40	33620	—	33621	13448	40
33 = 83/120	32646	67	32649	13059	60	34030	—	34032	13612	80
34 = 84/120	33040	—	33042	13216	80	34440	—	34440	13776	—
35 = 85/120	33433	33	33435	13374	—	34850	—	34851	13940	40
36 = 86/120	33826	67	33828	13531	20	35260	—	35262	14104	80
37 = 87/120	34220	—	34221	13688	40	35670	—	35670	14268	—
38 = 88/120	34613	33	34614	13845	60	36080	—	36081	14432	40
39 = 89/120	35006	67	35007	14002	80	36490	—	36492	14596	80
40 = 90/120	35400	—	35400	14160	—	36900	—	36900	14760	—

geldes bei einem Grundgehalt (und einem Ortszuschlag) von ℳ

45 000			(5200)		48 000			(5200)	
Ruhegehalt			Witwengeld		Ruhegehalt			Witwengeld	
genau		rund			genau		rund		
ℳ	₰	ℳ	ℳ	₰	ℳ	₰	ℳ	ℳ	₰
16733	33	16734	6693	60	17733	33	17736	7094	40
17570	—	17571	7028	40	18620	—	18621	7448	40
18406	67	18408	7363	20	19506	67	19509	7803	60
19243	33	19245	7698	—	20393	33	20394	8157	60
20080	—	20082	8032	80	21280	—	21282	8512	80
20916	67	20919	8367	60	22166	67	22167	8866	80
21753	33	21756	8702	40	23053	33	23055	9222	—
22590	—	22590	9036	—	23940	—	23940	9576	—
23426	67	23427	9370	80	24826	67	24828	9931	20
24263	33	24264	9705	60	25713	33	25716	10286	40
25100	—	25101	10040	40	26600	—	26601	10640	40
25936	67	25938	10375	20	27486	67	27489	10995	60
26773	33	26775	10710	—	28373	33	28374	11349	60
27610	—	27612	11044	80	29260	—	29262	11704	80
28446	67	28449	11379	60	30146	67	30147	12058	80
29283	33	29286	11714	40	31033	33	31035	12414	—
30120	—	30120	12048	—	31920	—	31920	12768	—
30956	67	30957	12382	80	32806	67	32808	13123	20
31793	33	31794	12717	60	33693	33	33696	13478	40
32630	—	32631	13052	40	34580	—	34581	13832	40
33466	67	33468	13387	20	35466	67	35469	14187	60
33885	—	33885	13554	—	35910	—	35910	14364	—
34303	33	34305	13722	—	36353	33	36354	14541	60
34721	67	34722	13888	80	36796	67	36798	14719	20
35140	—	35142	14056	80	37240	—	37242	14896	80
35558	33	35559	14223	60	37683	33	37686	15074	40
35976	67	35979	14391	60	38126	67	38127	15250	80
36395	—	36396	14558	40	38570	—	38571	15428	40
36813	33	36816	14726	40	39013	33	39015	15606	—
37231	67	37233	14893	20	39456	67	39459	15783	60
37650	—	37650	15060	—	39900	—	39900	15960	—

Volle Dienstjahre	Jahresbetrag des Ruhegehalts und des Witwenruhegehaltsfähigen									
	51 000			(5200)		53 000			(5200)	
	Ruhegehalt			Witwengeld		Ruhegehalt			Witwengeld	
	genau		rund			genau		rund		
	ℳ	₰	ℳ	ℳ	₰	ℳ	₰	ℳ	ℳ	₰
10 = 20/60	18733	33	18735	7494	—	19400	—	19401	7760	40
11 = 21/60	19670	—	19671	7868	40	20370	—	20370	8148	—
12 = 22/60	20606	67	20607	8242	80	21340	—	21342	8536	80
13 = 23/60	21543	33	21546	8618	40	22310	—	22311	8924	40
14 = 24/60	22480	—	22482	8992	80	23280	—	23280	9312	—
15 = 25/60	23416	67	23418	9367	20	24250	—	24252	9700	80
16 = 26/60	24353	33	24354	9741	60	25220	—	25221	10088	40
17 = 27/60	25290	—	25292	10116	80	26190	—	26190	10476	—
18 = 28/60	26226	67	26229	10491	60	27160	—	27162	10864	80
19 = 29/60	27163	33	27165	10866	—	28130	—	28131	11252	40
20 = 30/60	28100	—	28101	11240	40	29100	—	29100	11640	—
21 = 31/60	29036	67	29037	11614	80	30070	—	30072	12028	80
22 = 32/60	29973	33	29976	11990	40	31040	—	31041	12416	40
23 = 33/60	30910	—	30912	12364	80	32010	—	32010	12804	—
24 = 34/60	31846	67	31848	12739	20	32980	—	32982	13192	80
25 = 35/60	32783	33	32784	13113	60	33950	—	33951	13580	40
26 = 36/60	33720	—	33720	13488	—	34920	—	34920	13968	—
27 = 37/60	34656	67	34659	13863	60	35890	—	35892	14356	80
28 = 38/60	35593	33	35595	14238	—	36860	—	36861	14744	40
29 = 39/60	36530	—	36531	14612	40	37830	—	37830	15132	—
30 = 40/60	37466	67	37467	14986	80	38800	—	38802	15520	80
31 = 81/120	37935	—	37935	15174	—	39285	—	39285	15714	—
32 = 82/120	38403	33	38406	15362	40	39770	—	39771	15908	40
33 = 83/120	38871	67	38874	15549	60	40255	—	40257	16102	80
34 = 84/120	39340	—	39342	15736	80	40740	—	40740	16296	—
35 = 85/120	39808	33	39810	15924	—	41225	—	41226	16490	40
36 = 86/120	40276	67	40278	16111	20	41710	—	41712	16684	80
37 = 87/120	40745	—	40746	16298	40	42195	—	42195	16878	—
38 = 88/120	41213	33	31214	16485	60	42680	—	42681	17072	40
39 = 89/120	41681	67	41682	16672	80	43165	—	43167	17266	80
40 = 90/120	42150	—	42150	16860	—	43650	—	43650	17460	—

geldes bei einem Grundgehalt (und einem Ortszuschlag) von ℳ

54000			(5200)		57000			(5200)	
Ruhegehalt			Witwengeld		Ruhegehalt			Witwengeld	
genau		rund			genau		rund		
ℳ	₰	ℳ	ℳ	₰	ℳ	₰	ℳ	ℳ	₰
19733	33	19734	7893	60	20733	33	20736	8294	40
20720	—	20721	8288	40	21770	—	21771	8708	40
21706	67	21708	8683	20	22806	67	22809	9123	60
22693	33	22695	9078	—	23843	33	23844	9537	60
23680.	—	23682	9472	80	24880	—	24882	9952	80
24666	67	24669	9867	60	25916	67	25917	10366	80
25653	33	25656	10262	40	26953	33	26955	10782	—
26640	—	26640	10656	—	27990	—	27990	11196	—
27626	67	27627	11050	80	29026	67	29028	11611	20
28613	33	28614	11445	60	30063	33	30066	12026	40
29600	—	29601	11840	40	31100	—	31101	12440	40
30586	67	30588	12235	20	32136	67	32139	12855	60
31573	33	31575	12630	—	33173	33	33174	13269	60
32560	—	32562	13024	80	34210	—	34212	13684	80
33546	67	33549	13419	60	35246	67	35247	14098	80
34533	33	34536	13814	40	36283	33	36285	14514	—
35520	—	35520	14208	—	37320	—	37320	14928	—
36506	67	36507	14602	80	38356	67	38358	15343	20
37493	33	37494	14997	60	39393	33	39396	15758	40
38480	—	38481	15392	40	40430	—	40431	16172	40
39466	67	39468,	15787	20	41466	67	41469	16587	60
39960	—	39960	15984	—	41985	—	41985	16794	—
40453	33	40455	16182	—	42503	33	42504	17001	60
40946	67	40947	16378	80	43021	67	43023	17209	20
41440	—	41442	16576	80	43540	—	43542	17416	80
41933	33	41934	16773	60	44058	33	44061	17624	40
42426	67	42429	16971	60	44576	67	44577	17830	80
42920	—	42921	17168	40	45095	—	45096	18038	40
43413	33	43416	17366	40	45613	33	45615	18246	—
43906	67	43908	17563	20	46131	67	46134	18453	60
44400	—	44400	17760	—	46650	—	46650	18660	—

Volle Dienstjahre	Jahresbetrag des Ruhegehalts und des Witwen-ruhegehaltsfähigen									
	60000			(5200)		67 000			(5200)	
	Ruhegehalt			Witwengeld		Ruhegehalt			Witwengeld	
	genau		rund			genau		rund		
	M	Pf	M	M	Pf	M	Pf	M	M	Pf
10 = 20/60	21733	33	21735	8694	—	24066	67	24069	9627	60
11 = 21/60	22820	—	22821	9128	40	25270	—	25272	10108	80
12 = 22/60	23906	67	23907	9562	80	26473	33	26475	10590	—
13 = 23/60	24993	33	24996	9998	40	27676	67	27678	11071	20
14 = 24/60	26080	—	26082	10432	80	28880	—	28881	11552	40
15 = 25/60	27166	67	27168	10867	20	30083	33	30084	12033	60
16 = 26/60	28253	33	28254	11301	60	31286	67	31287	12514	80
17 = 27/60	29340	—	29340	11736	—	32490	—	32490	12996	—
18 = 28/60	30426	67	30429	12171	60	33693	33	33696	13478	40
19 = 29/60	31513	33	31515	12606	—	34896	67	34899	13959	60
20 = 30/60	32600	—	32601	13040	40	36100	—	36102	14440	80
21 = 31/60	33686	67	33687	13474	80	37303	33	37305	14922	—
22 = 32/60	34773	33	34776	13910	40	38506	67	38508	15403	20
23 = 33/60	35860	—	35862	14344	80	39710	—	39711	15884	40
24 = 34/60	36946	67	36948	14779	20	40913	33	40914	16365	60
25 = 35/60	38033	33	38034	15213	60	42116	67	42117	16846	80
26 = 36/60	39120	—	39120	15648	—	43320	—	43320	17328	—
27 = 37/60	40206	67	40209	16083	60	44523	33	44526	17810	40
28 = 38/60	41293	33	41295	16518	—	45726	67	45729	18291	60
29 = 39/60	42380	—	42381	16952	40	46930	—	46932	18772	80
30 = 40/60	43466	67	43467	17386	80	48133	33	48135	19254	—
31 = 81/120	44010	—	44010	17604	—	48735	—	48735	19494	—
32 = 82/120	44553	33	44556	17822	40	49336	67	49338	19735	20
33 = 83/120	45096	67	45099	18039	60	49938	33	49941	19976	40
34 = 84/120	45640	—	45642	18256	80	50540	—	50541	20216	40
35 = 85/120	46183	33	46185	18474	—	51141	67	51144	20457	60
36 = 86/120	46726	67	46728	18691	20	51743	33	51744	20697	60
37 = 87/120	47270	—	47271	18908	40	52345	—	52347	20938	80
38 = 88/120	47813	33	47814	19125	60	52946	67	52947	21178	80
39 = 89/120	48356	67	48357	19342	80	53548	33	53550	21420	—
40 = 90/120	48900	—	48900	19560	—	54150	—	54150	21660	—

geldes bei einem Grundgehalt (und einem Ortszuschlag) von ℳ

74 000			(5200)		80 000			(5200)	
Ruhegehalt			Witwengeld		Ruhegehalt			Witwengeld	
genau		rund			genau		rund		
ℳ	₰	ℳ	ℳ	₰	ℳ	₰	ℳ	ℳ	₰
26400	—	26400	10560	—	28400	—	28401	11360	40
27720	—	27720	11088	—	29820	—	29820	11928	—
29040	—	29040	11616	—	31240	—	31242	12496	80
30360	—	30360	12144	—	32660	—	32661	13064	40
31680	—	31680	12672	—	34080	—	34080	13632	—
33000	—	33000	13200	—	35500	—	35502	14200	80
34320	—	34320	13728	—	36920	—	36921	14768	40
35640	—	35640	14256	—	38340	—	38340	15336	—
36960	—	36960	14784	—	39760	—	39762	15904	80
38280	—	38280	15312	—	41180	—	41181	16472	40
39600	—	39600	15840	—	42600	—	42600	17040	—
40920	—	40920	16368	—	44020	—	44022	17608	80
42240	—	42240	16896	—	45440	—	45441	18176	40
43560	—	43560	17424	—	46860	—	46860	18744	—
44880	—	44880	17952	—	48280	—	48282	19312	80
46200	—	46200	18480	—	49700	—	49701	19880	40
47520	—	47520	19008	—	51120	—	51120	20448	—
48840	—	48840	19536	—	52540	—	52542	21016	80
50160	—	50160	20064	—	53960	—	53961	21584	40
51480	—	51480	20592	—	55380	—	55380	22152	—
52800	—	52800	21120	—	56800	—	56802	22720	80
53460	—	53460	21384	—	57510	—	57510	23004	—
54120	—	54120	21648	—	58220	—	58221	23288	40
54780	—	54780	21912	—	58930	—	58932	23572	80
55440	—	55440	22176	—	59640	—	59640	23856	—
56100	—	56100	22440	—	60350	—	60351	24140	40
56760	—	56760	22704	—	61060	—	61062	24424	80
57420	—	57420	22968	—	61770	—	61770	24708	—
58080	—	58080	23232	—	62480	—	62481	24992	40
58740	—	58740	23496	—	63190	—	63192	25276	80
59400	—	59400	23760	—	63900	—	63900	25560	—

Volle Dienstjahre	Jahresbetrag des Ruhegehalts und des Witwen- ruhegehaltsfähigen									
	90 000			(5200)		105 000			(5200)	
	Ruhegehalt			Witwengeld		Ruhegehalt			Witwengeld	
	genau		rund			genau		rund		
	ℳ	₰	ℳ	ℳ	₰	ℳ	₰	ℳ	ℳ	₰
10 = 20/60	31733	33	31734	12693	60	36733	33	36735	14694	—
11 = 21/60	33320	—	33321	13328	40	38570	—	38571	15428	40
12 = 22/60	34906	67	34908	13963	20	40406	67	40407	16162	80
13 = 23/60	36493	33	36495	14598	—	42243	33	42246	16898	40
14 = 24/60	38080	—	38082	15232	80	44080	—	44082	17632	80
15 = 25/60	39666	67	39669	15867	60	45916	67	45918	18367	20
16 = 26/60	41253	33	41256	16502	40	47753	33	47754	19101	60
17 = 27/60	42840	—	42840	17136	—	49590	—	49590	19836	—
18 = 28/60	44426	67	44427	17770	80	51426	67	51429	20571	60
19 = 29/60	46013	33	46014	18405	60	53263	33	53265	21306	—
20 = 30/60	47600	—	47601	19040	40	55100	—	55101	22040	40
21 = 31/60	49186	67	49188	19675	20	56936	67	56937	22774	80
22 = 32/60	50773	33	50775	20310	—	58773	33	58776	23510	40
23 = 33/60	52360	—	52362	20944	80	60610	—	60612	24244	80
24 = 34/60	53946	67	53949	21579	60	62446	67	62448	24979	20
25 = 35/60	55533	33	55536	22214	40	64283	33	64284	25713	60
26 = 36/60	57120	—	57120	22848	—	66120	—	66120	26448	—
27 = 37/60	58706	67	58707	23482	80	67956	67	67959	27183	60
28 = 38/60	60293	33	60294	24117	60	69793	33	69795	27918	—
29 = 39/60	61880	—	61881	24752	40	71630	—	71631	28000	—
30 = 40/60	63466	67	63468	25387	20	73466	67	73467	28000	—
31 = 81/120	64260	—	64260	25704	—	74385	—	74385	28000	—
32 = 82/120	65053	33	65055	26022	—	75303	33	75306	28000	—
33 = 83/120	65846	67	65847	26338	80	76221	67	76224	28000	—
34 = 84/120	66640	—	66642	26656	80	77140	—	77142	28000	—
35 = 85/120	67433	33	67434	26973	60	78058	33	78060	28000	—
36 = 86/120	68226	67	68229	27291	60	78976	67	78978	28000	—
37 = 87/120	69020	—	69021	27608	40	79895	—	79896	28000	—
38 = 88/120	69813	33	69816	27926	40	80813	33	80814	28000	—
39 = 89/120	70606	67	70608	28000	—	81731	67	81732	28000	—
40 = 90/120	71400	—	71400	28000	—	82650	—	82650	28000	—

geldes bei einem Grundgehalt (und einem Ortszuschlag) von ℳ

140 000		(5200)			180 000		(5200)		
Ruhegehalt			Witwengeld		Ruhegehalt			Witwengeld	
genau		rund			genau		rund		
ℳ	₰	ℳ	ℳ	₰	ℳ	₰	ℳ	ℳ	₰
48400	—	48402	19360	80	61733	33	61734	24693	60
50820	—	50820	20328	—	64820	—	64821	25928	40
53240	—	53241	21296	40	67906	67	67908	27163	20
55660	—	55662	22264	80	70993	33	70995	28000	—
58080	—	58080	23232	—	74080	—	74082	28000	—
60500	—	60501	24200	40	77166	67	77169	28000	—
62920	—	62922	25168	80	80253	33	80256	28000	—
65340	—	65340	26136	—	83340	—	83340	28000	—
67760	—	67761	27104	40	86426	67	86427	28000	—
70180	—	70182	28000	—	89513	33	89514	28000	—
72600	—	72600	28000	—	92600	—	92601	28000	—
75020	—	75021	28000	—	95686	67	95688	28000	—
77440	—	77442	28000	—	98773	33	98775	28000	—
79860	—	79860	28000	—	101860	—	101862	28000	—
82280	—	82281	28000	—	104946	67	104949	28000	—
84700	—	84702	28000	—	108033	33	108036	28000	—
87120	—	87120	28000	—	111120	—	111120	28000	—
89540	—	89541	28000	—	114206	67	114207	28000	—
91960	—	91962	28000	—	117293	33	117294	28000	—
94380	—	94380	28000	—	120380	—	120381	28000	—
96800	—	96801	28000	—	123466	67	123468	28000	—
98010	—	98010	28000	—	125010	—	125010	28000	—
99220	—	99222	28000	—	126553	33	126555	28000	—
100430	—	100431	28000	—	128096	67	128097	28000	—
101640	—	101640	28000	—	129640	—	129642	28000	—
102850	—	102852	28000	—	131183	33	131184	28000	—
104060	—	104061	28000	—	132726	67	132729	28000	—
105270	—	105270	28000	—	134270	—	134271	28000	—
106480	—	106482	28000	—	135813	33	135816	28000	—
107690	—	107691	28000	—	137356	67	137358	28000	—
108900	—	108900	28000	—	138900	—	138900	28000	—

Volle Dienstjahre	Jahresbetrag des Versorgungszuschlags zum Ruhegehalt bei einem																	
	7500		8100		8700		9300		9900		10 000		10 400		10 500		10 800	
	ℳ	₰	ℳ	₰	ℳ	₰	ℳ	₰	ℳ	₰	ℳ	₰	ℳ	₰	ℳ	₰	ℳ	₰
10 bis 19	958	—	1018	—	1078	—	1138	—	1198	—	1208	—	1248	—	1258	—	1288	—
20	958	20	1018	20	1078	20	1138	20	1198	20	1208	40	1248	—	1258	20	1288	20
21	990	—	1052	40	1114	20	1176	—	1238	40	1248	60	1290	—	1300	20	1331	40
22	1022	40	1086	—	1150	20	1214	40	1278	—	1288	80	1331	40	1342	20	1374	—
23	1054	20	1120	20	1186	20	1252	20	1318	20	1329	—	1372	80	1384	20	1417	20
24	1086	—	1153	80	1222	20	1290	—	1357	80	1369	20	1414	80	1426	20	1459	80
25	1117	80	1188	—	1258	20	1327	80	1398	—	1409	40	1456	20	1468	20	1503	—
26	1149	60	1221	60	1293	60	1365	60	1437	60	1449	60	1497	60	1509	60	1545	60
27	1182	—	1255	80	1329	60	1404	—	1477	80	1490	40	1539	60	1551	60	1588	80
28	1213	80	1290	—	1365	60	1441	80	1518	—	1530	60	1581	—	1593	60	1632	—
29	1245	60	1323	60	1401	60	1479	60	1557	60	1570	80	1622	40	1635	60	1674	60
30	1277	40	1357	80	1437	60	1517	40	1597	80	1611	—	1664	60	1677	60	1717	80
31	1293	60	1374	60	1455	60	1536	60	1617	60	1630	80	1684	80	1698	60	1738	80
32	1309	80	1391	40	1473	60	1555	80	1637	40	1651	20	1705	80	1719	60	1760	40
33	1325	40	1408	80	1491	60	1574	40	1657	80	1671	60	1726	80	1740	60	1782	—
34	1341	60	1425	60	1509	60	1593	60	1677	60	1691	40	1747	20	1761	60	1803	60
35	1357	20	1442	40	1527	60	1612	20	1697	40	1711	80	1768	20	1782	60	1825	20
36	1373	40	1459	20	1545	60	1631	40	1717	20	1731	60	1789	20	1803	60	1846	20
37	1389	60	1476	60	1563	60	1650	60	1737	60	1752	—	1809	60	1824	60	1867	80
38	1405	20	1493	40	1581	60	1669	20	1757	40	1771	80	1830	60	1845	60	1889	40
39	1421	40	1510	20	1599	60	1688	40	1777	20	1792	20	1851	60	1866	60	1911	—
40	1437	—	1527	—	1617	—	1707	—	1797	—	1812	—	1872	—	1887	—	1932	—

Der Jahresbetrag des Versorgungszuschlags zum Witwengeld beträgt ebensoviel

Ausgleichszuschlag von 20 v. H. und einem Grundgehalt von ℳ

11 000		11 200		11 500		11 600		12 000		12 400		12 500		12 700		13 000	
ℳ	₰	ℳ	₰	ℳ	₰	ℳ	₰	ℳ	₰	ℳ	₰	ℳ	₰	ℳ	₰	ℳ	₰
1308	—	1328	—	1358	—	1420	—	1460	—	1500	—	1510	—	1530	—	1612	—
1308	—	1328	40	1358	40	1420	20	1460	40	1500	—	1510	20	1530	—	1612	20
1351	80	1372	80	1404	—	1467	60	1509	—	1550	40	1560	60	1581	—	1666	20
1395	60	1416	60	1449	—	1515	—	1557	60	1600	20	1611	—	1632	—	1719	60
1438	80	1461	—	1494	—	1562	40	1606	20	1650	—	1661	40	1683	—	1773	60
1482	60	1505	40	1539	60	1609	80	1654	80	1700	40	1711	80	1734	—	1827	—
1526	40	1549	80	1584	60	1657	20	1703	40	1750	20	1762	20	1785	—	1881	—
1569	60	1593	60	1629	60	1704	—	1752	—	1800	—	1812	—	1836	—	1934	40
1613	40	1638	—	1675	20	1751	40	1801	20	1850	40	1862	40	1887	—	1988	40
1657	20	1682	40	1720	20	1798	80	1849	80	1900	20	1912	80	1938	—	2042	40
1700	40	1726	80	1765	80	1846	20	1898	40	1950	—	1963	20	1989	—	2095	80
1744	20	1771	20	1810	80	1893	60	1947	—	2000	40	2013	60	2040	—	2149	80
1765	80	1792	80	1833	60	1917	—	1971	—	2025	—	2038	80	2065	80	2176	20
1788	—	1815	—	1856	40	1941	—	1995	60	2050	20	2064	—	2091	—	2203	20
1809	60	1837	20	1878	60	1964	40	2020	20	2075	40	2089	20	2116	80	2230	20
1831	20	1859	40	1901	40	1988	40	2044	20	2100	—	2114	40	2142	—	2257	20
1853	40	1881	60	1924	20	2011	80	2068	80	2125	20	2139	60	2167	80	2284	20
1875	—	1903	80	1947	—	2035	80	2092	80	2150	40	2164	80	2193	—	2310	60
1896	60	1926	—	1969	20	2059	20	2117	40	2175	—	2190	—	2218	80	2337	60
1918	80	1948	20	1992	—	2083	20	2141	40	2200	20	2215	20	2244	—	2364	60
1940	40	1970	40	2014	80	2106	60	2166	—	2225	40	2240	40	2269	80	2391	60
1962	—	1992	80	2037	—	2130	—	2190	—	2250	—	2265	—	2295	—	2418	—

wie der Versorgungszuschlag zum Ruhegehalt bei 10 bis 19 vollen Dienstjahren.

Volle Dienstjahre	Jahresbetrag des Versorgungszuschlags zum Ruhegehalt bei einem																	
	13 400		13 500		13 800		14 000		14 200		14 400		14 500		14 600		14 800	
	ℳ	₰	ℳ	₰	ℳ	₰	ℳ	₰	ℳ	₰	ℳ	₰	ℳ	₰	ℳ	₰	ℳ	₰
10 bis 19	1652	—	1662	—	1692	—	1712	—	1732	—	1752	—	1762	—	1772	—	1792	—
20	1652	40	1662	—	1692	—	1712	40	1732	20	1752	—	1762	20	1772	40	1792	20
21	1707	60	1717	80	1748	40	1769	40	1789	80	1810	80	1821	—	1831	20	1852	20
22	1762	20	1773	—	1804	80	1826	40	1848	—	1869	—	1879	80	1890	60	1911	60
23	1817	40	1828	20	1861	20	1883	40	1905	60	1927	20	1938	60	1949	40	1971	60
24	1872	60	1884	—	1917	60	1940	40	1963	20	1986	—	1997	40	2008	80	2031	—
25	1927	80	1939	20	1974	—	1998	—	2020	80	2044	20	2056	20	2067	60	2091	—
26	1982	40	1994	40	2030	40	2054	40	2078	40	2102	40	2114	40	2126	40	2150	40
27	2037	60	2050	20	2086	80	2112	—	2136	60	2161	20	2173	20	2185	80	2210	40
28	2092	80	2105	40	2143	20	2169	—	2194	20	2219	40	2232	—	2244	60	2270	40
29	2148	—	2160	60	2199	60	2226	—	2251	80	2277	60	2290	80	2304	—	2329	80
30	2203	—	2216	40	2256	—	2283	—	2309	40	2336	40	2349	60	2362	80	2389	80
31	2230	20	2244	—	2284	20	2311	20	2338	20	2365	20	2379	—	2392	20	2419	20
32	2257	80	2271	60	2312	40	2340	—	2367	60	2394	60	2408	40	2422	20	2449	20
33	2285	40	2299	20	2340	60	2368	80	2396	40	2424	—	2437	80	2451	60	2479	20
34	2313	—	2326	80	2368	80	2397	—	2425	20	2452	80	2467	20	2481	—	2509	20
35	2340	60	2355	—	2397	—	2425	80	2454	—	2482	20	2496	60	2510	40	2539	20
36	2368	20	2382	60	2425	20	2454	—	2482	80	2511	60	2526	—	2540	40	2568	60
37	2395	80	2410	20	2453	40	2482	80	2511	60	2540	40	2555	40	2569	80	2598	60
38	2423	—	2437	80	2481	60	2511	—	2540	40	2569	80	2584	80	2599	20	2628	60
39	2451	—	2465	40	2509	80	2539	80	2569	20	2599	20	2614	20	2628	60	2658	60
40	2478	—	2493	—	2538	—	2568	—	2598	—	2628	—	2643	—	2658	—	2688	—

Der Jahresbetrag des Versorgungszuschlags zum Witwengeld beträgt ebensoviel

Ausgleichszuschlag von 20 v. H. und einem Grundgehalt von ℳ

15 000		15 200		15 400		15 600		15 800		15 900		16 000		16 200		16 500	
ℳ	₰	ℳ	₰	ℳ	₰	ℳ	₰	ℳ	₰	ℳ	₰	ℳ	₰	ℳ	₰	ℳ	₰
1812	—	1832	—	1904	—	1924	—	1944	—	1954	—	1964	—	1984	—	2014	—
1812	—	1832	40	1904	40	1924	20	1944	—	1954	20	1964	40	1984	20	2014	20
1872	60	1893	60	1968	—	1988	40	2008	80	2019	60	2029	80	2050	20	2081	40
1933	20	1954	20	2031	—	2052	60	2073	60	2084	40	2095	20	2116	80	2148	60
1993	20	2015	40	2094	60	2116	80	2138	40	2149	80	2160	60	2182	80	2215	80
2053	80	2076	60	2158	20	2181	—	2203	20	2214	60	2226	—	2248	80	2283	—
2114	40	2137	80	2221	80	2245	20	2268	—	2280	—	2291	40	2314	80	2350	20
2174	40	2198	40	2284	80	2308	80	2332	80	2344	80	2356	80	2380	80	2416	80
2235	—	2259	60	2348	40	2373	—	2397	60	2410	20	2422	80	2447	40	2484	—
2295	60	2320	80	2412	—	2437	20	2462	40	2475	60	2488	20	2513	40	2551	20
2355	60	2382	—	2475	60	2501	40	2527	20	2540	40	2553	60	2579	40	2618	40
2416	20	2443	20	2539	20	2565	60	2592	—	2605	80	2619	—	2645	40	2685	60
2446	20	2473	20	2570	40	2597	40	2624	40	2638	20	2651	40	2678	40	2719	20
2476	80	2503	80	2602	20	2629	80	2656	80	2670	60	2684	40	2712	—	2752	80
2506	80	2534	40	2634	—	2661	60	2689	20	2703	60	2717	40	2745	—	2786	40
2536	80	2565	—	2665	80	2694	—	2721	60	2736	—	2749	80	2778	—	2820	—
2567	40	2595	60	2697	60	2725	80	2754	—	2768	40	2782	80	2811	—	2853	60
2597	40	2626	20	2729	40	2758	20	2786	40	2800	80	2815	20	2844	—	2887	20
2627	40	2656	80	2761	20	2790	—	2818	80	2833	80	2848	20	2877	—	2920	80
2658	—	2687	40	2793	—	2822	40	2851	20	2866	20	2880	60	2910	—	2954	40
2688	—	2718	—	2824	80	2854	20	2883	60	2898	60	2913	60	2943	—	2988	—
2718	—	2748	—	2856	—	2886	—	2916	—	2931	—	2946	—	2976	—	3021	—

wie der Versorgungszuschlag zum Ruhegehalt bei 10 bis 19 vollen Dienstjahren.

Volle Dienstjahre	Jahresbetrag des Versorgungszuschlags zum Ruhegehalt bei einem																	
	16 600		16 900		17 000		17 100		17 700		18 000		18 300		18 500		18 900	
	ℳ	₰	ℳ	₰	ℳ	₰	ℳ	₰	ℳ	₰	ℳ	₰	ℳ	₰	ℳ	₰	ℳ	₰
10 bis 19	2024	—	2054	—	2116	—	2126	—	2186	—	2216	—	2246	—	2266	—	2306	—
20	2024	40	2054	40	2116	20	2126	40	2186	40	2216	40	2246	40	2266	20	2306	40
21	2091	60	2122	80	2187	—	2197	20	2259	—	2290	20	2321	40	2341	80	2383	20
22	2159	40	2191	20	2257	20	2268	—	2332	20	2364	—	2395	80	2417	40	2460	—
23	2226	60	2259	60	2328	—	2338	80	2404	80	2437	80	2470	80	2493	—	2536	80
24	2294	40	2328	—	2398	20	2409	60	2478	—	2511	60	2545	80	2568	60	2613	60
25	2361	60	2396	40	2469	—	2480	40	2550	60	2585	40	2620	80	2644	20	2690	40
26	2428	80	2464	80	2539	20	2551	20	2623	20	2659	20	2695	20	2719	20	2767	20
27	2496	60	2533	80	2610	—	2622	60	2696	40	2733	40	2770	20	2794	80	2844	60
28	2563	80	2602	—	2680	80	2693	40	2769	—	2807	40	2845	20	2870	40	2921	40
29	2631	60	2670	60	2751	—	2764	20	2842	20	2881	20	2920	20	2946	—	2998	20
30	2698	80	2739	—	2821	80	2835	—	2914	80	2955	—	2995	20	3021	60	3075	—
31	2732	40	2773	20	2856	60	2870	40	2951	40	2991	60	3032	40	3059	40	3113	40
32	2766	60	2807	40	2892	—	2905	80	2988	—	3028	80	3069	60	3097	20	3151	80
33	2800	20	2841	60	2927	40	2941	20	3024	—	3066	—	3107	40	3135	—	3190	20
34	2833	80	2875	80	2962	80	2976	60	3060	60	3102	60	3144	60	3172	80	3228	60
35	2867	40	2910	—	2998	—	3012	—	3097	20	3139	80	3182	40	3210	60	3267	—
36	2901	60	2944	20	3033	20	3047	40	3133	80	3176	40	3219	60	3248	40	3305	40
37	2935	20	2978	40	3068	40	3082	80	3169	80	3213	60	3256	80	3286	20	3343	80
38	2968	80	3012	80	3103	80	3118	20	3206	40	3250	20	3294	60	3324	—	3382	20
39	3002	40	3046	80	3139	20	3153	60	3243	—	3287	40	3331	80	3361	80	3420	60
40	3036	—	3081	—	3174	—	3189	—	3279	—	3324	—	3369	—	3399	—	3459	—

Der Jahresbetrag des Versorgungszuschlags zum Witwengeld beträgt ebensoviel

Ausgleichszuschlag von 20 v. H. und einem Grundgehalt von ℳ

19 200		19 300		19 500		20 100		20 400		20 900		21 600		21 700		22 500	
ℳ	₰	ℳ	₰	ℳ	₰	ℳ	₰	ℳ	₰	ℳ	₰	ℳ	₰	ℳ	₰	ℳ	₰
2336	—	2346	—	2366	—	2426	—	2456	—	2506	—	2576	—	2586	—	2666	—
2336	40	2346	—	2366	40	2426	40	2456	40	2506	20	2576	40	2586	—	2666	40
2414	40	2424	60	2445	—	2507	40	2538	—	2589	60	2662	20	2672	40	2755	20
2491	80	2502	60	2524	20	2587	80	2620	20	2673	60	2748	—	2758	80	2844	—
2569	80	2580	60	2602	80	2668	80	2701	80	2757	—	2833	80	2844	60	2932	80
2647	80	2659	20	2682	—	2749	80	2784	—	2840	40	2919	60	2931	—	3021	60
2725	80	2737	20	2760	60	2830	80	2865	60	2923	80	3005	40	3017	40	3110	40
2803	20	2815	20	2839	20	2911	20	2947	20	3007	20	3091	20	3103	20	3199	20
2881	20	2893	80	2918	40	2992	20	3029	40	3091	20	3177	60	3186	60	3288	60
2959	20	2971	80	2997	—	3073	20	3111	—	3174	60	3263	40	3276	—	3377	40
3037	20	3049	80	3076	20	3154	20	3193	20	3258	—	3349	20	3361	80	3466	20
3115	20	3128	40	3154	80	3235	20	3274	80	3341	40	3435	—	3448	20	3555	—
3153	60	3167	40	3194	40	3275	40	3315	60	3383	40	3477	60	3491	40	3599	40
3192	60	3206	40	3234	—	3315	60	3357	—	3425	40	3520	80	3534	60	3643	80
3231	60	3245	40	3273	—	3356	40	3397	80	3466	80	3564	—	3577	80	3688	20
3270	60	3284	40	3312	60	3396	60	3438	60	3508	80	3606	60	3620	40	3732	60
3309	60	3324	—	3352	20	3437	40	3479	40	3550	20	3649	80	3663	60	3777	—
3348	60	3363	—	3391	80	3477	60	3520	80	3592	20	3692	40	3706	80	3821	40
3387	60	3402	—	3430	80	3517	80	3561	60	3634	20	3735	60	3750	—	3865	80
3426	60	3441	—	3470	40	3558	60	3602	40	3675	60	3778	20	3793	20	3910	20
3465	60	3480	—	3510	—	3598	80	3643	20	3717	60	3821	40	3836	40	3954	60
3504	—	3519	—	3549	—	3639	—	3684	—	3759	—	3864	—	3879	—	3999	—

wie der Versorgungszuschlag zum Ruhegehalt bei 10 bis 19 vollen Dienstjahren.

Volle Dienstjahre	Jahresbetrag des Versorgungszuschlags zum Ruhegehalt bei einem																	
	22 800		24 000		25 000		25 500		26 000		26 800		27 000		28 500		28 600	
	ℳ	₰	ℳ	₰	ℳ	₰	ℳ	₰	ℳ	₰	ℳ	₰	ℳ	₰	ℳ	₰	ℳ	₰
10 bis 19	2696	—	2816	—	2916	—	2966	—	3068	—	3148	—	3168	—	3318	—	3328	—
20	2696	40	2816	40	2916	—	2966	40	3068	40	3148	20	3168	—	3318	—	3328	20
21	2786	40	2910	—	3013	20	3065	40	3170	40	3253	20	3273	60	3429	—	3439	20
22	2875	80	3004	20	3110	40	3163	80	3273	—	3358	20	3379	20	3539	40	3550	20
23	2965	80	3097	80	3207	60	3262	80	3375	—	3463	20	3484	80	3649	80	3661	20
24	3055	80	3192	—	3304	80	3361	80	3477	60	3568	20	3590	40	3760	80	3772	20
25	3145	80	3285	60	3402	—	3460	80	3579	60	3673	20	3696	—	3871	20	3883	20
26	3235	20	3379	20	3499	20	3559	20	3681	60	3777	60	3801	60	3981	60	3993	60
27	3325	20	3473	40	3596	40	3658	20	3784	20	3882	60	3907	20	4092	60	4104	60
28	3415	20	3567	—	3693	60	3757	20	3886	20	3987	60	4012	80	4203	—	4215	60
29	3505	20	3661	20	3790	80	3856	20	3988	80	4092	60	4118	40	4313	40	4326	60
30	3595	20	3754	80	3888	—	3955	20	4090	80	4197	60	4224	—	4424	40	4437	60
31	3639	60	3801	60	3936	60	4004	40	4141	80	4249	80	4276	80	4479	60	4492	80
32	3684	60	3849	—	3985	20	4053	60	4193	40	4302	60	4329	60	4534	80	4548	60
33	3729	60	3895	80	4033	80	4103	40	4244	40	4354	80	4382	40	4590	—	4603	80
34	3774	60	3942	60	4082	40	4152	60	4295	40	4407	60	4435	20	4645	20	4659	60
35	3819	60	3989	40	4131	—	4202	40	4346	40	4460	20	4488	—	4701	—	4714	80
36	3864	60	4036	80	4179	60	4251	60	4398	—	4512	60	4540	80	4756	20	4770	60
37	3909	60	4083	60	4228	20	4300	80	4449	—	4564	80	4593	60	4811	40	4825	80
38	3954	60	4130	40	4276	80	4350	60	4500	—	4617	60	4646	40	4866	60	4881	60
39	3999	60	4177	20	4325	40	4399	80	4551	—	4669	80	4699	20	4921	80	4936	80
40	4044	—	4224	—	4374	—	4449	—	4602	—	4722	—	4752	—	4977	—	4992	—

Der Jahresbetrag des Versorgungszuschlags zum Witwengeld beträgt ebensoviel

Ausgleichszuschlag von 20 v. H. und einem Grundgehalt von ℳ

30 000		30 400		31 000		32 000		32 200		33 800		34 000		35 400		36 000	
ℳ	₰	ℳ	₰	ℳ	₰	ℳ	₰	ℳ	₰	ℳ	₰	ℳ	₰	ℳ	₰	ℳ	₰
3468	—	3508	—	3568	—	3668	—	3688	—	3848	—	3868	—	4008	—	4068	—
3468	—	3508	20	3568	20	3668	40	3688	20	3848	40	3868	20	4008	—	4068	—
3583	80	3625	20	3687	—	3790	80	3811	20	3976	80	3997	20	4141	80	4203	60
3699	60	3742	20	3806	40	3912	60	3934	20	4104	60	4126	20	4275	60	4339	20
3814	80	3859	20	3925	20	4035	—	4057	20	4233	—	4255	20	4408	80	4474	80
3930	60	3976	20	4044	—	4157	40	4180	20	4361	40	4384	20	4542	60	4610	40
4046	40	4093	20	4162	80	4279	80	4303	20	4489	80	4513	20	4676	40	4746	—
4161	60	4209	60	4281	60	4401	60	4425	60	4617	60	4641	60	4809	60	4881	60
4277	40	4326	60	4401	—	4524	—	4548	60	4746	—	4770	60	4943	40	5017	20
4393	20	4443	60	4519	80	4646	40	4671	60	4874	40	4899	60	5077	20	5152	80
4508	40	4560	60	4638	60	4768	80	4794	60	5002	80	5028	60	5210	40	5288	40
4624	20	4677	60	4757	40	4891	20	4917	60	5131	20	5157	60	5344	20	5424	—
4681	80	4735	80	4816	80	4952	40	4978	80	5194	80	5221	80	5410	80	5491	80
4740	—	4794	60	4876	80	5013	—	5040	60	5259	—	5286	60	5478	—	5559	60
4797	60	4852	80	4936	20	5074	20	5101	80	5323	20	5350	80	5544	60	5627	40
4855	20	4911	60	4995	60	5135	40	5163	60	5387	40	5415	60	5611	20	5695	20
4913	40	4969	80	5055	—	5196	60	5224	80	5451	60	5479	80	5678	40	5763	—
4971	—	5028	60	5114	40	5257	80	5286	60	5515	80	5544	60	5745	—	5830	80
5028	60	5086	80	5173	80	5319	—	5347	80	5580	—	5608	80	5811	60	5898	60
5086	80	5145	60	5233	20	5380	20	5409	60	5644	20	5673	60	5878	80	5966	40
5144	20	5203	80	5292	60	5441	40	5470	80	5708	40	5737	80	5945	40	6034	20
5202	—	5262	—	5352	—	5502	—	5532	—	5772	—	5802	—	6012	—	6102	—

wie der Versorgungszuschlag zum Ruhegehalt bei 10 bis 19 vollen Dienstjahren.

Volle Dienstjahre	Jahresbetrag des Versorgungszuschlags zum Ruhegehalt bei ein																			
	37 000		38 000		40 000		41 500		42 000		44 000		45 000		48 000		51 000		53 0
	ℳ	₰	ℳ	₰	ℳ	₰	ℳ	₰	ℳ	₰	ℳ	₰	ℳ	₰	ℳ	₰	ℳ	₰	ℳ
10 bis 19	4168	—	4268	—	4520	—	4670	—	4720	—	4920	—	5020	—	5320	—	5620	—	5820
20	4168	20	4268	40	4520	40	4670	40	4720	20	4920	—	5020	20	5320	20	5620	20	5820
21	4307	40	4410	60	4671	—	4825	80	4877	40	5084	40	5187	60	5497	80	5807	40	6014
22	4446	—	4552	80	4821	60	4981	80	5035	20	5248	20	5355	—	5674	80	5995	20	6208
23	4585	20	4695	—	4972	20	5137	20	5192	40	5412	—	5522	40	5852	40	6182	40	6402
24	4723	80	4837	20	5122	80	5293	20	5349	60	5576	40	5689	80	6029	40	6369	60	6596
25	4863	—	4979	40	5273	40	5448	60	5506	80	5740	20	5857	20	6207	—	6556	80	6790
26	5001	60	5121	60	5424	—	5604	—	5664	—	5904	—	6024	—	6384	—	6744	—	6984
27	5140	80	5264	40	5575	20	5760	—	5821	80	6068	40	6191	40	6561	60	6931	80	7178
28	5280	—	5406	60	5725	80	5915	40	5979	—	6232	—	6358	80	6739	20	7119	—	7372
29	5418	60	5548	80	5876	40	6071	40	6136	20	6396	—	6526	20	6916	20	7306	20	7566
30	5557	80	5691	—	6027	—	6226	80	6293	40	6560	40	6693	60	7093	80	7493	40	7760
31	5626	80	5761	80	6102	—	6304	80	6372	—	6642	—	6777	—	7182	—	7587	—	7857
32	5696	40	5833	20	6177	60	6382	80	6451	20	6724	20	6861	—	7270	80	7681	20	7954
33	5766	—	5904	60	6253	20	6460	20	6529	80	6806	40	6944	40	7359	60	7774	80	8051
34	5835	60	5975	40	6328	20	6538	20	6608	40	6888	—	7028	40	7448	40	7868	40	8148
35	5905	20	6046	80	6403	80	6616	20	6687	—	6970	20	7111	80	7537	20	7962	—	8245
36	5974	20	6117	60	6478	80	6694	20	6765	60	7052	40	7195	80	7625	40	8055	60	8342
37	6043	80	6189	—	6554	40	6771	60	6844	20	7134	—	7279	20	7714	20	8149	20	8439
38	6113	40	6259	80	6629	40	6849	60	6922	80	7216	20	7363	20	7803	—	8242	80	8536
39	6183	—	6331	20	6705	—	6927	60	7001	40	7298	40	7446	60	7891	80	8336	40	8633
40	6252	—	6402	—	6780	—	7005	—	7080	—	7380	—	7530	—	7980	—	8430	—	8730

Der Jahresbetrag des Versorgungszuschlags zum Witwengeld beträgt ebenso

…sgleichszuschlag von 20 v. H. und einem Grundgehalt von ℳ

…00	57 000		60 000		67 000		74 000	80 000		90 000		105 000		140 000		180 000	
₰	ℳ	₰	ℳ	₰	ℳ	₰	ℳ	ℳ	₰	ℳ	₰	ℳ	₰	ℳ	₰	ℳ	₰
—	6220	—	6520	—	7220	—	7920	8520	—	9520	—	11020	—	14520	—	18520	—
20	6220	20	6520	20	7220	40	7920	8520	—	9520	20	11020	20	14520	—	18520	20
60	6427	80	6737	40	7461	—	8184	8804	40	9837	60	11387	40	15004	20	19137	60
—	6634	80	6955	20	7701	60	8448	9088	20	10155	—	11755	20	15488	40	19755	—
40	6842	40	7172	40	7942	20	8712	9372	—	10472	40	12122	40	15972	—	20372	40
80	7049	40	7389	60	8182	80	8976	9656	40	10789	80	12489	60	16456	20	20989	80
20	7257	—	7606	80	8423	40	9240	9940	20	11107	20	12856	80	16940	40	21607	20
—	7464	—	7824	—	8664	—	9504	10224	—	11424	—	13224	—	17424	—	22224	—
40	7671	60	8041	80	8905	20	9768	10508	40	11741	40	13591	80	17908	20	22841	40
80	7879	20	8259	—	9145	80	10032	10792	20	12058	80	13959	—	18392	40	23458	80
20	8086	20	8476	20	9386	40	10296	11076	—	12376	20	14326	20	18876	—	24076	20
60	8293	80	8693	40	9627	—	10560	11360	40	12693	60	14693	40	19360	20	24693	60
—	8397	—	8802	—	9747	—	10692	11502	—	12852	—	14877	—	19602	—	25002	—
—	8500	80	8911	20	9867	60	10824	11644	20	13011	—	15061	20	19844	40	25311	—
40	8604	60	9019	80	9988	20	10956	11786	40	13169	40	15244	80	20086	20	25619	40
40	8708	40	9128	40	10108	20	11088	11928	—	13328	40	15428	40	20328	—	25928	40
80	8812	20	9237	—	10228	80	11220	12070	20	13486	80	15612	—	20570	40	26236	80
80	8915	40	9345	60	10348	80	11352	12212	40	13645	80	15795	60	20812	20	26545	80
20	9019	20	9454	20	10469	40	11484	12354	—	13804	20	15979	20	21054	—	26854	20
20	9123	—	9562	80	10589	40	11616	12496	20	13963	20	16162	80	21296	40	27163	20
60	9226	80	9671	40	10710	—	11748	12638	40	14121	60	16346	40	21538	20	27471	60
—	9330	—	9780	—	10830	—	11880	12780	—	14280	—	16530	—	21780	—	27780	—

…der Versorgungszuschlag zum Ruhegehalt bei 10 bis 19 vollen Dienstjahren.

Sachregister.

Die Zahlen bezeichnen die Seiten.

FSC
www.fsc.org
MIX
Papier | Fördert
gute Waldnutzung
FSC® C083411

Kolibri 360 GmbH
Ferdinand-Jühlke-Straße 7
99095 Erfurt, Deutschland
produktsicherheit@kolibri360.de